David**Kinnam**

ME PERDIERON

David**Kinnaman**

ME PERDIERON

Por qué hay jóvenes cristianos dejando
la iglesia y **repensando su fe**.

La misión de Editorial Vida es ser la compañía líder en satisfacer las necesidades de las personas con recursos cuyo contenido glorifique al Señor Jesucristo y promueva principios bíblicos.

Me Perdieron
Edición en español publicada por
Editorial Vida – 2013
Miami, Florida

© 2013 por David Kinnaman
Este título también está disponible en formato electrónico.

Originally published in English under the title:
 You Lost Me.
 Copyright © 2011 by David Kinnaman
 By Baker Books, a division of Baker Publishing Group,
 Grand Rapids, Michigan 49516, U.S.A.
All rights reserved.

Traducción: *Esteban Obando*
Edición: *Madeline Díaz*
Diseño interior: *Tanq Comunicación Visual*

ISBN: 978-0-8297-6249-5

CATEGORÍA: Ministerio Cristiano / Juventud

IMPRESO EN ESTADOS UNIDOS DE AMÉRICA
PRINTED IN THE UNITED STATES OF AMÉRICA

13 14 15 16 ❖ 6 5 4 3 2 1

A las generaciones anteriores

Donald Kinnaman (1921-1997) Esther Kinnaman (1925-2008)
Walter Rope (1917-1999) Irene Rope (1921-1991)

y a las siguientes

Emily Kinnaman (1999) Annika Kinnaman (2001)
Zachary Kinnaman (2004)
Grant Culver (2003) Lauren Culver (2005)
Kaitlyn Culver (2007) Luke Culver (2009)
Baby Kinnaman (2011)
Grace Kinnaman (2009) Isaac Kinnaman (2011)
Ellie Kinnaman (2010)
Sydnee Michael (2010)
Josh Rope (1995) Abi Rope (1997) Sarah Rope (1999)

Salmo 100:5

Porque el SEÑOR es bueno y su gran amor es eterno;
su fidelidad permanece para siempre.

CONTENIDO

Me perdieron (Explicado)   9

Parte 1: Los que abandonan
1.   La fe interrumpida   19
2.   Acceso, alienación, autoridad   39
3.   Los nómadas y los pródigos   63
4.   Los exiliados   77

Parte 2: Desconexiones
La deserción (Explicada)   95
5.   Sobreprotectora   99
6.   Superficial   117
7.   Anticientífica   135
8.   Represiva   153
9.   Exclusiva   173
10.   Sin posibilidad para la duda   189

Parte 3: Reconexiones
11.   Lo nuevo y lo viejo   205
12.   Cincuenta ideas para encontrar a una generación   217

Reconocimientos   249
La investigación   251
Índice de colaboradores   256

ME PERDIERON
(EXPLICADO)

Parece como si estuvieran leyendo el mismo libreto. Los adultos jóvenes describen sus viajes de fe en un lenguaje sorprendentemente parecido. La mayoría de sus historias incluyen una separación significativa de la iglesia y algunas veces del mismo cristianismo. Sin embargo, no es solo este abandono lo que tienen en común. Muchos de los jóvenes que crecieron en la iglesia y la abandonaron no tienen dudas en echarle la culpa a alguien más. Ellos señalan con el dedo, justamente o no, y dicen: «Me perdieron».

Anna y Chris son muy jóvenes. Los conocí en un viaje reciente que hice a Minneapolis. Anna es una antigua luterana, y ahora una agnóstica. Después de muchos años de sentirse desconectada, finalmente fue separada del grupo en medio de la predicación sobre «el fuego y el azufre» que el pastor dio en su boda. Chris es un antiguo católico que se convirtió en ateo por muchos años, en parte debido a la forma en que la iglesia manejó el divorcio de sus padres.

Conocí a Graham en un viaje de negocios. Un gran líder por naturaleza. Él asistía a un programa para estudiantes cristianos. Sin embargo, me confesó en cierta ocasión: «No sé si realmente creo todas estas cosas que ellos dicen. Cuando oro, siento que le estoy hablando al aire».

Mientras terminaba los últimos detalles de la edición de este libro, me encontré con Liz, una chica en sus veintes de la iglesia donde crecí en Ventura, California. Cuando ella estaba en la secundaria, yo era uno de los líderes juveniles del grupo. Liz me dijo que a pesar de haber asistido regularmente a la iglesia por tanto tiempo y haber estudiado en una universidad cristiana, luchaba con los sentimientos de aislamiento y juicio de sus compañeros cristianos. Ella conoció a una familia de otra religión y quedó impresionada. Me dijo: «Hace unas semanas decidí convertirme a su religión».

———

Cada historia es única y particular. Sin embargo, tienen mucho en común con la experiencia particular de miles de adultos jóvenes. Los detalles difieren, pero el tema de la separación con la iglesia surge en sus historias una y otra vez. Y esta separación es usualmente acompañada por un sentimiento de no haber podido hacer nada al respecto, de que las cosas se les salieron de las manos.

Un colega amigo mío escribió un artículo con respecto a la cantidad de jóvenes que desertaban de la religión católica. Entre los comentarios que la gente hizo de este artículo, hay dos que particularmente me llaman la atención:

> Me pregunto qué porcentaje de [...] católicos «perdidos» se sienten como yo: que en realidad no es que abandonara la iglesia, sino que la iglesia me abandonó a mí.

> Perseveré por un gran tiempo, pensando que si continuaba luchando las cosas mejorarían. Al final me di cuenta de que estaba lastimando mi relación con Dios y conmigo mismo. Fue ahí cuando me percaté de que no tenía más opción que irme.

Los temas familiares que emergen de estas historias no son nada sencillos para los padres y los líderes eclesiales, quienes han invertido mucho tiempo y esfuerzo en la vida de los jóvenes. En verdad, las descripciones que han hecho los padres del fenómeno «me perdieron» resultan inquietamente similares. Una madre preocupada por su hijo me detuvo al final de una conferencia y me dijo: «Mi hijo estudia ingeniería en la universidad. Siempre fue un joven comprometido con el ministerio de la iglesia por muchos años, pero ahora está teniendo serias dudas sobre la pertinencia y la razón de ser del cristianismo».

El otro día almorcé con un padre de familia cristiano que estaba en el borde de las lágrimas, ya que su hijo de diecinueve años de edad había anunciado que no quería tener nada que ver con la fe de sus padres. «David, no puedo explicar la pérdida tan grande que sentimos con respecto a él. Tengo la esperanza de que vuelva a la fe, porque veo lo bueno y generoso que es. Sin embargo, es muy difícil para su madre y para mí. Y apenas puedo soportar la forma en que sus decisiones negativas afectan a nuestros hijos más pequeños. Me siento frustrado y lo único que no he hecho es pedirle que se vaya de la casa».

LAS LUCHAS DE LOS CRISTIANOS JÓVENES

Si leíste mi libro anterior, *Casi cristiano*, en el que escribo con Gabe Lyons, puede que te hagas la pregunta de cómo encaja este nuevo proyecto con aquella investigación. *Casi cristiano* responde a la pregunta de por qué los jóvenes que no son cristianos rechazan la fe cristiana y explora cómo la reputación de los cristianos, en especial los evangélicos, ha cambiado en nuestra sociedad. Ese libro se centra en las prioridades y percepciones de los jóvenes no cristianos o «los de afuera», como los llamamos.

Me perdieron, por el contrario, trata de los jóvenes «de adentro». En sus páginas encontrarás esas historias personales, irreverentes, contundentes y a menudo dolorosas de estos jóvenes cristianos (o adultos jóvenes que alguna vez se consideraron cristianos) que han abandonado la iglesia y muchas veces la fe cristiana. El título de este libro se inspira en su voz y su modo de pensar; y refleja su desprecio por la comunicación unilateral, la desconexión de una fe estructurada y el malestar con la apologética moderna que parece estar distanciada del mundo real. *Me perdieron* trata de sus percepciones de la iglesia, el cristianismo y la cultura. Le da voz a sus preocupaciones, esperanzas, ilusiones, frustraciones y decepciones.

Hay una generación de cristianos jóvenes que creen que la iglesia en la cual se criaron no es un lugar seguro en el que puedan tener dudas razonables. Muchos de ellos han recibido de la iglesia respuestas prefabricadas y superficiales a sus preguntas escabrosas y honestas; y abiertamente están rechazando los discursos y opiniones que han visto en las generaciones más antiguas. *Me perdieron* evidencia las conclusiones a las que han llegado estas personas, las cuales piensan que la iglesia institucionalizada les ha fallado.

Si esta conclusión es válida o no, lo cierto es que la comunidad cristiana no entiende bien las preocupaciones nuevas y no tan nuevas, las luchas y formas de pensar de los jóvenes errantes, y espero que *Me perdieron* ayude a cerrar esta brecha. Debido a mi edad (treinta y siete) y mi posición como investigador, se me pide a menudo que les explique a las generaciones anteriores la forma en la que estas nuevas generaciones piensan y que abogue por sus preocupaciones. Le doy la bienvenida a la tarea, ya que, cualesquiera que sean sus defectos, creo en la próxima generación. Creo que son importantes, y no solo por el cliché de que «los jóvenes son los líderes del mañana».

La historia —la gran lucha— de esta generación emergente es aprender a vivir fielmente en un nuevo contexto; estar en el mundo, pero no ser del mundo. Esta frase, «en el mundo, pero no del mundo», proviene de la oración de Jesús para sus seguidores, registrada en Juan 17. Para la próxima generación, las líneas entre el bien y el mal, entre la verdad y el error, entre la influencia cristiana y la comodidad cultural, están cada vez más borrosas y es difícil distinguirlas. Aunque sin duda estos son retos para todas las generaciones, este momento cultural en particular es a la vez una oportunidad única y una amenaza única para la formación espiritual de la iglesia del mañana. Muchos adultos jóvenes están viviendo esa tensión de estar en el mundo y no ser del mundo de una manera diferente. Cuando deberíamos de aplaudirlos o corregirlos, los estamos criticando o rechazando.

En la historia vibrante y volátil de la próxima generación, una nueva narrativa espiritual está emergiendo y burbujeando. A través del lente de este proyecto he llegado a entender y a estar de acuerdo con algunos, aunque no con todos, con respecto a sus quejas. Sí, debemos estar preocupados por algunas de las actitudes y comportamientos que observamos en la próxima generación de cristianos, sin embargo, también encuentro razones para esperar lo mejor de lo que tienen que ofrecer. Al parecer, ellos son una generación preparada no solo para ser oidores de la doctrina, sino para ser hacedores de la fe. Los jóvenes quieren poner su fe en acción, no solo hablar de ella. Sí, muchos jóvenes que abandonan la iglesia se han estancado en su búsqueda espiritual, pero un número significativo de ellos están revitalizando su fe con nuevas ideas y nueva energía.

De esta generación, a fin de intentar reimaginar la fe y la práctica, creo que la iglesia establecida puede aprender nuevos patrones de fidelidad. *Me perdieron* trata de explicar el contexto cultural de la siguiente generación y examinar la pregunta: ¿Cómo podemos seguir a Jesús —y ayudar a los jóvenes a seguirlo fielmente— en una cultura que cambia de forma drástica?

UNA NUEVA MENTALIDAD

Esta es una pregunta que cada generación de creyentes moderna debe responder. Creo que, dentro de las historias de los jóvenes que luchan con la fe, la iglesia como un todo puede encontrar respuestas frescas y revitalizantes. A este proceso le llamaremos «asesoramiento inverso», porque nosotros, la generación cristiana establecida, tenemos mucho que aprender de la generación emergente.

Estamos en un punto crítico en la vida de la iglesia. La comunidad cristiana debe repensar nuestros esfuerzos y metodologías para hacer discípulos. Muchas de las suposiciones sobre las que hemos construido nuestro trabajo con jóvenes, tienen su origen en paradigmas modernos, mecánicos y en una producción en masa. Algunos ministerios (aunque no todos) dan muestra de tener una línea de ensamblaje de cristianos santos y perfectos que siguen a Jesús, recién salidos de la fábrica. Sin embargo, los discípulos no pueden producirse ni en serie ni en masa. El discipulado es algo «hecho a mano», uno a la vez.

Necesitamos nuevos arquitectos a fin de diseñar métodos interconectados para la transferencia de fe. Necesitamos nuevos ecosistemas espirituales y vocacionales de aprendizaje que puedan apoyar la formación de relaciones más profundas y una fe más vibrante. Tenemos que reconocer los cambios generacionales con habilidades del lado izquierdo del cerebro como la lógica, el análisis y la estructura; así como también con aptitudes del hemisferio derecho cerebral como la creatividad, la síntesis y la empatía. Tenemos que renovar nuestros catecismos y confirmaciones. No porque necesitamos una nueva teología, sino porque sus formas actuales muy rara vez producen en los jóvenes una fe profunda y duradera. Tenemos que repensar nuestros postulados y necesitamos la creatividad, la honestidad y la vitalidad de la próxima generación para que nos ayude.

Mientras comenzamos, reconoce que tenemos tanto la responsabilidad individual como la oportunidad institucional. Nuestras relaciones interpersonales importan. Tenemos que permitir que el Espíritu Santo guíe la forma en que criamos a nuestros hijos, nuestro trabajo como mentores y nuestras amistades. Sin embargo, la fe de la siguiente generación no puede abordarse simplemente a través de mejores relaciones. Instituciones tales como los medios de comunicación masivos, la educación, la iglesia, el gobierno y otras, influyen significativamente en la jornada de fe de la próxima generación. La implicación es que tenemos que volver a examinar la esencia de nuestras relaciones y la forma de nuestras instituciones.

Creo que estamos en un momento crítico para la comunidad cristiana. En la biografía de Dietrich Bonhoeffer, escrita por Eric Metaxas, se describe vívidamente el liderazgo y la claridad que el pastor alemán demostró en la comprensión de los males del espíritu de su época (los nazis) y la capitulación trágica de la iglesia ante la cultura. Metaxas escribe acerca de la atmósfera tóxica cultural de Alemania en esa época: «La Primera Guerra y la depresión y la confusión subsiguientes produjeron una crisis en la que en especial la generación más joven perdió toda confianza en la autoridad tradicional y la iglesia. La noción alemana del Führer surgió de esta generación y su búsqueda de sentido y dirección más allá de sus problemas».

Nuestra investigación en el Grupo Barna me llevó a creer que la siguiente generación de cristianos tiene una crisis similar de confianza en las instituciones, incluyendo el gobierno, el lugar de trabajo, la educación, el matrimonio, así como la iglesia. No estoy diciendo que estemos en un tiempo donde deba levantarse un nuevo Führer... Dios no lo quiera. Sin embargo, sí creo que nuestro momento cultural demanda de *nosotros* una claridad y un liderazgo más parecidos a los de Bonhoeffer. Cuando las instituciones le fallaron a la próxima generación, él se levantó como un mentor, confidente y amigo. Cuando la cultura exigió una conformidad ciega a cambio de un sentido de pertenencia, él creó una comunidad cristiana alternativa, la cual era profunda y centrada en el reino. Cuando la iglesia se enfocó en satanizar las malas creencias y prácticas del nazismo, él habló con severidad y proféticamente a sus líderes y seguidores, desafiándolos a arrepentirse y reformarse.

En los próximos capítulos vamos a explorar los cambios esenciales en nuestra cultura. Vamos a escuchar directamente a los jóvenes desertores y ubicar sus historias personales en el contexto del profundo cambio cultural, de modo que podamos comprender mejor sus cambiantes visiones del mundo. Si comenzamos a comprender sus preguntas, valores y a qué le son leales, creo que alcanzaremos una nueva y fresca visión, como Bonhoeffer lo hizo. Podremos entender de qué modo la comunidad cristiana puede obedecer el mandato de Jesús de hacer discípulos en las generaciones presentes y futuras.

Permítanme darles las gracias a los miles de jóvenes que compartieron sus experiencias en este proyecto. Si eres un adulto joven, tal vez te verás reflejado en estas páginas. Espero que este libro te proporcione una conciencia de que no estás solo, sino que existen muchos cristianos que están dispuestos a escuchar y restablecer el diálogo contigo en esta tarea difícil de seguir a Jesús. Me gustaría pensar que Dios puede usar este libro para ayudarte a encontrar el camino de regreso a Cristo y su iglesia.

Si eres padre, abuelo, educador, pastor o un líder cristiano joven, mi objetivo con este libro es que te sirva como un recurso, ayudándote a considerar la forma de transferir la fe de una generación a la siguiente. Además de las opiniones de los jóvenes, *Me perdieron* incluye contribuciones de expertos y personas influyentes de las generaciones mayores. Teniendo en cuenta esta multiplicidad de puntos de vista, casi puedo garantizar que algo de lo que vamos a descubrir juntos te hará sentir amenazado, abrumado, y tal vez incluso un poco culpable. Mi objetivo es provocar nuevas ideas y nuevas acciones en el proceso crítico del desarrollo espiritual de la próxima generación. Como comunidad de fe, necesitamos una mentalidad completamente nueva para ver que la forma en la que desarrollamos la fe de los jóvenes y su compromiso como discípulos de Cristo resulta inadecuada para los problemas y preocupaciones del mundo en que viven. Este es el mismo mundo que les pedimos que cambien para Cristo. Ya sea que vengamos de una tradición católica, evangélica u ortodoxa, tenemos que ayudar a la próxima generación de seguidores de Cristo a que batallen adecuadamente con la adaptación cultural. Tenemos que ayudarlos a vivir en el mundo sin ser del mundo. Y en el proceso, todos vamos a estar mejor preparados para servir a Cristo en un panorama cultural cambiante. No obstante, primero tenemos que entender el problema de la deserción.

Parte 1

LOS QUE ABANDONAN

1

LA FE INTERRUMPIDA

Millones de adultos jóvenes dejan de involucrarse activamente en las iglesias cuando terminan sus años de adolescencia. Algunos nunca regresan, mientras que otros viven de modo indefinido al margen de las comunidades de fe, buscando precisar su propia espiritualidad. Algunos establecen de nuevo un compromiso firme con una iglesia establecida, mientras que otros permanecen fieles a través de la transición de la adolescencia a la adultez y más allá.

En este capítulo, quiero lograr dos cosas: definir el problema de la deserción e interpretar su urgencia. Un claro entendimiento del fenómeno del abandono establecerá el escenario para nuestra exploración del viaje de fe de los adultos jóvenes. ¿El problema de la deserción existe? Y si existe, ¿cuáles son las razones de que tantos adolescentes espiritualmente activos pongan su fe —o al menos su conexión con la iglesia— a un lado conforme llegan a la adultez? ¿Por qué los jóvenes formados en «buenos hogares cristianos» deambulan cuando son adultos jóvenes?

En el capítulo 2 abordaremos el segundo grupo de grandes preguntas: ¿El problema de la deserción es el mismo para esta generación que para la anterior? ¿Qué es lo que hace que los mosaicos (llamados por algunos milenarios) sean tan particulares? ¿Tiene tantos cambios nuestra cultura para la generación emergente? Permítanme iniciar describiendo mi trabajo.

BUSCANDO PISTAS

Ser un investigador significa por una parte ser un buen escucha y por la otra un buen detective. Las casi treinta mil entrevistas que llevamos a cabo cada año en el Grupo Barna le da a nuestro equipo una amplia oportunidad de escuchar lo que está ocurriendo en la vida de las personas. Una vez que terminamos la parte de escuchar, nos ponemos luego nuestros sombreros de detectives y juntamos todas las piezas que le dan forma a nuestras vidas colectivas y comunidades de fe.

Una gran pieza del rompecabezas del abandono tuvo mucho sentido para mí en el año 2003. Un día tempestuoso de otoño, mientras visitaba Grand Rapids en Michigan, escribí un artículo basado en los resultados encontrados con respecto a que los veinteañeros estaban teniendo problemas para hallar su lugar en las iglesias cristianas. Cuando publicamos el artículo en la Internet, este tuvo muchos lectores en tan solo sus primeros días. El artículo generó controversias también en un segmento de *ABC News* que presentaba nuestra investigación junto con una entrevista a Tim Keller, pastor de la iglesia presbiteriana El Redentor, la cual enfatizaba sus esfuerzos para comunicar el cristianismo a las personas jóvenes en Manhattan.

Unos pocos años más tarde, en el 2007, Gabe Lyons y yo publicamos un libro llamado *Casi cristiano*, el cual explora cómo los jóvenes no cristianos perciben el cristianismo. Además de descubrir la percepción negativa tan extraordinaria en cuanto a la fe cristiana que tienen los jóvenes de afuera, me escandalizó que la información también revelara la frustración de los mismos cristianos jóvenes. Millones de cristianos igualmente describieron el cristianismo como hipócrita, juicioso, demasiado político y fuera de la realidad. Esos testimonios demandaron más atención, así que nos enfocamos en buscar y conocer a la nueva generación de cristianos. Quisimos entender por qué abandonaban la iglesia. Quisimos escuchar acerca de su dificultad para permitir que el cristianismo echara raíces a largo plazo en sus vidas. Quisimos descubrir cómo y por qué ellos están repensando su fe, y si este proceso es similar o diferente al de las generaciones previas. También quisimos identificar áreas de esperanza, crecimiento y vitalidad espiritual en el trabajo de las iglesias con los adultos jóvenes.

Durante los últimos cuatro años, hemos hecho todo lo anterior. Nuestro equipo en el Grupo Barna ha revisado cientos de estudios generacionales y libros relacionados, consultado a expertos y académicos, y estudiado las perspectivas de los padres y pastores. Hemos compilado y analizado la base de datos del Grupo Barna que contiene cientos de miles de entrevistas, conducidas en un período de más de veintisiete años, a fin de entender la dinámica generacional en la formación de la fe. Hemos completado ocho nuevos estudios científicos nacionales, incluyendo cerca de cinco mil nuevas entrevistas para este proyecto solamente. Nuestra investigación ha sido hecha a la medida para entender a los jóvenes de entre dieciocho y veintinueve años, pidiéndoles que describan sus experiencias con la iglesia y la fe, las cuales los han forzado a apartarse, así como las conexiones que permanecen entre ellos y el cristianismo.

Basándonos en todo lo anterior, te invito a conocer a la nueva generación. Conforme vayamos conociéndola, hay tres realidades que necesitamos tener en mente:

1. El compromiso de los adolescentes con la iglesia permanece firme, pero muchos de los adolescentes entusiastas, comunes en las iglesias de América del Norte, no están madurando ni se están convirtiendo en discípulos fieles de Cristo mientras llegan a ser adultos.

2. Hay diferentes tipos de abandonos, así como también muchos adultos jóvenes fieles que nunca abandonarán la iglesia. Necesitamos cuidarnos de no generalizar, porque cada historia de abandono requiere una respuesta personal.

3. El problema de los que abandonan es, en su esencia, un problema de desarrollo de fe. Para usar las palabras de la iglesia, es un problema de discipulado. La iglesia no está preparando de manera adecuada a la próxima generación

para seguir a Cristo fielmente en una cultura que cambia con mucha rapidez.

Exploremos estas realidades de un modo más profundo.

De adolescentes apasionados a veinteañeros apáticos

En una reciente conferencia juvenil en Florida, le estuve hablando a un gran grupo de cristianos de dieciocho a veinticinco años. Empecé con una simple pregunta: «¿Cuántos de ustedes conocen personalmente a alguien que se haya ido de la comunidad cristiana?». Casi todos los presentes en el lugar levantaron la mano.

El problema de la deserción toca a incontables jóvenes, padres y líderes fieles, pero muchos de estos tienen solo una idea muy vaga de lo que es exactamente el fenómeno del abandono. El primer paso en el proceso de descubrimiento es entender los hechos simples:

1. Los adolescentes son algunos de los estadounidenses más activos desde el punto de vista religioso.

2. Los estadounidenses veinteañeros son los menos activos en cuanto a la religión.

Las edades de dieciocho a veintinueve años son el agujero negro de la asistencia a la iglesia; este segmento de edad está «perdido» de la mayoría de las congregaciones. Como se muestra en el gráfico, el porcentaje de los que asisten a la iglesia toca fondo durante el inicio de la edad adulta. Sobre todo, hay un cuarenta y tres por ciento de deserción entre la adolescencia y los primeros años de la adultez en término de compromiso con la iglesia. En Estados Unidos, estos números representan cerca de ocho millones de veinteañeros que eran asistentes activos cuando adolescentes, pero que no continúan particularmente comprometidos con la iglesia cerca de su cumpleaños número treinta.

El problema de la deserción

porcentaje de estadounidenses de cada edad que asisten a la iglesia mensualmente y su participación

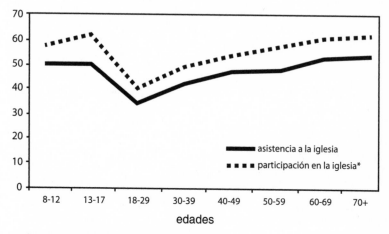

edades

* Incluye los servicios de adoración, grupos de jóvenes, grupos pequeños o la Escuela Dominical.

Fuente: Grupo Barna, estudios nacionales conducidos de 1997 a 2010, N=52.496.

El problema no es que esta generación haya sido menos evangelizada que los niños y adolescentes anteriores a ellos. El problema radica en que mucha de la energía espiritual se desvanece durante una década crucial de la vida: los veintitantos. Piénsalo: más de cuatro de cada cinco estadounidenses menores de dieciocho pasará al menos una parte de sus años de niñez o adolescencia asistiendo a una congregación cristiana o una parroquia. Más de ocho de cada diez adultos recuerda asistir a la Escuela Dominical o algún tipo de entrenamiento cristiano de manera regular antes de los doce años, aunque su participación durante los años de adolescencia fuera menos frecuente. Alrededor de siete de cada diez estadounidenses recuerda ir a la Escuela Dominical o algún otro programa religioso para adolescentes al menos una vez al mes.

En encuesta tras encuesta, la mayoría de los estadounidenses se describe a sí mismo como cristiano. ¿Dónde —y cuándo— crees que estas alianzas empiezan? Temprano en la vida, antes de la adultez.

Los adultos se identifican como cristianos típicamente por que han tenido experiencias formadoras en su niñez o adolescencia que los conectaron con el cristianismo.

Sin embargo, esa conexión es a menudo muy superficial, respondiendo más a una identificación cultural que a una fe profunda. Y nuestras investigaciones muestran que ese mosaico no comparte la identificación cultura de generaciones previas.

En uno de los estudios más recientes del Grupo Barna, llevado a cabo a principios del año 2011, le pedimos a una muestra aleatoria nacional de adultos jóvenes con un historial cristiano que describieran su viaje de fe. La población de la entrevista fue conformada con individuos que asistían a iglesias protestantes o católicas o que se identificaban en algún momento como cristianos antes de la edad de dieciocho años. Esto incluyó a personas jóvenes que actualmente asistían a iglesias y también a las que no, al igual que a los que se identificaban como cristianos y algunos que lo habían hecho una vez, pero ya no más.

La investigación confirmó lo que nosotros habíamos estado alegando basados en otra información: El 59% de las personas jóvenes con un trasfondo cristiano reportó que ellos habían «dejado de asistir a la iglesia después de hacerlo regularmente». La mayoría (57%) dijo que eran menos activos en la iglesia hoy comparado a cuando tenían quince. Cerca de dos quintos (38%) afirmó que habían pasado por un período en el que dudaron de su fe de un modo significativo. Otro tercio (32%) describió un período en el que se sintieron estar en contra de la fe de sus padres.

Muchas de las percepciones de los jóvenes católicos son similares a las de los jóvenes protestantes. También aprendimos que los católicos luchan con aspectos particulares de su fe: un quinto (21%) dice que «los escándalos de abuso del clero han hecho que cuestionen su fe». Un octavo (13%) de los jóvenes católicos afirma que ellos «tuvieron una experiencia negativa en una escuela católica». Dos de cada cinco (40%) señala que «las enseñanzas de la iglesia católica acerca de la sexualidad y el control natal están desactualizadas», mientras que un cuarto de los jóvenes católicos (28%) indica que «les molesta que la iglesia no permita que las mujeres puedan ser predicadoras». Cuando se trata de percepciones de sus parroquias y misas, un tercio (34%) indica que «se supone que la misa debe ser significativa, pero se siente como una obligación aburrida», y un quinto (23%) dice que «las personas más adultas parecen ser más importantes que las personas jóvenes en su parroquia».

Cuando se trata de la perspectiva que tienen los jóvenes católicos y protestantes acerca de Jesucristo, los veinteañeros son el grupo que menos afirma estar personalmente comprometido con Cristo. Si bien tienen una perspectiva favorable de Jesús, también abrigan dudas significativas acerca de la figura central del cristianismo. Los adultos jóvenes son más propensos que otros grupos a creer que Jesús pecó, dudan de los milagros que hizo y expresan escepticismo en cuanto a su resurrección. A pesar de sus experiencias religiosas previas, los veinteañeros son los menos propensos a decir que confían en que Jesucristo les hable de una manera personal y relevante a sus circunstancias.

En sus propias palabras

Cómo los jóvenes describen su viaje espiritual...
lejos de la iglesia y la fe

Estadounidenses con un trasfondo cristiano, *edades 18-29

	Cristianos	Protestantes	Católicos
Percepción de la iglesia y la fe			
Ha dejado de asistir después de hacerlo con regularidad.	59%	61%	56%
Ha estado significativa y personalmente frustrado en cuanto a la fe·	50%	51%	49%
Comparado a los quince, menos espiritual hoy·	29%	31%	29%
Comparado a los quince, menos activo en la iglesia hoy·	57%	58%	65%
Atravesó un período en el que dudó de su fe de un modo significativo.	38%	41%	33%
Atravesó un período en el que rechazó la fe de sus padres.	32%	35%	25%

* Se describen a sí mismos como asistentes a una iglesia católica o protestante, o se identifican como cristianos en algún punto de su vida.

Grupo Barna | 2011 | N=1.296

La conclusión: después de una exposición significativa al cristianismo como adolescentes y niños, muchos adultos jóvenes, criados en una iglesia católica o protestante, rechazan un compromiso activo con Cristo durante sus veintes. Aun cuando las iglesias y parroquias individualmente están alcanzando a los jóvenes de una forma efectiva, el número de veinteañeros que asisten es una mera gota en el balde, considerando el número de jóvenes que residen en la comunidad local. Y por cada congregación que está atrayendo a los mosaicos, muchas iglesias se hallan batallando en cuanto a cómo conectarse y permanecer relevantes en las vidas de sus adultos jóvenes.

Cada historia cuenta

Una de las cosas que aprendimos en estas investigaciones es que hay más de una forma de abandonar y más de una forma de permanecer fiel. Cada persona tiene una experiencia única relacionada con su fe y su espiritualidad, y cada historia cuenta. Las razones por las que los jóvenes abandonan, a pesar de lo similares que puedan parecer, resultan muy reales y personales para quienes las experimentan. Nosotros en la comunidad cristiana necesitamos tener esto en mente.

A la misma vez, así como cada historia es diferente y digna de una atención y un cuidado serios, hay patrones en la información que nos pueden ayudar a darle sentido al problema de la deserción. Descubrimos en nuestra investigación que hay tres formas amplias de perderse:

- *Los nómadas* se alejan del compromiso con la iglesia, pero se consideran a sí mismos cristianos.
- *Los pródigos* pierden su fe y se describen a sí mismos como «ya no más cristianos».
- *Los exiliados* conservan todavía su fe cristiana, pero se sienten atorados (o perdidos) entre la cultura y la iglesia.

Kelly es un ejemplo de nómada. Creció en una iglesia protestante evangélica. Su padre, Jack, ha trabajado para organizaciones cristianas durante la vida entera de Kelly y enseña con regularidad en la Escuela Dominical. Ambos padres son asistentes comprometidos. Kelly se describe a sí misma como alguien que lucha con un desorden de ansiedad y nunca siente que encaja en la iglesia. «El primer choque contra la iglesia fue en el grupo de jóvenes, donde no encajé y nadie hizo ningún esfuerzo para ayudarme. El segundo golpe fue en la universidad, cuando el ministro del campus al que asistía empezó a hablar acerca de las obras para lograr que la gente fuera salva. El tercer golpe fue el juicio de los amigos de la iglesia que mis padres enfrentaron con relación a mi persona. Ellos les dijeron a mis padres que habían hecho un mal trabajo criándome». A pesar de estas experiencias negativas, Kelly encaja en el perfil de un nómada, ya que ora y lee su Biblia a menudo. Ella me dijo: «Nunca perdí mi fe en Cristo, pero he perdido la fe en la iglesia».

Mike tipifica a un pródigo, un antiguo cristiano. Creció en una iglesia católica, pero su amor por la ciencia y su aguda inteligencia —lo que en algunas ocasiones era percibido como algo irrespetuoso— con frecuencia lo metieron en problemas con los líderes de la parroquia. Después de un período de búsqueda y lucha con respecto a su fe, él dijo: «Terminé de creer en esas historias cristianas». El tiempo dirá si Mike regresará a la fe más adelante en su vida. Sin embargo, usualmente la actitud de los pródigos parece permanecer cerrada a este tipo de resultados.

Nathan, el vocalista líder de una banda exitosa, ejemplifica a un exiliado. Los padres de Nathan, al igual que los de Kelly, asistían invariablemente a una iglesia evangélica durante sus años de niñez. Luego sus padres se separaron. «Me sentí muy inestable en cuanto a la iglesia y la fe por mucho tiempo, pero más con respecto a la iglesia que a la fe». En una entrevista con la revista *Relevant,* este joven músico describió su «enorme cinismo hacia todo el cristianismo institucional». Él y sus compañeros de banda estaban «todos avergonzados y apenados de mucha de la cultura [cristiana] de la cual proveníamos, pero no necesariamente apenados o avergonzados de las creencias que teníamos». La fe de Nathan está aún intacta y estuvo a salvo debido a la asociación con otros jóvenes artistas que fueron honestos acerca de sus luchas y estuvieron dispuestos a ayudarse unos a otros a sanar. La revista describe a Nathan y su banda como «haciendo preguntas y rechazando algunos aspectos de su propia crianza conservadora, pero aun así buscando algo más de su fe».

Nathan, Mike y Kelly constituyen tres ejemplos de experiencias «me perdieron», acerca de las cuales hablamos en este libro. En el capítulo 3 (Los nómadas y los pródigos) y en el capítulo 4 (Los exiliados), vamos a profundizar en las investigaciones acerca de estos tres grupos, pero hay tres observaciones que quiero hacer para empezar.

Primero, una aclaración. La jornada de fe de la próxima generación no es monocromática o viene en una talla única. *Cada historia cuenta.* Y todo tipo de historia es importante. Tal vez veas a alguien que conoces, e incluso a ti mismo, reflejado en estos tres tipos de patrones.

Segundo, la mayoría de los jóvenes que abandonan la iglesia no se alejan de la fe, solo están poniendo su participación en la iglesia en espera. En realidad, aunque todas las historias de pérdida de fe resultan desgarradoras, los pródigos son los más escasos entre aquellos que abandonan la iglesia. En su mayoría los desertores son nómadas o exiliados, esos que están abandonando la forma convencional de la comunidad cristiana, no rechazando al cristianismo por completo. En otras palabras, si bien creo que estos problemas están conectados, la mayoría de los jóvenes cristianos están batallando menos con su fe en Cristo que con su experiencia en la iglesia.

Tercero, existe una contratendencia en la información contenida en este libro: los seguidores jóvenes de Jesús que se muestran apasionados, comprometidos y deseosos de alcanzar al mundo con el evangelio. (Algunos de estos jóvenes creyentes han estado profundamente conectados a una parroquia local o congregación, mientras que otros son mejor descritos como exiliados). Encontramos, por ejemplo, que de cada cinco jóvenes, el 42% de aquellos que tienen entre dieciocho y veintinueve años afirma: «Estamos muy preocupados por nuestra generación que se va de la iglesia». Una porción similar (41%) describe su deseo de «una fe más tradicional en lugar de una versión moderna del cristianismo». Y tres de cada diez (30%) de los jóvenes cristianos señalan que están «más emocionados con la iglesia que en cualquier otro momento de su vida».

Me siento animado por las nuevas expresiones de adoración y comunión, tales como el movimiento de adoración Pasión y Hillsong United, así como por el énfasis de algunos líderes en levantar la expectativa teológica y práctica de los jóvenes. Brett y Alex Harris, una pareja de hermanos gemelos adolescentes que escribieron el libro *Do Hard Things* [Haz cosas difíciles] son un ejemplo de esta contratendencia, como lo es el pastor Kevin DeYoung, autor de *Just Do Something* [Solo has algo]. Ellos se dan cuenta de que la presión y el incremento en las expectativas han paralizado a muchos de sus iguales y están haciendo todo lo que pueden para ayudarlos.

Aun así, hay cuestiones importantes que surgen de nuestras investigaciones acerca de la calidad y el vigor de la fe entre los veinteañeros que no se van de la iglesia. Por encima de todo, el conocimiento de las Escritura, la doctrina y la historia de la iglesia es realmente pobre entre la mayoría de los cristianos, no solo entre los jóvenes creyentes. Sin embargo, la presión cultural enfrentada de una forma única por los mosaicos hace que aferrarse a la fe cristiana sea una empresa difícil. Si su fe es poco profunda, ¿cómo podría sobrevivir? ¿Son sus puntos de vista teológicos y su compromiso con Cristo lo suficiente firmes? ¿Será esta una generación para ser tenida en cuenta, o será una que deje sus convicciones a un lado? ¿Cuánto acomodo y aclimatación cultural define su fe? ¿Se rendirán a las normas culturales que matan la fe?

La próxima generación está atrapada entre dos posibles destinos: uno que descansa en el poder y la profundidad del evangelio centrado en Cristo, y otro anclado en una versión barata y americanizada de la fe histórica que se romperá con un ligero soplo de viento. Sin un camino claro para lograr un evangelio verdadero, millones de jóvenes cristianos mirarán atrás y verán que su vida de veinteañeros fue una serie de oportunidades perdidas a favor de Cristo.

Hacer discípulos en un nuevo contexto

En la superficie, este libro trata de aquellos que abandonan la iglesia —los pródigos, los nómadas y los exiliados— pero en un nivel más profundo se refiere a las nuevas presiones que enfrenta toda la comunidad cristiana a medida que buscamos transmitir la fe. Quiero examinar, clarificar y ayudarnos a considerar nuestra respuesta a las intensas presiones que le están dando forma a nuestra cultura y la iglesia. Sin importar cuál sea nuestra edad o estado espiritual, todos debemos responder a nuestro nuevo y cambiante contexto cultural.

Al igual que un contador Geiger mide la radiación en el radio de alcance de una bomba, la próxima generación está reaccionando a la intensidad radiactiva de los cambios sociales, tecnológicos y religiosos. Y en su mayor parte, los estamos enviando al mundo sin encontrarse preparados para soportar las consecuencias. Muchos son incapaces de razonar con claridad acerca de su fe y no están dispuestos a asumir riesgos reales por causa de Cristo. Estas deficiencias son indicadores de brechas en la tarea de hacer discípulos. Existen tres ámbitos centrales donde estas lagunas se evidencian, y la iglesia hoy tiene oportunidades importantes de repensar nuestro enfoque a la hora de hacer discípulos.

1. Relaciones

El primer ámbito donde existe una brecha a la hora de hacer discípulos es el de las relaciones. Como veremos en capítulos posteriores, los mosaicos son altamente relacionales en múltiples aspectos (sobre todo cuando se trata de los pares) y muchos tienen relaciones positivas con sus familias. Al mismo tiempo, los veinteañeros con frecuencia se sienten aislados de sus padres y otros adultos mayores en el ámbito de la fe y la espiritualidad. Muchos jóvenes sienten que los adultos mayores no entienden sus dudas e inquietudes, un requisito previo para una buena amistad y mentoría. En realidad, la mayoría de los adultos jóvenes que entrevistamos señalaron que no tuvieron un amigo adulto que no fuera sus padres. ¿Puede la iglesia redescubrir el poder de la relación sana entre los santos?

La generación mosaica personifica una contradicción entre «yo y nosotros». Ellos son extraordinariamente relacionales y al mismo tiempo muy centrados en sí mismos. *¡Queremos cambiar el mundo! ¡Mírame! ¡Vamos a lograr un cambio juntos! ¡Deseo ser famosa!* Ellos quieren ser asesorados y quieren hacerlo por su cuenta. Desean hacer de todo con los amigos y desean lograr grandes cosas por sus propios medios. Estas contradicciones egoístas sin duda afectarán la forma del cristianismo en la próxima década, ¿pero de qué manera? ¿Cómo puede la comunidad cristiana hablar proféticamente en medio de la disonancia relacional e individual, y ayudar a los jóvenes a servir a los demás por el bien del evangelio?

La próxima generación está conformada por consumados artistas del *collage*, capaces de combinar un conjunto diverso de relaciones, ideas y aspiraciones. Esto incluye la concientización de los problemas mundiales, así como el mantenimiento de relaciones con personas de diversas generaciones, religiones, orientaciones sexuales y orígenes étnicos. Ellos esperan y disfrutan de la diversidad. (La naturaleza ecléctica de las relaciones de esta generación y sus valores inspiraron a George Barna a nombrarlos «mosaicos»). ¿Cómo puede la comunidad cristiana comprender y aprender de la empatía y la energía de la próxima generación mientras que al mismo tiempo cultiva su búsqueda por la verdad?

2. Vocación

El segundo ámbito es la vocación, esa poderosa y a menudo ignorada intersección de la fe y el llamado. Millones de seguidores de Cristo —adolescentes y adultos jóvenes— están interesados en servir en las profesiones tradicionales como la ciencia, el derecho, los medios de comunicación, la tecnología, la educación, la aplicación de la ley, la milicia, las artes, los negocios, el mercadeo y la publicidad, los servicios de salud, la contabilidad, la psicología y muchos otros. Sin embargo, la mayoría recibe poca orientación en sus comunidades eclesiales para saber cómo conectar estos sueños vocacionales de un modo profundo con su fe en Cristo. Esto es especialmente cierto para la mayoría de los estudiantes que se sienten atraídos a las carreras que involucran ciencias, incluidas el cuidado de la salud, la investigación en ingeniería, la educación, la programación de computadoras, y así sucesivamente. Tales jóvenes cristianos aprenden muy poco en sus comunidades de fe acerca de cómo vivir honesta y fielmente en un mundo dominado por la ciencia… y mucho menos sobre la forma de sobresalir en la vocación elegida. ¿Puede la comunidad cristiana reunir el valor a fin de preparar a una nueva generación de profesionales para ser excelentes en sus carreras y además humildes y fieles donde Dios los ha llamado a servir?

Un problema relacionado es que la iglesia ha perdido a muchas personas «creativas»: músicos, artistas visuales y actores, directores de cine, poetas, deportistas y surfistas, narradores, escritores y muchos más. En las páginas de *Me perdieron* te encontrarás con cantantes, cómicos, escritores y productores fílmicos que han encontrado dificultades para conectar sus dones creativos e impulsos a la cultura de la iglesia. Con frecuencia la iglesia moderna lucha para saber qué hacer con el lado derecho del cerebro (el lado de la creatividad). Lo que tradicionalmente era un terreno fértil para las artes —la iglesia— hoy se considera en general una institución poco creativa, sobreprotectora y sofocante. ¿Puede la comunidad cristiana volver a aprender a amar y hacer espacio para el arte, la música, el diseño, el juego y (me atrevería a decir) la alegría?

3. Sabiduría

El tercer ámbito en el que la iglesia debe reconsiderar su método de hacer discípulos es ayudando a la próxima generación a aprender a valorar la sabiduría por encima de la información. Los jóvenes actuales tienen mayor acceso al conocimiento que cualquier otra generación en la historia de la humanidad, pero la mayoría de ellos carecen de discernimiento en cuanto a la forma de aplicar con sabiduría ese conocimiento en sus vidas y el mundo. Los adultos jóvenes son naturalmente digitales, inmersos en una cultura popular que prefiere la velocidad a la profundidad, el sexo a la plenitud, y la opinión a la verdad. Sin embargo, no es suficiente con que la comunidad de fe cristiana corra de un lado para el otro advirtiendo sobre los peligros de la cultura actual. Los hijos de Dios de la próxima generación necesitan más y merecen algo mejor.

Vivir una vida fiel y significativa en un contexto que experimenta cambios rápidos a nivel cultural requiere grandes dosis de sabiduría. No obstante, ¿qué es exactamente la sabiduría? Según la antigua comprensión hebrea, es la idea de vivir con mucha astucia y habilidad. Como tal, la sabiduría implica la capacidad espiritual, mental y emocional de relacionarse adecuadamente con Dios, los demás y nuestra cultura. Proverbios 9:10 afirma: «El principio de la sabiduría es el temor del SEÑOR». La sabiduría se basa en conocer y venerar al Dios que se ha revelado en Cristo a través de las Escrituras. Encontramos sabiduría en la Biblia, la creación y la obra constante del Espíritu Santo, en las prácticas y tradiciones de la iglesia, y en nuestro servicio a los demás.

Sin embargo, muchos de la próxima generación encuentran difícil ir más allá de ser consumidores de información para convertirse en personas sabias. Por ejemplo, muchos jóvenes cristianos admiran las palabras y las obras de Jesús (la información), pero no lo conocen como Señor y Dios (la sabiduría). Ellos leen y respetan la Biblia (la información), pero no perciben que sus palabras reclaman su obediencia (la sabiduría). Los jóvenes cristianos son la generación menos propensa a creer y experimentar la presencia del Espíritu Santo en su vida. Además, las prácticas espirituales y las tradiciones históricas de la iglesia, que sirven para profundizar la comprensión de los creyentes y la experiencia de Dios, a menudo parecen irremediablemente anticuadas para muchos de los adultos jóvenes de hoy.

Ser sabio no ocurre simplemente al «decir la oración», o al memorizar una lista de lo que podemos y no podemos hacer; o mediante una firma en un papel de compromiso, o ni siquiera al completar un programa de la iglesia de seis semanas. En vez de eso, se trata de un proceso de vida de profunda transformación a través de la fe en Cristo, el conocimiento de la Palabra de Dios, la vivencia por el poder del Espíritu Santo, y la participación en la comunión con otros creyentes. *Como comunidad cristiana, ¿cómo podemos ayudar a los jóvenes cristianos a vivir sabiamente en la cultura de la distracción mental, emocional y espiritual?*

¿POR QUÉ EL PROBLEMA DE LA DESERCIÓN ES UN *PROBLEMA?*

¿Por qué debemos preocuparnos por la jornada de fe de los adultos jóvenes? ¿Por qué esto es importante?

En primer lugar, es un asunto del corazón. La vida espiritual de millones de jóvenes está en juego. Ese hecho, en sí mismo, debería ser razón suficiente para preocuparse. Una persona establece sus fundamentos morales y espirituales en los primeros años de vida, por lo general antes de los trece años. Sin embargo, los años de adolescencia y juventud son un período significativo de experimentación, de probar los límites y las realidades de esos fundamentos. En otras palabras, a pesar de que la infancia y los primeros años de la adolescencia es el tiempo durante el cual las brújulas morales y espirituales son calibradas, el tiempo experimental y vivencial desde la secundaria hasta la segunda mitad de los años veinte es el periodo en que se confirma y clarifica esta trayectoria espiritual en una persona.

Resulta más probable que un joven cambie de religión o fe entre las edades de dieciocho y veintinueve años. En un estudio que llevamos a cabo, tomamos una muestra representativa de jóvenes estadounidenses para identificar si es que habían cambiado su fe y cuándo había sucedido. La respuesta más común era que lo habían hecho en su tiempo de «veinteañeros», y el setenta y uno por ciento de los que cambiaron significativamente algunos puntos de vista religiosos lo hizo antes de la edad de treinta años. Esto concuerda con una encuesta reciente del *Pew Forum*, que encontró que «la mayoría de los que cambian su religión y abandonan la fe de su infancia lo hace antes de los veinticuatro años». Las decisiones tomadas en la primera década como adultos establecen la dirección de la vida. Los adultos jóvenes toman decisiones sobre la educación, las deudas y las finanzas, la carrera, el matrimonio, la familia, el propósito y muchos otros temas cruciales. ¿Qué influencia escogerán para ayudarlos a elegir y darle forma a la vida que quieren vivir?

Algunos líderes de la fe dicen simplemente que esperarán hasta que los jóvenes tengan la edad suficiente para casarse y tener sus propios hijos. Entonces estarán listos para regresar a la iglesia. Sin embargo, ¿este es un enfoque razonable, en especial cuando los tiempos para el matrimonio y la maternidad están siendo empujados cada vez más a edades avanzadas? ¿Es eso lo que queremos para los jóvenes? ¿Deseamos que tengan años de educación religiosa, experiencias y relaciones, solo para se vayan y luego decidan por sí mismos?

¡Por supuesto que no!

En segundo lugar, estar al tanto de la jornada de fe de los adultos jóvenes es una cuestión de precisión. Sin información precisa, los cristianos tienen la opción de ignorar o minimizar el problema de la deserción o de tacharlo de «sensacionalismo», como si no fuera real. Ninguno de los enfoques es el adecuado o útil. Cuando comenzamos nuestra investigación para este proyecto, una de las primeras cosas que notamos fue la disputa sobre lo que estaba sucediendo y lo que significa. Existen muchas historias conflictivas. En realidad, algunos afirman que ni siquiera hay ninguna historia, que el problema de la deserción es un mito, una alarma para poder vender libros y programas que prometen resolver una crisis ficticia. Lo que estamos viendo en realidad, de acuerdo a los «negadores de la deserción», es el flujo natural de la fe en relación con la edad adulta en cada generación. Estos negadores minimizan el problema de la deserción o explican que la mayoría de los veinteañeros que han perdido interés en la iglesia o la fe volverán cuando maduren. Su pensamiento es: «Aquí no ha pasado nada».

Otros claman que no hemos sido lo suficiente alarmistas en cuanto al problema de la deserción, que la crisis es más profunda y penetrante de lo que cualquiera de nosotros sospecha. Hace poco, alguien llamó a nuestras oficinas para presentar una queja sobre nuestros datos, afirmando que la evaluación del Grupo Barna (grupo de estadísticas y bases de datos) en cuanto a las cifras de la deserción era muy optimista. Esta persona que llamó esperaba que revisáramos nuestras investigaciones para que reflejaran un número mayor de deserciones a fin de confirmar sus temores. «¡Alerta roja, crisis! El cristianismo desaparecerá dentro de una generación», proclaman los extremistas.

Considero que el problema de la deserción es real e incluso urgente, pero también creo que sentenciar a muerte a la iglesia en la próxima generación es algo prematuro. Quiero dar aquí una explicación de lo que hacemos cuando recolectamos datos que evalúan la jornada de fe de los adultos jóvenes. En nuestra recolección de pruebas, entrevistas y datos, el objetivo del equipo Barna es obtener la imagen más precisa que podamos de la realidad cultural. Esto se debe a que la iglesia está llamada a existir en el mundo real, no solo dentro de los templos. En esta investigación, hemos hecho nuestro mejor esfuerzo para descubrir los hechos y la verdad del problema de la deserción, y este libro es la recopilación de nuestras mejores ideas sobre el tema hasta el momento (pero no es la respuesta final). No hay formas fáciles ni respuestas absolutas para todas las preguntas, ni mucho menos una manera única de discipular a las nuevas generaciones, ni un único camino para transmitir la fe de los padres a los hijos. Si estás buscando fórmulas elementales o explicaciones simples, este no es probablemente el libro para ti. Haré mi mayor esfuerzo para ser claro y conciso, pero cuando se trata de cuestiones de fe y cultura, nada es sencillo.

En tercer lugar, se trata de una cuestión de responsabilidad. No estoy escribiendo este libro para culpar a nadie por el estado de la próxima generación o la iglesia. Todos tenemos un papel que desempeñar, jóvenes y viejos, los que están en la iglesia o los que se han ido. Si eres un joven nómada o exiliado, o un fiel seguidor de Cristo, me gustaría que recordaras que, como pueblo redimido por Jesús, somos ciudadanos de un reino que nos unifica con las generaciones de creyentes que se han ido antes. Esa es una gran responsabilidad, pero creo que la gracia de Dios es suficiente para ti y para mí, y que él nos llama a seguir a Cristo de todo corazón, con valentía y audacia, no importa el tiempo o el lugar donde estemos.

Si eres un pródigo, te insto a que reconsideres tu decisión de rechazar el cristianismo. Sin importar cuál sea tu jornada, cuál sea tu edad, cuáles sean tus quejas contra los cristianos y la iglesia, tú, en el peor de los casos, como yo, no eres mejor que nadie. Sin embargo, tú y yo, en nuestra mejor actitud, podemos ser contados entre los santos humildes que han confiado en que la gracia de Dios es mayor que las deficiencias de su pueblo. Juntos, con amor, podemos retar a la iglesia desde adentro a arrepentirse y ser verdaderamente cristianos de nuevo.

Si eres un creyente más, un padre o un líder cristiano, no te estoy señalando con el dedo ni te culpo a ti. En lugar de eso, quiero que juntos recordemos nuestra vocación colectiva de amar, aceptar y colaborar con esta nueva generación. Eso no es fácil. El filósofo James K. A. Smith anima a los padres con esta aguda observación: «Tus hijos te van a romper el corazón. De alguna manera lo harán. De alguna forma y en más de una ocasión lo harán. Para llegar a ser un verdadero padre tendremos que prometernos que amaremos a los pródigos».

Parte de esa promesa que hacemos como padres y mentores cristianos es ser honestos con nosotros mismos. Tenemos que admitir que nos hemos equivocado muy a menudo. Hemos intentado lo imposible con nuestras propias fuerzas y hemos perdido momentos de oportunidad divinos. Sin embargo, no tenemos que dejar escapar más oportunidades. Si vamos a vivir en obediencia al Gran Mandamiento y la Gran Comisión, debemos amar (en lugar de condenarlos) a nuestros prójimos, los adultos jóvenes, encontrando nuevas formas de hacer discípulos entre ellos (en lugar de expulsarlos con nuestras antiguas metodologías). Mientras observamos la velocidad a la que desertan de la iglesia, el desafío de la comunidad cristiana es evaluar nuestra culpabilidad. ¿De qué manera estamos siendo cómplices de la pérdida de la siguiente generación?

Si eres un líder en una iglesia local o una institución cristiana, te encuentras en una posición ideal para ayudar a tu comunidad de fe a corregir su rumbo en el camino a cumplir la misión dada por Dios. Espero que la información y el análisis que encuentres en estas páginas te ayuden a discernir sabiamente los tiempos actuales y, con la guía del Espíritu, a reformar y renovar nuestras instituciones para satisfacer las profundas necesidades espirituales que tiene la próxima generación. ¿Cómo puede tu iglesia o ministerio expandir y refinar su visión de cultivar una fe duradera en cada generación?

Tener en cuenta la jornada de fe de los adultos jóvenes es finalmente una cuestión de liderazgo. Cada año tenemos el gran privilegio de trabajar con muchos de los grupos religiosos más grandes de los Estados Unidos y con líderes de alto perfil; incluidos los ministerios universitarios, las escuelas cristianas, las distintas denominaciones, las editoriales y los ministerios paraeclesiásticos. Al interactuar regularmente con estas personas, vemos el cambio evidente que sufre la nueva generación. Muchos están buscando nuevas formas de ser efectivos en su trabajo con esta nueva generación, y muchos están esperando que la próxima generación de líderes emerja. Entre estos grupos existe una creciente sensación de que necesitamos nuevas formas de discipulado, una nueva forma de enseñanza, la instrucción mediante la participación y el desarrollo de las vidas de los jóvenes. Precisamos una renovación en nuestra mente para enfocarnos en el aprendizaje a la manera de Jesús.

Por lo tanto, comprender a la próxima generación resulta sin duda relevante para los interesados (padres, pastores, maestros, empleadores) y las organizaciones (editoriales, escuelas, empresas, iglesias, ministerios). A fin de responder eficazmente a las necesidades espirituales de la próxima generación, las instituciones ya establecidas y las comunidades deben entenderla y cambiar de una forma apropiada y con fundamento bíblico.

La evidencia presentada aquí también puede ayudar a los líderes más jóvenes que necesitan comprender a sus compañeros de la misma edad. Los jóvenes nacidos en las décadas de 1960 y 1970 tenían que saber lo que estaba sucediendo dentro de su generación para poder formar parte de la influencia colectiva sobre la religión de hace cincuenta años. Lo mismo ocurre con los líderes de esta generación emergente.

Hoy en día la influencia de la tecnología, la cultura popular, los medios de comunicación, la industria del entretenimiento, la ciencia y una sociedad cada vez más secularizada están intensificando las diferencias entre las generaciones. Y muchas iglesias, líderes y padres de familia (la generación establecida) tienen dificultades para entender estas diferencias, y eso sin mencionar los valores, creencias y suposiciones que las han generado. Así que necesitamos líderes más jóvenes. Uno de los aspectos más gratificantes de este proyecto es que muchos cristianos jóvenes están motivados por una preocupación divina en cuanto a su propia generación. Su entusiasmo y su esperanza resultan refrescantes, y yo respeto sus extraordinarios esfuerzos por ver a sus compañeros despertándose al amor y los propósitos de Dios.

Los líderes jóvenes —que hablan el idioma de sus compañeros— son muy necesarios, porque los veinteañeros de hoy en día no son solo un poco diferentes a las generaciones anteriores. Ellos están viviendo de una manera discontinua en el ámbito social, tecnológico y espiritual. La distancia entre una generación y la otra se ha intensificado.

En el próximo capítulo, vamos a darle una mirada profunda a estas diferencias y lo que pueden significar para el futuro de la fe.

2

ACCESO, ALIENACIÓN, AUTORIDAD

El año pasado me encontré con Bob Buford, el empresario de televisión por cable que hizo una reorientación significativa a mitad de su vida de las prioridades de su trabajo y luego contó su historia en el popular libro llamado *Half Time* [Medio tiempo]. Varios de mis colegas estaban discutiendo el cambio entre generaciones, y Bob dijo lo siguiente: «Considero que esta próxima generación no es solo un poco diferente a la del pasado. Creo que son *discontinuamente diferentes* de cualquier otra que hayamos visto antes».

Como prueba, Bob buscó en sus archivos y sacó una copia de un estudio reciente sobre los mosaicos o milenarios. Él tomó una página en la que se mostraban las identidades prevalecientes de las cuatro generaciones principales en la cultura de los Estados Unidos y empezó a leer las cinco frases o palabras que cada generación utilizó para describirse a sí misma. «Los mayores usaron palabras como estas: "Segunda Guerra Mundial y Depresión", "más inteligentes", "honestos", "ética profesional" y "valores y moral"», medio leyó y medio recitó de memoria Bob. «Los siguientes, aquellos que nacieron durante la explosión de la natalidad que tuvo lugar en la postguerra (*boomers*), describen su generación con términos como "ética profesional", "respetuosos", "valores y moral" y "más inteligentes". La generación más joven (*busters*) emplean estas palabras: "uso de la tecnología", "ética profesional", "conservador/tradicionalista", "más inteligentes" y "respetuosos"». Se sonrió y añadió: «Todos piensan que son más inteligentes».

Bob continuó con su disertación: «Sin embargo, ahora observen esto. Los milenarios utilizan como frases para describir a su generación: "uso de la tecnología", "música y cultura populares", "liberales/tolerantes", "más inteligentes" y "ropa". ¿Dónde ha quedado lo *respetuoso*? ¿Dónde está la ética profesional? Para mí esto muestra que las generaciones no son solo un poco distintas; son discontinuadamente diferentes. Estoy tratando de tener información sobre este grupo porque creo que Dios quiere que invierta en esta generación. Sin embargo, no sé por dónde empezar».

En este capítulo 1 expongo que esta generación es tan diferente porque *nuestra cultura es discontinuadamente diferente*. Es decir, el escenario cultural en el que las personas jóvenes crecieron es significativamente diferente de aquel que experimentaron durante los años de formación las generaciones previas. En realidad, creo que puede hacerse un argumento razonable del hecho de que ninguna generación de cristianos ha vivido durante un período de cambios culturales tan profundos e increíblemente rápidos. Otras generaciones de seguidores de Cristo han soportado una persecución mucho mayor. Otras han tenido que sacrificarse más para florecer o incluso sobrevivir. Sin embargo, dudo que generaciones previas hayan vivido durante un período cultural tan variado y complicado como los cristianos del lado oeste del país en el día de hoy. Los últimos cincuenta años han sido un experimento en tiempo real con la próxima generación, usando los mercados libres, los medios de comunicación, la publicidad, la tecnología, la política, la sexualidad y demás como nuestras herramientas de laboratorio. El experimento continúa, pero ya podemos observar ciertos resultados.

Fluidez
Diversidad
Complejidad
Incertidumbre

El mosaico del día de hoy está siendo formado bajo una influencia directa de estos cambios tan rápidos. Los valores, expectativas, comportamientos, actitudes y aspiraciones han sido formados en y por este contexto. La verdad es, por supuesto, que todos estamos bajo la influencia de este gran período de cambios, sin importar nuestra edad o generación... o nuestra voluntad (o la falta de ella) para adoptarlos. En el día de hoy las personas de alrededor de sesenta años están viviendo en la misma discontinua diferencia cultural que los de veinte. Muchos de los cambios sociales, tecnológicos y espirituales que estamos experimentando en la actualidad empezaron a tomar forma durante la década de 1960 (hablaremos más al respecto posteriormente). La diferencia es que las personas mayores y las generaciones posteriores (los *boomers* e incluso los *busters*) hasta cierto punto entraron en la adultez antes de que estos cambios llegaran al punto máximo de velocidad y masa crítica.

Volvamos a la manera en que los adolescentes y adultos jóvenes expresan su desconexión con la comunidad cristiana: *me perdiste.* Cuando alguien utiliza este lenguaje, está sugiriendo que algo no ha sido traducido, que el mensaje no ha sido recibido. *Espera, no entiendo, me perdiste.* Esto es lo que muchos mosaicos están diciendo en las iglesias. Como también veremos en este capítulo, no se trata de que no estén escuchando, sino de que ellos no pueden entender lo que les estamos diciendo.

La transmisión de la fe de una generación a la siguiente depende del desordenado y a veces defectuoso proceso de los jóvenes de encontrar significado para sus vidas en las tradiciones de sus padres. Pródigos, nómadas y exiliados, todos tienen que encontrarle sentido a la fe que se trasmite a ellos por medio de las relaciones y la sabiduría. Sin embargo, ¿qué pasa cuando el proceso de las relaciones o la fuente de sabiduría cambian? ¿Qué le sucede a esta transferencia de fe cuando el mundo que conocemos se desliza bajo nuestros pies? Necesitamos buscar nuevos procesos —una nueva mente— que le den sentido a la fe en nuestra nueva realidad.

Podemos estar confiados de que Dios está obrando en la jornada espiritual de los adolescentes y adultos jóvenes, aun cuando nosotros estamos tratando de descifrar qué decir y cómo decirlo. La fe, en última instancia, viene de Dios. Y podemos tener la certeza de que a él le importa más que a nosotros la juventud actual. No obstante, sin importar nuestra edad, debemos comprometernos a entender a nuestra cultura actual para ser traductores efectivos de nuestra fe a la siguiente generación. Debemos luchar fuertemente con los desafíos y las oportunidades para que el evangelio avance.

La siguiente generación está viviendo en una nueva realidad tecnológica, social y espiritual. Esta realidad puede ser resumida en tres palabras: acceso, alienación y autoridad.

ACCESO

Hagamos un rápido viaje hacia atrás en el tiempo al año en que nací, 1973. Antes del final de esta ilustre década, la aventura de ciencia ficción que definió a una generación de jóvenes, *Star Wars* [La guerra de las galaxias], acababa de llegar a los cines. Mi papá, en su deber de formar la imaginación de su joven hijo, me llevó al cine Capri, la pantalla más grande en Phoenix, Arizona, para ver la película.

Todavía recuerdo estar sentado ahí en la sala oscura con aire acondicionado, hipnotizado por el inicio de la secuencia cinematográfica: una nave rompía el bloqueo intentando evadir al crucero imperial; los robots arrastraban los pies por el interior blanco perla de la astronave, amenazando a Darth Vader, sofocando a un oficial con el poder de la Fuerza. «¿Qué has hecho con los planos?», él exigió, atemorizando el corazón de un pequeño niño en una galaxia muy, muy lejana.

Recientemente, un amigo mío, Gary Stratton, me recordó algo más que definió el éxito de *Star Wars*. La película se volvió un éxito taquillero en parte porque millones de personas fueron al cine a verla una y otra y otra y otra vez. En lo que pudo haber sido algo culturalmente nuevo, los fanáticos de la ciencia ficción empezaron a ir al cine a las pocas semanas de haberse estrenado la película engalanados con disfraces hechos a mano que imitaban a los personajes del filme.

—Muy bien —dije—. Apartándonos del asunto de los fanáticos, ¿por qué esto es significativo?

—Porque durante la década de 1970 no había ninguna garantía de que podríamos ver la película de nuevo —señaló Gary—. En ese tiempo no había mercado de vídeos para la casa, DVDs, filmes que se bajaran de la Internet o Netflix. Me imagino que esperábamos que pasaran la película por televisión algún día. Sin embargo, aun así, cosas como HBO y la televisión por cable eran bastante nuevas en el momento, y difícilmente algo que un muchacho promedio como yo esperaría que pudiera cambiar su vida.

—¡Vaya, entiendo! Las personas vieron *Star Wars* tantas veces en el cine porque no sabían que con el tiempo podrían ver prácticamente cualquier película producida en cualquier lugar.

—No, no lo sabíamos —dijo él riendo—. Se sintió, literalmente, como una experiencia de una vez en la vida.

—Así que, ¿cuántas veces viste la película durante el año de estreno?

—Este… probablemente diez, tal vez más.

—¿Te vestiste como Chewbacca?

El reto del acceso

El primero y tal vez el cambio más obvio se relaciona con el surgimiento de herramientas digitales y tecnológicas: los métodos y medios por los cuales los adultos jóvenes se conectan y obtienen información sobre el mundo.

Equipos como las computadoras personales, las tabletas, los dispositivos móviles y los teléfonos inteligentes, al igual que tecnologías como las páginas web, las aplicaciones y el software, les están brindando a la siguiente generación (y al resto de nosotros) prácticamente un acceso ilimitado a otras personas y sus ideas, así como a los puntos de vista del mundo, con el clic instantáneo del ratón de la computadora o un movimiento del dedo. El acrecentado nivel de acceso que brindan estas herramientas está cambiando la manera en que los adultos jóvenes piensan y se relacionan con el mundo. Para bien y para mal, ellos están sintiendo, percibiendo e interpretando el mundo —y su fe y su espiritualidad— por medio de pantallas. Aparte de otras cosas, tal acceso significa que la generación actual puede esperar disfrutar prácticamente de un acceso ilimitado a cualquier película en cualquier momento después de su estreno en los cines… y pueden acceder a mucho más que películas.

Una de las entrevistas que hicimos fue a un joven muchacho que describió cómo el acceso a la Internet teniendo quince años le dio oportunidades sexuales sin restricciones, guiándolo con el tiempo a más pornografía y encuentros en la vida real. La Internet se convirtió en su portal a la libertad sexual. Esto dio inicio a un período de nomadismo espiritual para él y lo llevó casi a renunciar a su fe por completo mientras luchaba con un pensamiento: *Tal vez yo sea de las personas destinadas a vivir en este tipo de pecado su vida entera.*

En mis investigaciones, mientras trabajaba con variadas comunidades de fe, el uso prodigioso de la tecnología, la industria del entretenimiento y los medios de comunicación por parte de la nueva generación era una cuestión que salía a relucir una y otra vez.

No hace mucho tiempo presenté este tema en una iglesia al sureste de Missouri. Después de mis charlas, muchos padres y pastores querían saber cómo deberían responder a la cercana relación simbiótica que ellos veían entre los adultos jóvenes y los medios digitales.

Considera este episodio. Mi hijo, Zack, es un parlanchín de siete años. Durante una discusión sobre un tema complejo el otro día, me hizo una pregunta, pero yo no supe la respuesta.

«Papá, dame tu iPhone», pidió. «Dime cómo se escribe y yo lo busco en Google». Zack apenas sabe deletrear, pero está al tanto de que Google tiene repuestas. De manera similar, la expectativa del acceso ilimitado y constante entre aquellos que tienen diez o quince años más que él ha influenciado en quién se están convirtiendo y lo que ellos quieren de la vida.

Simplemente, la tecnología está estimulando el ritmo rápido del cambio y la desconexión entre el pasado y el futuro. La Internet y las herramientas digitales son la raíz de una ruptura masiva entre la forma en que las generaciones previas se relacionan, trabajan, piensan y adoran y la manera en que los mosaicos (y en cierto grado hasta los *busters*) llevan a cabo esas actividades. Mosaicos y *busters*, como Bob Buford describió, entienden la tecnología como parte de su propia identidad generacional.

Los jóvenes son los primeros en adoptar la tecnología, por supuesto. Algunos han descrito a las generaciones emergentes como «nativos digitales», en especial comparadas con sus antecesores, quienes en su mayoría llegaron tarde a la revolución tecnológica.

Los adultos mayores utilizan las herramientas digitales, pero están mucho menos cómodos, mucho menos enterados… como si estuvieran aprendiendo y luego hablando un segundo idioma. Por otro lado, los mosaicos son nativos del mundo digital, aun comparados con los *busters* expertos en tecnología que les precedieron.

Los *busters* aprendieron a usar la tecnología como un aliado en contra de la influencia y el control de los *boomers*; si podían dominar la tecnología, tendrían una ventaja estratégica. Los mosaicos, sin embargo, han sido criados con este tipo de tecnologías por completo, y tal realidad está facilitando nuevos patrones de aprendizaje, de establecer relaciones e influenciar al mundo, así como cambiando la manera en que ellos piensan acerca de la iglesia y el cristianismo. El acceso tecnológico les permite experimentar y examinar materiales que resultan de puntos de vista no bíblicos, dándoles razones amplias para cuestionar la naturaleza de la verdad. Esto genera distracciones extraordinarias y los invita a ser menos lógicos y lineales en sus procesos de pensamientos. Los capacita para pensar como participantes, no solo como consumidores, de los medios de comunicación. Y esto los hace más conectados y más aislados que las generaciones precedentes.

La oportunidad del acceso

El acceso no es del todo negativo. Miles de jóvenes cristianos están creando nuevos escenarios para el evangelio a través de los medios de comunicación, la Internet, vídeos, blogs y Twitter, entre muchas otras cosas. Hay algo integrado en su ADN digital que busca una plataforma para influenciar y defenderse. Hace poco conocí a alrededor de veinte cristianos que mantenían a los seguidores de su blog informados sobre las protestas en el medio oriente y pidiéndoles que oraran para que esta convulsión social cultivara oportunidades para el evangelio en estos países, predominantemente musulmanes.

Nadie puede entender por completo o predecir de manera correcta cómo la digitalización de nuestra cultura va a formar nuestra vida colectiva, ni mucho menos cómo afectará a la próxima generación. Muchos han comparado la proliferación de esta nueva tecnología con la invención de la imprenta, la cual democratizó el acceso a las ideas y en muchos sentidos ayudó al surgimiento de la ciencia, el capitalismo, la teoría política actual y mucho más. Uno de los promotores de la Reforma, Martín Lutero, incluso llegó a describir a la imprenta como «el más alto y extremo acto de gracia de Dios, por medio del cual el evangelio es promovido».

En unos cientos de años, cuando los creyentes recuerden los primeros años del siglo veintiuno, ¿serán las tecnologías de acceso sin precedentes de hoy —la digitalización de prácticamente todo el conocimiento humano, los medios de comunicación y las relaciones— consideradas como un acto de la gracia de Dios, que hacen avanzar el evangelismo? ¿Qué tipo de evangelizadores serán estos nativos digitales?

Es un hecho que la afinidad de los mosaicos a la tecnología contribuye al sentido de desconexión entre las generaciones. Literalmente, ellos viven en un mundo diferente al que yo nací hace unos escasos treinta y siete años atrás, no mucho antes de que mi amigo Gary pensara que no volvería a ver *Star Wars* nunca más.

En resumen, los medios y métodos cambiantes de comunicación y búsqueda de información —las herramientas digitales del acceso— constituyen una de las razones por las cuales el contexto de esta siguiente generación es discontinuamente diferente del pasado.

ACCESO | *Tecnologías y herramientas cambiantes*

Las nuevas tecnologías y herramientas digitales proveen un acceso sin precedentes a información, análisis, opiniones, relaciones y puntos de vista mundiales.

Hechos | *Reconociendo el acceso*

- El estadounidense típico consume 34 gigabites de información por día, un incremento de 350% en treinta años.
- La información es mayormente visual (televisión, cine y juegos); la palabra escrita representa menos de una décima del uno por ciento del total de la información que consumimos.
- Los jóvenes cristianos, como otros adolescentes y adultos jóvenes, perciben e interpretan la realidad por medio de pantallas.
- La universidad más grande de los Estados Unidos, la Universidad de Phoenix, es en gran parte patrocinada por las lecciones en línea.

Ejemplos | *El acceso en acción*

- Los profesores y pastores pueden ser chequeados en el momento a través de la Internet en tiempo real.
- Las personas soportan sus trabajos, la escuela o la iglesia, y disfrutan sus «vidas reales» en los juegos en línea.
- Los programas de computadora brindan contenidos personalizados a los usuarios de modo que no tengan que estar buscando.
- La telefonía inteligente tiene aplicaciones para ubicar establecimientos de comida, revisar el clima, ver películas, recibir y enviar dinero, escuchar música, hacer compras, escribir blogs, suscribirte a Twitter, e incluso encontrar conexiones sexuales en un radio de cinco millas de tu ubicación (no, en serio).
- Las noticias personales no son «reales» hasta que no se haya publicado en Facebook o Twitter.

Nueva realidad | *Acceso y espiritualidad*

- Los jóvenes esperan participar, así como consumir.
- «Aprender piratería». Los jóvenes no ven a la iglesia como el único árbitro del tema espiritual.
- El acceso constante —todos son expertos— crea una epistemología a «mi medida».
- Expectativas de estructuras iguales de jerarquía.
- Aumento de la conciencia global y la conexión con otros en lugares remotos en tiempo real.
- Deseo de mantenerse conectados en todo momento.
- Importancia de presentarse a sí mismo al mundo, autoexpresarse y cultivar seguidores.

ALIENACIÓN

El segundo cambio cultural sísmico radica en cuán apartados los adolescentes y adultos jóvenes se sienten de la estructura que apoya nuestra sociedad. Podríamos considerar la *alienación* como un nivel muy alto de aislamiento de la familia, la comunidad y las instituciones.

Tuve la oportunidad de entrevistar a Ashley, una cristiana veinteañera y joven madre. Ella me contaba cómo se encontró a sí misma en un viaje aéreo por el país sentada junto a una niña de doce años a la que su madre había dado en custodia a la aerolínea de modo que pudiera visitar a su padre. La chica le comentó a Ashley que sus padres se habían divorciado y su papá trabajaba en Georgia. «Así que lo visito algunas veces al año. Este es mi segundo viaje sola en un avión».

Ambas empezaron una conversación aquel día, la cual se convirtió en una relación «con la ayuda digital», incluyendo llamadas a celulares, correo electrónico y mensajes de texto. Cerca de un año más tarde, la joven le entregó su vida a Cristo.

Este es un excelente final para la historia, pero Ashley me dijo algo más que no puedo apartar de mi mente. «Después que nos bajamos del avión ese primer día, la joven dijo algo que me partió el corazón. Ella señaló: "Ashley, siento que me conoces más que cualquier persona en el mundo"».

Tal vez este ejemplo sea un poco extremo, pero el alejamiento relacional es una de las características que definen a este contexto emergente.

El reto de la alienación

El alejamiento tiene sus raíces en los cambios sociales masivos que empezaron en la década de 1960; el drama de la dislocación desarrollado en la generación de los mosaicos se está llevando a cabo en el escenario creado por los jóvenes *boomers*.

Si alguna vez hubo una década en la que la tierra giraba en su eje, la de 1960 ciertamente califica, con todo lo que pasó durante esos años: el movimiento de los derechos civiles, disturbios y malestares estudiantiles, la guerra de Vietnam, la cultura *hippie*, el *rock and roll*, la liberación femenina, la anticoncepción y la revolución sexual, las nuevas tecnologías en la fabricación de computadoras, la llegada a la luna, Watergate, la radio FM, Woodstock, la guerra fría, el floreciente movimiento pentecostal y carismático, la transición católica a la misa inglesa. De muchísimas maneras lo que conocemos como «cultura juvenil» nació en esa época, mientras los jóvenes abrazaban nuevas formas de música y arte, estilos de vida sin precedentes y pensamientos en contra del sistema; la frase «brecha generacional» se usó por primera vez en este período. En lo que se refiere a la iglesia y el cristianismo, la generación de los *boomer* tuvo que haber visto su amenaza más siniestra. Jonh Lennon, uno de los íconos centrales del cambio cultural en aquella época, pronunció la famosa frase: «El cristianismo va a terminar. Va a desaparecer».

La brecha generacional es mayor hoy que nunca pero es también una continuación, una profundización en las divisiones que fueron introducidas por la cultura joven de los años sesenta. Esencialmente los *boomers* popularizaron el fenómeno del abandono de la iglesia. Una investigación de la organización Gallup que data de las décadas de 1930 y 1940 muestra que los adultos jóvenes empezaron a ver la religión de una manera muy diferente a la de sus padres durante la década de 1960. La información muestra que antes de esto, la asistencia a la iglesia mantenía niveles muy parecidos en todas las edades, en otras palabras, durante los años previos a la década de 1960 las personas de veinticinco años asistían a la iglesia en la misma medida que lo hacían las personas de sesenta y cinco. En los años 60, sin embargo, las tendencias divergieron y los adultos jóvenes empezaron a mostrar una falta de compromiso significativo en comparación a los adultos mayores, una tendencia que ha continuado hasta el día de hoy. La implicación es que la dinámica de la iglesia en cuanto a esta falta de compromiso durante la adultez temprana fue formada por los jóvenes *boomers*. Ahora sus hijos y los hijos de sus hijos están tomando una ruta tortuosa similar a través de la fe y la adultez temprana.

¿Qué resulta diferente ahora comparado con la década de 1960? Exploremos tres formas en las que los adultos jóvenes se han alejado de una manera distintiva.

Familia

La ausencia paterna es un ejemplo de un cambio social profundo introducido durante los años sesenta, pero mucho más común ahora. En la década de 1960, el cinco por ciento de los bebés nacidos vivos eran de mujeres solteras; actualmente el porcentaje es de cuarenta y dos por ciento. En otras palabras, los niños de hoy están más propensos a nacer en un mundo sin padres casados que los *boomers*.

Vamos a referirnos a las implicaciones de estos cambios sociales en este libro, pero una de las más obvias es que esta generación de mosaicos ha crecido en una cultura que afirma muchos tipos de familias: tradicional, combinada, no tradicional y compañeros del mismo sexo. Esto ha cambiado el entendimiento de lo que significa una familia; cómo una familia sana debería funcionar; lo que significa tener un buen Padre celestial en sus vidas; y la forma en que pueden encontrar sentido, confianza e intimidad en los compañeros, la familia y las relaciones románticas.

Una serie de cambios relacionados incluye el alejamiento de la institución del matrimonio. Los adultos jóvenes están posponiendo el matrimonio y los hijos para una etapa más adelante en la vida (si lo hacen). En 1970 más de cuatro de cinco adultos de las edades entre los veinticinco y los veintinueve estaban casados; en el año 2010 los casamientos incluían a menos de la mitad de este grupo. El promedio de edad para casarse se ha incrementado, moviéndose de los tempranos veinte a los veinticinco o más en las últimas tres décadas.

Adultez

Cada generación desde los *boomers* ha tomado un camino más tortuoso hacia la adultez. Debido a numerosas razones, algunas de su propia elección y otras no, muchos adultos jóvenes están posponiendo la transición completa a la adultez. Esta transición, de acuerdo a la investigación reportada por un prominente sociólogo, está caracterizada por cinco tareas claves para el desarrollo: irse de casa, terminar la escuela, volverse financieramente independiente, casarse y tener hijos. En la década de 1960, el 77% de las mujeres y el 65% de los hombres habían completado estas tareas —se habían convertido en adultos— a los treinta años de edad. Según el estimado más reciente, solo 46% de las mujeres y 31% de los hombres habían completado esta transición cuando llegaron a los treinta años de edad. Piensa al respecto. «Estabilizado a los treinta» solía ser una normativa, el patrón típico para los jóvenes de los años sesenta. Ahora este camino representa una minoría para los adultos jóvenes de la actualidad.

Más que nada, este cambio cultural lleva consigo la brecha entre la iglesia y la vida de la próxima generación de hoy. Muchas iglesias y parroquias simplemente no se encuentran capacitadas para ministrar o discipular a aquellos que están tomando el camino no tradicional hacia la adultez. Ellas se hallan más capacitadas para guiar y ayudar a los adultos jóvenes con matrimonio y carreras tradicionales.

Mi amigo J. R. Kerr, que le enseña a una congregación joven de Chicago, me dijo: «Muchos de los adultos jóvenes que no calzan con el molde cristiano normal del matrimonio son cariñosamente llamados "paganos" por otros y me los envían a mí. Yo creo que ellos son los "nuevos normales" cristianos».

ALIENACIÓN | *Cambiando el contexto social*

Niveles sin precedentes de desconexión de las relaciones e instituciones.

Hechos | *Reconociendo la alienación*

- En 1960, el 5% de los nacimientos vivos fueron de mujeres solteras, en comparación al 41% en el año 2010.
- En 1970 la mayoría había completado la transición a la adultez para cuando cumplían los treinta; esto ya no es algo típico.
- Los jóvenes constituyen el grupo menos probable en cuanto a votar, hacer trabajos voluntarios y unirse a grupos comunitarios.
- Los medios de comunicación tradicionales, como los periódicos y las noticias nocturnas, tienen poca atracción con la generación de jóvenes.
- El joven adulto promedio ha trabajado para su empleador actual por tres años, en comparación con los diez años de los adultos mayores.

Ejemplos | *La alienación en acción*

- Una cadena de comida rápida ofrece una promoción de una hamburguesa gratis a aquellos que eliminen a diez amigos de Facebook.
- Trabajar por contrato o para uno mismo está en el apogeo entre los adultos jóvenes.
- En lugar de buscar consejo en sus padres y las personas mayores, los mosaicos lo buscan en sus compañeros.
- Los graduados recientes de la universidad compiten por trabajos con millones de desempleados mayores que tienen más experiencia.
- El elevado costo de vida y el estancamiento de los prospectos para obtener ganancias mantienen al matrimonio y los hijos fuera de alcance.

Nueva realidad | *Alienación y espiritualidad*

- Muchos adultos jóvenes no tienen una red de adultos mayores para ayudarlos a triunfar.
- Los mosaicos se acercan al matrimonio y la familia de un modo pragmático («lo que funciona para mí»).
- Escepticismo en cuanto a las «cabezas parlantes» (por ejemplo, los sermones de una vía), las denominaciones y las estructuras de la iglesia.
- Muchos conocidos superficiales en lugar de algunas relaciones íntimas.
- Tensión entre la esperanza y el cinismo en lo que se refiere a la política y el activismo.
- El espíritu emprendedor es admirado sobre la lealtad a la compañía.

Instituciones

Una tercera característica de la alienación cultural iniciada por los *boomers* y amplificada por los mosaicos es el escepticismo con relación a las instituciones. Muchos adultos jóvenes sienten que nuestros sistemas de educación, la economía, el gobierno y la cultura los han «perdidos».

Los graduados de la universidad enfrentan una triste búsqueda de trabajo que está mejorando solo un poco. *USA Today* reportó que en el 2010 «había por cada trabajo disponible cinco personas que lo querían», enfatizando el hecho de que los graduados recientes están compitiendo por empleos con trabajadores de mayor experiencia, muchos de los cuales han estado desempleados durante la recesión. *BusinessWeek* publicó una noticia de portada sobre «la generación perdida» y el subtítulo lo dice todo: «La crisis laboral continua está golpeando duro especialmente a los jóvenes, dañando tanto la economía como su futuro». De acuerdo a la historia, los empleadores de los Estados Unidos están teniendo dificultades para conseguirles trabajo a los jóvenes, un problema que obviamente afecta a los jóvenes mismos, pero que también amenaza con privar a la ecuación económica de la nación de su energía y creatividad.

Imagina cómo se debe sentir invertir cuatro o cinco años de tu vida obteniendo una educación en una institución establecida, solo para darte cuenta de que ese pedazo de papel que recibiste el día de tu graduación no es un boleto al éxito futuro. Podrías estar decepcionado tanto del sistema educativo como de los centros de trabajo. Tener una vida y producir un impacto con ella —sin mencionar casarse y formar una familia— tienden a requerir un cheque de pago.

Los cambios generacionales están reformando muchos sectores de nuestra sociedad, terrenos que hasta hace poco habían sido dominados por las instituciones. Considera los medios de comunicación como ejemplo. Los periódicos y otras formas tradicionales de comunicación, que son la base de la sociedad democrática, están perdiendo lectores y mucho dinero en anuncios publicitarios. Reemplazando a estas instituciones existe una red social hiperconectada, con los ojos en la escena, que hace a un lado a los intermediarios y se reporta las «noticias» entre sí.

Hace una década, ¿quién hubiera podido predecir Facebook, sin hablar de su influencia social, con una base de datos de tamaño continental y una enorme capitalización de mercado?

La industria musical ha sido cambiada para siempre con la digitalización del audio y el vídeo, lo cual hace que pueda compartirse muy fácilmente en línea. ¿Recuerdas Tower Records o la megatienda Virgin? Los adultos jóvenes no.

Aun cuando no ha sido puramente debido a los cambios generacionales, las nuevas tecnologías están cambiando el juego para muchos proveedores de información como la iglesia. ¿Quién hubiera pensado que una de las más grandes, influyentes y sólidas compañías tecnológicas (Microsoft) iba a suspender Encarta, perdiendo la competencia con Wikipedia en cuanto a crear una enciclopedia comprensiva en línea para miles de contribuidores voluntarios sin paga, muchos de los cuales son mosaicos? No es una comparación exacta, pero piensa a cuál modelo se parece más la iglesia —al establecido monolito (donde uno enseña y otros aprenden) o a una red (donde todos contribuyen al aprendizaje)— y lo que esto podría significar para su relevancia en la vida de una generación colaboradora y decidida, que se siente apartada por las instituciones jerárquicas.

La generación mosaica se muestra escéptica, aun cínica, en cuanto a las instituciones que le han dado forma a nuestra sociedad, y mientras ellos mantienen un gran optimismo acerca del futuro, se ven a sí mismos creando este futuro casi desligados (o al menos de forma diferente) de las instituciones que han definido nuestra cultura hasta el momento. Pocas instituciones en nuestra cultura son inmunes al impacto de la próxima generación: desde la música hasta los medios de comunicación, desde los lugares de trabajos hasta la educación, desde la política hasta la iglesia. La deserción generacional que está presente en el establecimiento religioso, de muchas maneras, es parte integral de la alienación que afecta cada segmento de nuestra sociedad.

La oportunidad de la alienación

Los adultos jóvenes de hoy no crecieron dentro de una burbuja. Como todas las generaciones, ellos fueron criados en una cultura influenciada por sus antecesores; en este caso, la generación formadora más significativa fue la de los *boomers*. Las decisiones que los primeros *boomers* hicieron con respecto a la familia, la iglesia, la política, los negocios y otras instituciones han tenido un efecto dominó en la generación emergente. Cualquiera que haya sido la intención de los *boomers* al cambiar las relaciones con las instituciones, la generación de mosaicos está dejando su propia marca en sus conexiones con la familia, las personas adultas y las instituciones.

Hay noticias buenas y malas para la iglesia con respecto al alejamiento de los adultos jóvenes de lo que solía ser la normativa de nuestra sociedad. La mala noticia es que cuando las congregaciones y parroquias están estructuradas para suplir las necesidades de lo «viejo y normal», será muy difícil para los adultos jóvenes encontrar un lugar significativo en ellas. La buena noticia, sin embargo, es que la iglesia es llamada de forma única a ser la comunidad de Dios... y a la verdad, una comunidad auténtica elimina la alienación, la soledad y el alejamiento, remplazándolos con amor. ¿Qué tenemos que cambiar en la manera en que llevamos a cabo nuestro ministerio para suplir las necesidades de lo «nuevo y normal»?

AUTORIDAD

La cambiante historia espiritual en los Estados Unidos es el tercer factor de la discontinuidad cultural de las eras anteriores. Llamémosle *escepticismo en cuanto a la autoridad:* nuevas preguntas sobre a quién creer y por qué. Algunos han descrito a los Estados Unidos como una nación postcristianismo, a pesar de que esta etiqueta no tiene en cuenta el enorme tamaño de la comunidad cristiana, activa o no, en Norteamérica. Cerca de dos de cada cinco adultos en los Estados Unidos es cristiano practicante (con esto nos referimos a que van a la iglesia por lo menos una vez al mes y afirman que su fe es una parte muy importante de su vida). Más aun, cerca de ocho de cada diez adultos se identifican como cristianos.

Sin embargo, hay una nueva historia espiritual en aumento que afirma que el cristianismo ya no es la «opción por defecto» en la sociedad estadounidense. La fe cristiana ejerció una influencia significativa en nuestra cultura en las generaciones previas, pero mucho de este rol público se ha disipado durante los pasados ciento treinta años o más... y la aceleración de sus efectos secularizadores se ha sentido con más fuerza en los últimos cincuenta años.

En el libro *Will Our Children Have Faith?*, John Westerhoff describe cómo seis diferentes ámbitos de la cultura han contribuido a la socialización de la fe: la comunidad, la iglesia, la programación religiosa (tal como la Escuela Dominical), las escuelas públicas (las cuales practican la oración y la lectura de la Biblia), el entretenimiento popular (que estaba basado, al menos un poco, en el punto de vista global bíblico), y las estructuras familiares estables. En otras palabras, aunque alejado de la perfección, el cristianismo era el autopiloto cultural.

Muchas de estas fuerzas sociales han erosionado o al menos cambiado significativamente. Las estructuras culturales que dejaron profundas huellas en la formación de la fe de los jóvenes ya no están disponibles en la iglesia. Aunque todavía lleven la etiqueta de cristianas, muchas familias no personifican la fe. La cultura no la modela ni la estima. El entretenimiento popular aboga en contra de la fe en general y del cristianismo en particular. El sistema educativo hace lo posible para ser religiosamente neutral e instaurar «valores», pero no la moral bíblica.

La próxima generación está creciendo en una cultura en la cual la autoridad de la comunidad cristiana y la obediencia a las Escrituras están presentes mucho menos en sus experiencias de desarrollo. Los mosaicos cristianos enfrentan un ambiente en el cual la autoridad cristiana ha sido increíblemente disminuida tanto de manera obvia como subliminal.

El reto de la autoridad

Considera el siguiente ejemplo. En los primeros meses de la explosión de la descarga de música —«la piratería ilegal» de las canciones digitales— la industria musical cristiana le pidió al grupo Barna que explorara las actitudes de los cristianos jóvenes. ¿Pensaban ellos que descargar música y «copiar» discos compactos para sus amigos estaba mal? Si no, ¿qué se le podía decir para convencerlos de lo contrario?

Por lo general, la información que obtenemos no me derrumba, pero el estudio que completamos calificaba como una gran sorpresa. En gran medida, la mayoría de los adolescentes cristianos no vieron el hecho de descargar música de manera ilegal como un problema moral, o si lo era, lo consideraban como un asunto de justicia y lealtad a sus amigos más que como un tema relacionado con lo que estaba bien o mal. Muchos de los cristianos jóvenes que entrevistamos sintieron que era importante ser justos y leales a sus compañeros antes que ser leales a la industria. ¿Les suena como *alienación* a ustedes?

Esto también era un asunto de —he aquí la otra palabra— *acceso*. Un joven en nuestra investigación se hizo eco de un sentimiento común: «Si está mal, ¿por qué ellos permitirían que fuera tan sencillo hacerlo en nuestra computadora?».

La historia de la piratería de la música también fue un problema de *escepticismo en cuanto a la autoridad*, en quién confiar y por qué. Los estudiantes que entrevistamos no tenían nada negativo que decir acerca de sus padres o la Biblia, pero ellos también vieron poca conexión entre estas fuentes de autoridad y sus actitudes o comportamiento. Este descubrimiento sugirió que muchos jóvenes mantenían personalidades separadas: eran capaces de mantener creencias y comportamientos contradictorios en categorías múltiples e incluso conflictivas. Una parte de ellos ama de manera genuina a sus padres y respeta la Biblia; la otra en verdad no ve ningún reparo moral con experimentar y compartir música como parte de su red natural de relaciones.

Hay varias observaciones que podríamos hacer acerca de las relaciones generacionales emergentes con la autoridad. Démosle un vistazo a tres áreas impactadas por su escepticismo.

Escrituras

La influencia bíblica sobre esta siguiente generación está en el aire. Ciertamente, hay algunas buenas nuevas acerca de las Buenas Nuevas. Millones de jóvenes creen que la Biblia es la Palabra de Dios inspirada, y aquellas familias que mantienen un punto de vista más elevado de las Escritura parecen tener los mejores índices de transferencia de la fe a sus hijos. También encontramos que muchos adultos jóvenes expresan un apetito auténtico por aprender acerca de la Biblia y entender con más claridad su significado y trascendencia en sus vidas.

Sin embargo, cuando examinamos a la generación como un todo, vemos retos. Los jóvenes se muestran escépticos en cuanto a la certeza de la originalidad de los manuscritos bíblicos. Ellos tienden a leer la Biblia a través de un lente de pluralismo; su compartimiento cambiante en cuanto a los medios de comunicación y la disminución de sus períodos de concentración hacen que un medio físico de las Escrituras resulte menos viable; y parecen menos dados que las generaciones previas a creer que las Escrituras hagan un llamado a la obediencia humana.

Como describimos en el capítulo 1, los fundamentos teológicos de incluso los más fieles jóvenes creyentes parecen, de algunas maneras, cruciales, temblorosos o poco confiables.

Cristianismo y cultura

Una segunda área de escepticismo involucra el rol que el cristianismo debería tener en la vida pública y en la cultura más amplia. Los jóvenes cristianos parecen sentir (ciertamente, tengo que añadir) que la sociedad secular deja muy poco espacio para los compromisos religiosos. Las preguntas acerca del rol correcto de la fe en la política, la sexualidad, la ciencia, los medios de comunicación, la tecnología y otras áreas son simplemente replanteadas para evitar el debate, haciendo irrelevantes a las personas de fe en la conversación (y para la siguiente generación, la única cosa peor que estar equivocados es ser irrelevante). Hay un sentimiento, más allá de nuestras fronteras, de ser apáticos con respecto al cristianismo. ¿Cómo van a responder los creyentes de la siguiente generación a la hostilidad creciente de nuestra cultura hacia las personas de fe? ¿Encontrarán ellos maneras significativas y nuevas de hablar con autoridad profética, o crecerán fríos en cuanto a la religión y la convicción espiritual, como muchos de sus compañeros en Europa occidental?

Cristianos influyentes

Existen cambios significativos en el alcance y la influencia de la infraestructura cristiana en los Estados Unidos, particularmente en el evangelismo, donde el grupo Barna ha enfocado muchos de nuestros recursos. Nuestros estudios muestran grandes caídas en el reconocimiento y las percepciones positivas de los principales evangélicos influyentes, desde Billy Graham hasta James Dobson. Los pastores más prominentes de la nación, como Rick Warren y Bill Hybels, son relativamente desconocidos para los jóvenes estadounidenses, en contraste con los niveles de positivismo relativamente constantes que disfrutan personalidades destacadas como Denzel Washington, Oprah Winfrey, George Clooney o Faith Hill. Compara las percepciones positivas de los mosaicos con respecto a Billy Graham con sus percepciones positivas acerca de Paris Hilton. Los cristianos mayores son vistos de un modo menos favorable que Paris Hilton entre los mosaicos de hoy.

En otras palabras, los guardianes del cristianismo evangélico en la esfera pública están enfrentando una influencia significativamente disminuida dentro de la siguiente generación. ¿De dónde vendrán los líderes de la siguiente generación? ¿Habrá alguno? ¿A quién verán los jóvenes cristianos, en especial los evangélicos, como sus voces de inspiración cristiana?

La Brecha

Héroes Culturales versus Cristianos Influyentes
Porcentaje de las opiniones favorables

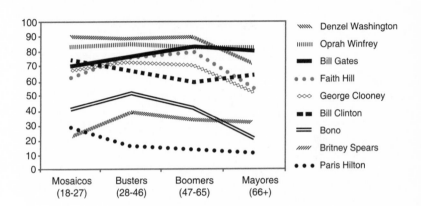

Porcentaje de las opiniones favorables

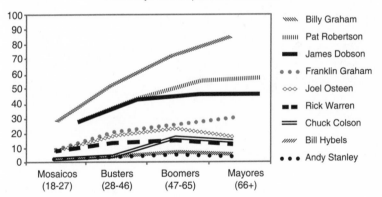

AUTORIDAD | *Cambiando la narrativa espiritual*

Nuevas preguntas acerca de en quién y qué creer y por qué.

Hechos / *Reconocimiento de los cambios de autoridad*

- Los adultos jóvenes tienen una red de amigos más religiosamente diversa que las generaciones previas de estadounidenses.
- Los adultos jóvenes son los menos probables de considerar a la Biblia como Escrituras sagradas.

Ejemplos / *La autoridad en acción*

- Los líderes cristianos de las generaciones previas son prácticamente desconocidos por los jóvenes cristianos del día de hoy.
- Los adultos jóvenes son más propensos a consultar la Internet que a su pastor acerca de las preguntas religiosas.
- Los mosaicos son expertos en la tecnología, pero no necesariamente verdaderos expertos. «Lo encontré en la Internet» es una frase común para la fiabilidad de la información.
- Todos tienen una opinión, y es difícil saber quién tiene la verdad.

Nueva realidad / *Autoridad y espiritualidad*

- Relativismo: «Lo que es cierto para mí puede no ser cierto para ti».
- Los compañeros juegan un rol muy importante y en acenso como el compás espiritual y moral para la toma de decisiones.
- Los jóvenes cristianos están expuestos a una variedad de contenido religioso, a menudo sin un filtro para evaluarlo.
- Los jóvenes están interesados en la espiritualidad, pero según sus propios términos.

La oportunidad de la autoridad

He aquí algo importante. Una cultura de escepticismo es una cultura de preguntas, y las preguntas pueden guiar a conversaciones, relaciones y la verdad. Por ejemplo, las preguntas de la nueva generación acerca de la Biblia son una oportunidad para hablar de la Biblia... ¡y esto es fantástico! Las tensiones entre la fe y la cultura pueden crear nuevas formas de compromiso cultural y social, y el declive de la subcultura cristiana guiada por las celebridades crea un espacio para las relaciones reales y locales con los seguidores genuinos de Cristo.

Algunas comunidades cristianas continúan monitoreando de cerca y desarrollando los seis factores que de manera tradicional han conducido a los jóvenes hacia la fe: la comunidad, la iglesia, la programación religiosa, las escuelas, el entretenimiento y las estructuras familiares estables. Los amish, por ejemplo, continúan con un estilo de vida muy similar al de la cultura de hace cien años. Algunas comunidades ortodoxas mantienen un enfoque similar en todo lo que se relaciona con la vida cristiana. Ellos todavía son capaces de conducir a sus adolescentes y adultos jóvenes hacia su estilo de vida y fe a través de los medios tradicionales.

Para la mayoría de las comunidades de fe, sin embargo, no hay vuelta atrás. La cambiante historia espiritual y el incremento de las cuestiones en cuanto a la autoridad son similares a las dificultades que las generaciones de las culturas inmigrantes han enfrentado. La primera generación hablaba únicamente el idioma del país de origen. La segunda generación es fluida en ambos idiomas. La tercera generación habla únicamente el nuevo idioma y tiene en poca estima las tradiciones culturales que se han perdido con el tránsito.

Muchos mosaicos ya no están interesados en la estructura de autoridad que ha animado al cristianismo. Nosotros en la comunidad cristiana necesitamos considerar nuestra alianza con estas autoridades; debemos ser lo suficiente honestos con nosotros mismos para determinar si esta alianza es meramente cultural (como la de los inmigrantes de la primera generación) más que bíblica. Necesitamos una nueva forma de pensar en nuestro método para la formación de la fe en una historia espiritual cambiante.

CÓMO VIVIR EN MEDIO DE LA TENSIÓN

La revolución digital, el cambio social endémico y el cambio en la historia de la fe en nuestra cultura han afectado profundamente el proceso cognitivo y emocional de «codificar» la fe. Debido al *acceso*, la *alienación* y la *autoridad*, la habilidad de una generación de transmitir el mensaje y el significado de la fe a la siguiente generación —en formas de pensamiento, ideas y prácticas que ellos puedan fácilmente entender e incorporar en sus vidas— ha sido afectada.

Esta generación, de una manera sin precedente, ha tenido que responder a las preguntas de estar en el mundo sin ser del mundo.

¿Dónde está la línea entre el acomodo cultural y la influencia cultural? ¿En qué es apropiado que los cristianos participen y en qué no? Sí, estas son presiones antiguas; no hay nada nuevo. Sin embargo, no podemos imaginarnos que la pérdida de fe experimentada durante los años sesenta ocurriera en medio del mismo ambiente cultural. En el día de hoy una revolución informática parecida a la imprenta —la digitalización tan fácilmente accesible de todo— está en marcha. La ausencia de un padre es cerca de ocho veces más común hoy que hace cincuenta años, y los adultos jóvenes están menos propensos a alcanzar la «adultez» completa para cuando cumplan los treinta años. Y nuestra hiperindividualizada, consumista y pluralista cultura invita a los jóvenes a convertirse en su propio rey o reina, la autoridad absoluta en su reino de un habitante. ¿Cómo estos cambios no van a afectar la jornada de fe de los adultos jóvenes?

Resumamos los retos y oportunidades creados por cada factor cultural nuevo:

Acceso. Muy pocos debatirían que vivimos en una economía basada en el conocimiento, en una era creativa, fortalecida por tecnologías parecidas a las de la ciencia ficción. *¿Se conectará significativamente la comunidad cristiana con la generación que está creciendo en este contexto?*

Alienación. Estamos conduciendo un experimento en tiempo real con relaciones, enlaces familiares y reinvenciones institucionales. *¿Cultivará la comunidad cristiana un método centrado en la presencia para el desarrollo de los jóvenes, sacándolos de esta alienación y alejamiento pragmáticos?*

Autoridad. La historia espiritual de nuestra cultura ha cambiado lentamente en unos lugares y muy rápido en otros, acercándose al secularismo y alejándose del cristianismo y la Biblia. *¿Verá la comunidad cristiana el escepticismo en cuanto a la autoridad como una oportunidad o una amenaza?*

Los adolescentes, los veinteañeros y la iglesia están viviendo en la tensión de un cambio cultural profundo. ¡Qué privilegio tenemos de experimentar estos tiempos! Finalmente, debido a que confío en la obra de Dios en cada generación, creo que la iglesia puede y responderá al ritmo acelerado del cambio. Mientras que me siento esperanzado y motivado por ciertas cosas que veo, el resultado no es una conclusión inevitable. La transmisión de fe vibrante de una generación a otra está todavía por determinarse.

Ahora que hemos reconocido el escenario cultural de la jornada de fe de la siguiente generación, conozcamos dos grupos de desertores: los nómadas y los pródigos.

3

LOS NÓMADAS Y LOS PRÓDIGOS

En un artículo reciente, la revista *Rolling Stone* le preguntó a un artista prominente de la generación *buster* en cuanto a su jornada espiritual: «¿Alguna vez has atravesado un período donde has perdido la fe?». El comediante respondió:

Sí. Fue un asunto de ansiedad universitaria. Sin embargo, una vez que me gradué de la universidad, algún Gedeón me extendió una caja con copias del *Nuevo Testamento, Salmos y Proverbios* en una calle de Chicago. Tomé uno y lo abrí en seguida en Mateo, capítulo 5, el cual es el inicio del Sermón de la Montaña. Todo el capítulo es esencialmente acerca de no preocuparse. Yo no lo leí, sino que el texto me habló, y pude absorber sin esfuerzo la idea. Nada vino hacia a mí como un rayo, pero pensé: «Sería un tonto si no reexaminara esto».

¿Quién es esta popular celebridad que encontró a Jesús (de nuevo) a través del regalo de un evangelista de la calle? Stephen Colbert, el satírico y conservador anfitrión del popular programa *The Colbert Report*.

Colbert describe un período oscuro en su joven vida desencadenado por una tragedia familiar: la muerte de su padre y dos de sus hermanos en un accidente aéreo cuando él tenía diez años de edad. Este suceso, sumado al hecho de que tuvo que irse a vivir abruptamente a una nueva ciudad, impactó tan fuertemente al joven que, para el momento en que fue a la universidad, Colbert estaba profundamente escéptico en cuanto a su fe... hasta su encuentro con aquel Gedeón repartiendo Biblias en la calle.

Un par de décadas después de su regreso al catolicismo de su juventud, Colbert describe su espiritualidad nómada de la siguiente manera:

> Desde un punto de vista doctrinal, dogmático o estrictamente católico, soy el primero en decir que sé hablar muy bien, pero no sé qué tan bueno soy en la práctica. Observé cuán valiosa era la fe de mi madre para ella y para mis hermanos y hermanas, las palabras de Cristo me han conmovido, lo dejaré hasta ahí.

En los próximos dos capítulos del libro vas a encontrar varias historias de celebridades. Las he usado porque son ejemplos de primera línea de las jornadas de los desertores que estamos tratando de controlar. La última cosa que quiero hacer es degradar a personas reales que están hechas a semejanza de Dios, y por eso pongo de ejemplo a Stephen Colbert, Kathy Perry, David Bazan y otros con mucho respeto y admiración, sin intención de ridiculizarlos. También lo hice sabiendo que un conocimiento más cercano de las jornadas espirituales de estos individuos me revelaría una imagen más compleja de su fe y sus motivaciones. La historia de Colbert se relaciona con una de las cuestiones que este libro busca responder: *¿No será el deambular de la próxima generación solo un síntoma de los problemas de cierta etapa de la vida que todas las generaciones enfrentan mientras llegan a la adultez? ¿No se tratará solo de un asunto de «ansiedad universitaria»? Y algo muy relacionado: ¿Las personas jóvenes no vuelven a la iglesia cuando se hacen mayores?*

Podríamos darle un viso más académico a estas preguntas: *¿Es el problema de la deserción del cristianismo un fenómeno sociológico único de principios del siglo veintiuno o solo una parte natural del ciclo de la vida humana en la que los jóvenes experimentan la maduración de su fe?* Este es un punto de gran debate entre los expertos en estos asuntos, como he mencionado antes. Esta también es una de las preguntas más comunes que me hacen cuando hablo o consulto sobre este tema.

Quiero argumentar que el problema es ambas cosas, viejo y nuevo. Es decir, desertar es tanto una parte natural del proceso de maduración —de las personas de cualquier generación mientras llegan a sentirse cómodas con, a encajar en, y a dar inicio a su propia espiritualidad y religión— como una única realidad que presiona a la iglesia. Pelear con la fe es una característica perdurable de la transición de los adultos jóvenes, como la historia de Colbert muestra. Y es un dilema particularmente urgente para la comunidad cristina debido al cambio profundo del contexto social y espiritual de la generación emergente, descrito a lo largo del capítulo anterior. Muchas de las luchas que sobrellevan los desertores mosaicos no son nuevas —las mismas en realidad se han repetido durante siglos de vida espiritual dentro del cristianismo— sin embargo, son exacerbadas por las nuevas realidades del acceso, la alienación y la autoridad, las cuales combinadas hacen que los veintiañeros de la generación de hoy sean discontinuadamente diferentes de la generación previa.

En este capítulo y el siguiente, quiero presentar a los desertores de la siguiente generación, quienes se dividen en tres grandes categorías: nómadas, pródigos y exiliados. Como se podría esperar, no hay dos jóvenes que compartan el mismo camino mientras se alejan o se acercan a la fe.

Podemos identificar tendencias, sin embargo, el alejamiento constituye un tapiz variado y rico de experiencias individuales. Cada uno de los miles de jóvenes que entrevistamos describe aspectos personales del abandono de su fe o su iglesia, compartiendo historias únicas y específicas, conversaciones y experiencias. Recuerda, *cada historia importa.*

A pesar de la individualidad de la experiencia compartida por los entrevistados, podemos observar algunos patrones significativos. Los desertores están siendo «perdidos» de tres maneras distintivas. Dos grupos (los exiliados, a quienes vamos a conocer en el siguiente capítulo, y los nómadas) se están desligando de la iglesia, mientras que un tercero está rechazando la fe cristiana por completo (pródigos). He basado estas denominaciones intencionalmente en tipos de personas encontradas en las Escrituras, porque nuestra investigación descubrió alianzas significativas con estos arquetipos antiguos de fe.

Si eres un adulto por encima de los treinta, algunos de estos modelos probablemente han sido ciertos en tus propias experiencias o tal vez en las de tus compañeros; estas formas de deserción no son exclusivas entre las edades de los dieciocho y veintinueve. Sin embargo, la deserción está concentrada entre los adultos jóvenes, y necesitamos entender estos patrones mejor a fin de capturar su relevancia particular para el contexto del día de hoy.

Conozcamos los primeros dos tipos de desertores: los nómadas y los pródigos.

NÓMADAS

Cada generación desde mediados del siglo pasado ha tenido sus princesas populares y celebridades que marcan tendencias. Las décadas de 1950 y 1960 hicieron de una bomba rubia, Marilyn Monroe, un ícono duradero. Cher y Diana Ross con sus trajes llenos de lentejuelas y sus tocados irreales reinaron de modo supremo en la era del disco de los años setenta. Nadie pudo acercarse al estrellato de Madonna en las décadas de 1980 y 1990… no hasta que una pequeña y bella mosquetera llamada Brittney Spears se puso un atuendo estudiantil sugestivo y le rogó a los Estados Unidos: «Pégame, bebé, una vez más».

Cuando me dediqué a encontrar un ícono cultural que representara a los nómadas en la generación «me perdiste», no tuve que buscar muy lejos para encontrar a Katy Perry, la nueva chica del momento de la música pop. Durante los primeros meses del 2011, era prácticamente imposible escapar del éxito infeccioso «Sueño adolescente» [Teenage Dream], así como no se podía ir a ninguna parte en el 2008 sin escuchar «Besé a una chica» [I Kissed a Girl] (puedes encontrar objeciones en la letra, pero la melodía es innegablemente pegajosa). Siendo nativa del sur de California y con veintisiete años de edad, Perry es casi tan conocida por su típico estilo colorido y su atractivo glamour inspirado en la década de 1950 como por sus populares canciones que hablan de enamoramientos adolescentes y corazones rotos. Perry está casada con el inglés mal hablado y comediante Russell Brand, un adicto a la heroína en recuperación y adicto al sexo, quien una vez alegó haberse acostado con más de ochenta mujeres en un mes.

Kathy Perry es también la hija de un ministro evangélico pentecostal. Perry creció cantando en una iglesia, hablando en lenguas y comiendo huevos «a lo ángel» (nunca a lo diablo). Por su propia cuenta, una vez que se embarcó en la industria de la música pop, quiso experimentar todo lo que por su religión había estado fuera de sus límites: «Me decía: "¡Vaya, hay muchas opciones!"». Empecé a volverme como una esponja ante todo lo que me había perdido [...] me sentía tan curiosa como una gata». En su mayor parte, Perry ve su experimentación y exploración en términos muy positivos: «Crecer y volverse algo diferente de lo que solía ser y poder abrir mis alas [...] creo que eso es una cosa muy bella». Al mismo tiempo, su herencia cristiana sigue siendo una parte importante en su sistema de creencias, a pesar de lo complicado que este puede ser. En agosto del 2010, la portada de la revista *Rolling Stone* decía: «Sexo, Dios y Katty». Perry describe sus creencias de esta manera:

> Todavía creo que Jesús es el Hijo de Dios. Sin embargo, también creo en los extraterrestres, que hay personas que son enviadas por Dios como mensajeras, y toda clase de cosas raras. Observo el cielo [...] todas esas estrellas y planetas, el universo ilimitado [...] Cada vez que miro hacia arriba, sé que no soy nada y que hay algo mucho más grande que yo. No creo que todo sea tan sencillo como el cielo y el infierno.

Ella también valora las ideas y búsquedas espirituales, pero todavía no está segura de cómo encajan en su identidad adulta: «[La espiritualidad] es importante para mí, aunque los detalles de su importancia todavía están por ser determinados, creo [...] Esta es una de esas cosas en las que mientras te vuelves mayor y más tratas de alejarte de tus padres, solo continúas dando la vuelta, pues están incorporadas en tu ADN».

Perry refleja la primera y más común categoría de la deserción: el nómada espiritual, el vagabundo. Para estos adultos jóvenes, la fe es nómada, temporal o puede parecer como una parte de la vida opcional o periférica. En algún momento durante los años de la adolescencia o la adultez joven, los nómadas dejan de asistir a la iglesia o se distancian significativamente de la comunidad cristiana. Ellos demuestran una fe fluctuante, como Katty Perry o Stephen Colbert, quienes pusieron la fe en un estante por un tiempo. Sin embargo, la mayoría no la desecha por completo.

Estimamos que alrededor de dos quintos de los adultos jóvenes que han tenido un trasfondo cristiano van a pasar por un período de nomadismo espiritual. Este deambular espiritual, ya sea poco o mucho, durante los veintitantos es la más común experiencia de deserción de los jóvenes cristianos llegando a la madurez. Muchos de estos jóvenes van a interrumpir su participación en la iglesia, aunque no todos los harán. Este período de vagar se ve corroborado por otro estudio que hemos hecho con el Grupo Barna, el cual refleja que todos los adultos cristianos nacidos de nuevo afirman que han pasado por un período prolongado en sus vidas en que se han sentido muy distantes o espiritualmente separados de Dios. Mucho de esto ocurrió durante sus años de adultos jóvenes.

Con frecuencia, los nómadas entre la generación de los mosaicos afirman que irse de la iglesia no fue una decisión intencional, sino algo que sucedió lentamente, un período en el que tuvo lugar un incremento de la indiferencia que tomó varios meses o años. Para algunos, la fe nunca fue suficientemente profunda, ellos estaban en el «edificio», pero nunca comprometidos en verdad a seguir a Cristo. Para otros, lo opuesto es lo cierto. Muchos nómadas describen una historia personal de compromiso intenso.

Una de las características que definen a este grupo de desertores es que ellos tienen una mezcla de sentimientos positivos y negativos acerca de su fe «nativa».

La mayoría de los nómadas están desencantados con la religión en cierto nivel, pero no han cortado todas las cuerdas que los unen con el cristianismo. La mayoría de los nómadas se consideran cristianos aun cuando están desligados de la iglesia. El hecho de que estén siguiendo a Cristo de forma activa o no es completamente otro asunto; algunos han empujado su fe tan lejos que no constituyen buenos modelos de cristianos fieles para aquellos que observan sus comportamientos y prioridades.

Los nómadas pueden ser particularmente frustrantes para los padres y líderes de la iglesia, ya que ellos no están ni adentro ni afuera de la congregación. Los padres de los nómadas pueden tener un sentimiento agudo de ansiedad en cuanto al vagar de sus hijos. Sin embargo, ¿qué pueden hacer? Muchos se sienten impotentes con respecto a producir un cambio en la decisión de sus desertores. Los nómadas también pueden frustrar a los investigadores, ya que dependiendo de qué preguntas se hagan en nuestras encuestas, pueden parecer bastante espirituales. No obstante, pregúntele a cualquier pastor o líder y ellos le podrán decir que, aunque los nómadas pueden presentarse de vez en cuando, se están alejando de la comunidad de la fe de las maneras que más importan y no están buscando de forma activa una relación más profunda con Cristo.

Algunas veces esta separación ocurre al final de la secundaria o inmediatamente después de ella; en otras instancias puede acontecer durante los veintitantos. ¿Cuánto dura esta travesía de los nómadas? Puede ser algunos meses o algunas décadas... y a veces una vida entera, adoptando una postura más arraigada hacia la iglesia o el cristianismo. Nuestro estudio sugiere que el nómada promedio puede estar fuera del campo por cerca de tres años, aunque a veces es mucho más. Algunos de estos jóvenes pueden mantenerse en los límites indefinidamente y nunca invertir en una espiritualidad en verdad vibrante y creciente. Otros pueden encontrarse otro grupo de desertores —los exiliados, de quienes hablaremos en el próximo capítulo— y hacer un compromiso serio y profundo con Cristo (aunque no regresen a la iglesia institucional).

He aquí algunas características del modo de pensar de los nómadas:

- *Todavía se describen como cristianos.* Aún no han desautorizado al cristianismo, pero no están particularmente comprometidos con su fe o en especial a asistir a la iglesia.
- *Creen que la participación personal en la comunidad cristiana es opcional.* Consideran el ir a la iglesia o estar con amigos cristianos por propósitos espirituales como opciones, no como requisitos.
- *La importancia de la fe se ha desvanecido.* Admiten que el cristianismo era más importante para ellos en algún momento de su pasado. Si lo describen como importante, es bajo sus propios términos. Cerca de un cuarto (24%) de los cristianos jóvenes que entrevistamos afirman que ellos estarían dispuestos a volver a la iglesia más tarde en su vida, pero no es algo particularmente urgente para ellos.
- *La mayoría no están enojados ni se muestran hostiles con relación al cristianismo.* Ellos tienden a encontrar su historia personal con la fe entretenida o tal vez dolorosa, pero no se sienten por lo general enojados en cuanto a su pasado. Frustrados o desilusionados sí, en especial con los cristianos. Hostiles, no.
- *Muchos son experimentalistas espirituales.* Los nómadas encuentran significado y estimulación espiritual en una variedad de actividades en sus vidas, lo cual muchas veces incluye tratar otras experiencias religiosas por tamaño.

Los nómadas describen su jornada de fe

Porcentaje de jóvenes de 18 a 29 años de edad que tienen un trasfondo cristiano

	Completamente cierto sobre mí	Completamente o en su mayor parte cierto sobre mí
Creo que ir a la iglesia o estar con amigos cristianos es opcional	21%	43%
La fe y la religión no son tan importantes para mí en este momento.	15%	25%
Podría volver a la iglesia cuando sea mayor, pero simplemente no estoy interesado en este momento.	9%	24%
Solía estar muy involucrado en la iglesia, pero ya no encajo ahí más.	8%	23%
La iglesia significaba mucho para mí cuando era más joven, pero ya no tiene sentido en mi vida ahora.	8%	20%
Crecí como cristiano, pero desde entonces he tratado otros tipos de fe y prácticas espirituales.	6%	14%
Tomé una decisión de ser cristiana muy temprano en mi vida que no duró.	5%	14%

Grupo Barna /2011/N=1.296

PRÓDIGOS

La segunda categoría de desertores consta de los jóvenes que abandonan la fe juvenil y de su niñez por completo. Esto incluye a los que se «desconvierten» (incluyendo a ateístas, agnósticos y «los que no son nada», aquellos que dicen que no tienen ninguna afiliación religiosa) y a los que se cambian a otra fe. Por el bien de la simplicidad, me refiero a ambos como pródigos.

Los puntos de vista de los pródigos en cuanto a los cristianos y la iglesia resultan muy variados. Mayormente dependen de cómo han sido sus experiencias: positivas o negativas. Muchos pródigos están siendo muy sutiles y lógicos en las razones de su alejamiento. La mayoría de ellos están más definidos y comprometidos con su distanciamiento del cristianismo que con su perspectiva espiritual actual. En otras palabras, una de las características formadoras de la identidad de los pródigos es que ellos dicen que ya no son cristianos. Mientras los nómadas pueden brincar de iglesia en iglesia o de inactivo a activo, el típico pródigo se muestra muy firme a su «no fe» o defiende una fe completamente diferente.

Nuestra investigación encuentra que muchas experiencias negativas de los pródigos con el cristianismo van más profundo. Por ejemplo, un pródigo cantautor, David Bazan, integrante previo de la banda *Pedro The Lion*, es un cristiano «desconvertido». Su primer álbum como solista, *Curse Your Branches* [Maldice tus ramas] (2009), fue criticado como «disco para una ruptura desgarradora; excepto que él está rompiendo con Dios, Jesús y la vida evangélica».

En una entrevista acerca de esta jornada lejos del cristianismo, Bazan describe la devastación de dejar la fe: «Es como si tuviera que pasar mi vida con un bisturí. ¿Qué debo de cortar? Mi identidad completa desde que tenía veinticinco años estuvo entrelazada por entero con la fe cristiana». Y más tarde en un artículo declara: «Mis padres fueron las más grandes influencias [espirituales]. Sus expresiones de cristianismo, amor, servicio y compasión en realidad me impactaron. Ellos son personas profundamente éticas y compasivas. Si no hubiera sido por su ejemplo auténtico, habría desertado del cristianismo mucho antes de lo que lo hice».

En cuanto a la crítica que ha recibido de sus seguidores cristianos, Bazan comenta: «Lo que he hecho es imperdonable para algunos: uno no debe romper filas. Sin embargo, en el arco más largo de la fe, creo que lo que he hecho cae en la tradición de las personas mostrándole sus puños a Dios».

El término pródigo se remonta a la famosa historia que Jesús contó del padre con sus dos hijos (véase Lucas 15:11-32). El hijo menor, como dice la parábola, se convierte en pródigo cuando deja la casa de su padre y malgasta su herencia en fiestas y una vida alocada. Sí, el pródigo en la narrativa de Jesús regresa a casa, y esa es la esperanza que podemos tener para los pródigos del día de hoy. Sin embargo, por ahora se encuentran perdidos, desconectados de la fe de sus padres. Recientemente escuché a una mamá describir a una de sus hijas de la siguiente manera: «Janey es nuestra pródiga. Y rompe nuestro corazón».

El hecho de que muchos pródigos modernos no sean un completo fracaso, como el hijo en la parábola de Jesús, no minimiza los sentimientos de ansiedad y dolor experimentados por los padres, los líderes de la iglesia y los maestros de religión que dejan atrás. Es mi deseo que, a medida que vayamos conociendo los dos grupos distintos de pródigos y su razón para irse de «casa», podamos responder con la paciencia y la compasión que mostró el padre en la parábola de Jesús. (Después de todo, como Tim Keller enseña en su libro *The Prodigal God* [El Dios pródigo], la historia del hijo apóstata es también la historia de la gracia pródiga —es decir, extravagante, incluso insensata— de un padre).

Bazan es un ejemplo de la primera clase de pródigos, aquellos que llegan al punto donde el cristianismo es intelectualmente insostenible. Podríamos llamarlos «pródigos conducidos por la razón», ya que sus motivos para abandonar la fe son racionales y muchas veces bien justificados, incluso si muchos de ellos al mismo tiempo se sienten heridos por sus experiencias en la iglesia.

Los «pródigos conducidos por el corazón», por otro lado, ejemplifican de un modo más completo el concepto de pródigos, con todo lo que el término implica. Ellos son personas jóvenes cuya fe se agotó de una forma extrema, usualmente como resultado de heridas profundas, frustración, enojo, o su propio deseo de vivir la vida fuera de los límites de la fe cristiana. Ellos expresan su rechazo al cristianismo de su niñez en términos emocionalmente fuertes y pueden sentirse amargados o resentidos muchos años después de abandonar el redil.

Con frecuencia, los pródigos conducidos por la razón se definen a sí mismos por sus nuevas decisiones de fe, mientras que los pródigos conducidos por el corazón se enfocan en su denuncia del cristianismo. También parece haber algo sin terminar o resolver con relación a los pródigos conducidos por el corazón, como si su llama espiritual pudiera volver a encenderse en cualquier momento; los pródigos conducidos por la razón, en contraste, parecen estar más convencidos, tal vez hasta resignados, en cuanto a su distanciamiento de la fe.

Como podrías esperar, muchos pródigos mantienen una mezcla de factores conducidos por el corazón y la razón que los guían lejos de la fe. Ambos tipos de pródigos (y los nómadas también) a menudo los combaten con sexo, consumo de alcohol o abuso de drogas. Nuestra investigación no nos permite determinar si estos factores son causados por el vagar religioso o por una búsqueda sintomática más profunda de significado.

Los pródigos describen su jornada de fe

Porcentaje de jóvenes de18 a 29 años de edad que tienen un trasfondo cristiano

	Completamente cierto sobre mí	Completamente o en su mayor parte cierto sobre mí
Las creencias cristianas no tienen sentido para mí.	10%	21%
He tenido una mala experiencia con la iglesia o con los cristianos.	9%	20%
Mis necesidades espirituales no pueden ser suplidas por el cristianismo.	10%	19%
No planeo regresar a la iglesia.	12%	18%
Cuando era cristiano no me motivaban a pensar por mí mismo.	7%	18%
Solía ser cristiano, pero ya no lo soy.	9%	15%
Mis padres probablemente sienten como si hubiera rechazado su fe.	5%	14%

Grupo Barna /2011/N=1.296

He aquí algunas características del modo de pensar de un pródigo:

- *Sienten niveles variados de resentimiento hacia los cristianos y el cristianismo.* Muchos todavía tienen cosas positivas que decir acerca de personas específicas (como sus padres), pero el sentir general de sus percepciones es negativo.
- *Han desestimado volver a la iglesia.* Se sienten profundamente heridos por la experiencia de la iglesia y no piensan volver jamás.
- *Se han mudado del cristianismo.* Los pródigos se describen a sí mismos como «terminados» con el cristianismo, y solo decir esto no tiene ningún sentido para ellos. Sus necesidades espirituales, tal cual ellos las perciben, se están satisfaciendo en otro lado.
- *Sus remordimientos, si los tienen, usualmente se centran en sus padres.* En otras palabras, ellos reconocen que sus decisiones de fe han causado un impacto significativo en sus padres, pero sienten como si los hubieran obligado a «desconvertirse».

- *Opinan que han escapado de las restricciones.* Muchos pródigos consideran que el cristianismo que han experimentado los ha mantenido atrapados en una caja o ha demandado que se conviertan en alguien diferente a su ser verdadero. Ellos experimentan el hecho de irse como libertad.

¿*QUÉ* ESTÁN DEJANDO LOS JÓVENES?

He aquí un resumen de los nómadas y los pródigos lado a lado:

Nómadas	Pródigos
Se alejan de la iglesia, luchando con la fe.	Rechazan o cambian la fe.
Se desligan de la iglesia, la comunidad cristiana y otras formas convencionales de fe.	Cambian de una fe a otra o no tienen ninguna fe/desconversión.
Pasan por un período de difracción, desobediencia o desconexión de Dios; o llegan a decepcionarse o frustrarse con la experiencia de la iglesia o la fe de sus padres.	Puntos de vista en cuanto a la fe significativamente cambiantes, rebelión o distanciamiento de la fe de crianza. Pueden ser conducidos por la razón (preguntas intelectuales) o por el corazón (experiencia emocional).
Términos que podrían describir a estos individuos: • Nómadas • Reincidentes • Errantes espirituales • Desertores de la iglesia	Términos que podrían describir a estos individuos: • Pródigos • Escépticos • Desertores de la fe • Antiguos cristianos

Aquellos que desertan de la iglesia (nómadas) son mucho más comunes que los pródigos (alrededor de cuatro veces más frecuentes). Sin embargo, es fácil imaginar por qué tres cuartos de los pastores y líderes juveniles piensan que la mayoría de los jóvenes están poniendo su *fe* en un estante durante sus veintes, en lugar de reconocer que la mayoría de los desertores están oprimiendo el botón de pausa en cuanto a la *iglesia*. De cierta manera, los líderes tienen razón con respecto a la situación. Por la medida en que se encuentran involucrados, la iglesia ha perdido a estos adultos jóvenes. Muchas de las partes interesadas, como los padres, pastores, sacerdotes y líderes juveniles, interpretan esta pérdida como un éxodo masivo de la fe, pero la realidad sociológica es que la mayoría de estos adultos jóvenes ausentes están pasando por un período de nomadismo. Solo el once por ciento de los adultos jóvenes afirma que han crecido en el cristianismo, pero se han «desconvertido» por completo o se han cambiado a otra fe. Ese número se ve compensado un tanto por el cuatro por ciento que se convirtió al cristianismo después de una niñez en otra fe. Considerándolo todo, un joven cristiano tiene una probabilidad de aproximadamente 1:9 de perder su fe completamente. A pesar de que este resultado parece un tanto inusual, es un número muy alto cuando se considera el estimado de cinco millones de antiguos cristianos entre los dieciocho y los veintinueve años abarcados en las estadísticas.

Desde la perspectiva de muchos cristianos, los pródigos son el mayor problema… y de cierta manera es cierto. Para decirlo de un modo craso, los pródigos ya no cuentan en la «columna cristiana». Sin embargo, esta línea en la arena ignora un punto importante: un nómada que se describe a sí mismo como cristiano no está necesariamente en un estado mejor de fe que alguien que no es creyente. En realidad, la Biblia le hace una crítica especial a aquellos que son «tibios», ni lo uno ni lo otro (véase Apocalipsis 3:16). Y el término «tibios» ciertamente describiría a muchos jóvenes nómadas que entrevistamos. Ellos se consideran espirituales, pero tienen poca ortodoxia, responsabilidad significativa o fe vital en sus vidas. Aun más, tenemos que tener mucho cuidado de no definir la vida espiritual de alguien como mejor o peor que la de otra persona, ya que no siempre es obvio quién se está moviendo en qué dirección.

Todo esto reafirma lo que describimos en el capítulo 1, una importante percepción basada en la investigación para este proyecto. El fenómeno de la deserción se describe de un modo más acertado como una generación de cristianos que se está desligando de las formas institucionales de la iglesia. Los jóvenes están dejando las congregaciones establecidas. Muchos cristianos jóvenes —incluso mientras expresan asociaciones generalmente positivas con Jesucristo— se han alejado de las formas institucionales de la fe en las cuales fueron educados.

UNA NUEVA REALIDAD

Al principio de este capítulo, preguntamos si el fenómeno de la deserción que está obrando en la generación mosaica es diferente al patrón de separación de los adultos jóvenes en las generaciones previas. Yo creo que lo es. Empezando con los *boomers*, un período de nomadismo en la adultez temprana se volvió una normativa para los veintiañeros. Sin embargo, la nueva realidad social y espiritual en que los mosaicos viven hace menos probable que ellos sigan a sus antecesores de vuelta a la iglesia en las mismas cantidades e iguales maneras.

Dado su acceso a todo tipo de información y una gran variedad de puntos de vista del mundo, muchos adultos jóvenes ya no creen que la iglesia local y el cristianismo provean el único camino o mejores vías para el crecimiento espiritual y la madurez. Los nómadas y pródigos son capaces de recibir aportes espirituales de una variedad de fuentes, sin que medie el sistema común de entrega establecido por la iglesia.

El alejamiento de los mosaicos de nuestras instituciones —incluyendo la familia tradicional, las estructuras educativas y económicas, y la iglesia— significa que se encuentran profundamente escépticos en cuanto a la relevancia de estas estructuras en sus vidas. Cuando la comunidad cristiana funciona de acuerdo a las prioridades y protocolos de las generaciones previas, tiene poca resonancia en las mentes y corazones de los veinteañeros de hoy.

Finalmente, la ubicación de los adultos jóvenes en una cultura postcristiana los motiva a rechazar la autoridad de la Biblia y los líderes espirituales, y aun a cuestionarse la existencia de la verdad. Muchos pródigos y nómadas buscan y encuentran las fuentes de autoridad fuera de las formas cristianas convencionales.

Los desertores rechazan la participación en el cristianismo o la iglesia por una variedad de razones específicas y personales. Muchas de las razones pueden parecer miopes, egoístas y mezquinas, la suprema expresión del narcisismo de la «Generación Yo». Otras —tales como las historias de personas jóvenes que han sido heridas por la vida cristiana y rechazadas por una personificación de la fe my pobre— resultan desgarradoras. En la segunda parte, veremos las seis razones más grandes que los mosaicos dan para la deserción y cómo se conectan a los problemas de acceso, alienación y autoridad que conforman el escenario mundial para la próxima generación.

Sin embargo, veamos primero un segmento más de la generación «me perdiste»: los exiliados.

4

LOS EXILIADOS

Ryan, según sus propias palabras, nació en una banca de la iglesia. Y esto es solo una ligera exageración. Él creció en una megaiglesia carismática en el sur de California, asistiendo a cuatro servicios de adoración y estudios bíblicos por semana, más dos o tres actividades sociales centradas en la iglesia. Su vida familiar se desarrollaba alrededor de la iglesia, y tanto Ryan como sus padres eran muy serios con respecto a la fe. A la edad de veinte, él le preguntó a su líder: «¿Por qué hacemos actividades sin sentido como las carreras de autos y las fiestas escolares cuando las personas irán directo al infierno porque no conocen al Señor?».

El infierno figuraba de manera prominente en la teología de la niñez de Ryan. Él señala: «Aprendí que era un pecador en constante peligro del fuego del infierno, pero que podía evitar el tormento eterno y en cambio ir al cielo si reconocía a Jesús como mi Salvador personal. Esta "salvación" dependía de mi arrepentimiento de cada pecado específico que cometiera antes de morir. Así que, empezando a la edad de siete años, me acostaba en mi cama en la noche y con mucho miedo confesaba cada pecado del que podía acordarme, suplicándole a Dios que me ayudara a recordarlos todos en caso de que muriera durmiendo».

Ryan tenía el don de la música y decidió estudiar en una universidad cristiana a fin de prepararse para el ministerio de adoración. Aunque tenía dudas sobre el evangelio en el cual se crió, «deseaba vivir una vida lo más significativa posible y todavía creía que servir en el ministerio era la mejor manera de hacerlo».

Él se casó y fue contratado por una gran iglesia para lanzar un servicio de adoración «moderna», una idea que no todos en la congregación apoyaban. (Ryan una vez le pidió apoyo a una señora que era una reconocida y ferviente intercesora, solo para darse cuenta cuando ella empezó a orar en voz alta de que «el muchacho apóstata y herético que presentaba la música de Satanás en la iglesia» era la razón de sus peticiones). A pesar de esto, su ministerio marchó muy bien por varios años. Durante ese mismo tiempo, Ryan y su esposa, Dawn, llegaron a conocer a muchos no creyentes en su vecindario. Sus amigos no creyentes parecían siempre querer hablar de Dios, Jesús, la espiritualidad y cómo hacer el bien en el mundo, y Ryan y Dawn empezaron a preguntarse por qué sus amigos de la iglesia parecían estar obsesionados con la programación y las políticas conservadoras. Hubo una tensión creciente entre el papel que Ryan sentía que tenía que desempeñar a fin de mantener su trabajo en la iglesia y el llamado que sentía a repensar lo que significaba «practicar la justicia, amar la misericordia, y humillarte ante tu Dios» (Miqueas 6:8).

Luego Dawn empezó a tener problemas mayores de depresión y ansiedad, haciendo de su hogar un lugar muy estresante para estar. Al mismo tiempo, las cosas en el trabajo cambiaron para mal debido mayormente a un liderazgo negativo. Ryan trató de controlar ambas crisis por alrededor de un año, pero la presión lo llevó a una oscura depresión. Con el tiempo renunció a la iglesia, la cual había llegado a ser cada vez más disfuncional, y enfocó la energía que le quedaba en Dawn y su matrimonio.

Esto fue hace tres años.

Después de todo lo que ha experimentado en la iglesia, Ryan no ha renunciado a Jesús… pero no planea trabajar en una iglesia por un largo rato. Él lidera el servicio de adoración en una pequeña comunidad de fe mientras se esfuerza para obtener un título a fin de seguir una carrera no relacionada con la iglesia. Ryan dice: «Quiero crear relaciones de amor con las personas en la iglesia, pero mi objetivo principal será cualquiera a quien le interesen aquellas cosas en las que creo que Jesús nos mandó a interesarnos, sin importar si se etiqueten como cristianos o no. He tenido muchas experiencias negativas en la iglesia y no me veo trabajando dentro de la institución en un largo plazo. Sin embargo, todavía quiero que mi vida sea a la manera de Jesús».

Ryan es un ejemplo de una persona con una jornada espiritual del tercer tipo, aquellos que se sienten atrapados entre dos mundos, expulsados y apartados de algo familiar: los exiliados.

EXILIADOS MODERNOS

En el capítulo anterior conocimos a los nómadas y los pródigos, dos de los tipos de desertores que pueden proceder de todas las generaciones, pero que tienen ciertas particularidades culturales cuando provienen de la generación de los mosaicos. En este capítulo quiero considerar una tercera manera de sentirse «perdido» en cuanto a la iglesia: el camino de los exiliados. Para nuestros efectos, definamos a los exiliados como aquellos que crecieron en la iglesia y están emocional o físicamente desconectados de alguna manera, pero todavía tienen energía para seguir buscando una vida que honre a Dios. Ellos sienten de muchas formas la pérdida del ambiente familiar de la iglesia donde una vez encontraron significado, identidad y propósito. Se sienten perdidos, pero esperanzados.

Una característica de los exiliados es su sentimiento de que su vocación (o llamado profesional) está desconectado de su experiencia con la iglesia. Su trasfondo cristiano no los preparó para trabajar o vivir efectivamente en la sociedad. Su fe está «perdida» de lunes a viernes. El cristianismo que han aprendido no habla de una manera significativa en los campos de la moda, las finanzas, la medicina, la ciencia o los medios de comunicación a donde son atraídos. Ryan en un inicio pensó que su llamado a la música estaba mejor expresado por medio de su trabajo en una iglesia local. Sin embargo, su deseo creciente de hacer la diferencia fuera de las paredes de la iglesia, junto con los aspectos negativos de trabajar dentro de la misma, lo dejaron perdido y apático.

Antes de que pasemos a la investigación más eficiente del Grupo Barna acerca de los exiliados de la siguiente generación, quisiera explorar ciertos límites para esta discusión. Esta podría ser una categoría difícil de entender, lo ha sido para mí. Así que quiero ayudarte a entender lo que deseo decir —y lo que no— cuando hablamos de exiliados.

Primero, mi uso del término «exiliado» proviene de la narrativa bíblica del Antiguo Testamento, más notablemente de la vida de Daniel, Ezequiel, y sus amigos menos famosos. Como sabrás, estos jóvenes hebreos fueron llevados prisioneros o forzados al exilio político cuando la nación de Judea se vio controlada por el reino de Babilonia, un suceso que ocurrió cientos de años antes del tiempo de Cristo.

Segundo, creo que la metáfora del exilio funciona especialmente bien, dado el paralelismo de la moderna Norteamérica con Babilonia. Nuestro escenario cultural en cuanto al acceso, la alienación y la autoridad no está muy alejado del espíritu de Babilonia hace cerca de tres milenios atrás. Y lo peor, la cultura occidental es indulgente, distraída, seguidora de ídolos y hedonista. El tiempo y el lugar pueden ser diferentes, pero la tensión de vivir en el mundo sin ser parte de él describe un reto para la fe tanto antes como ahora.

El difunto Richard John Neuhaus, un prominente pensador católico de finales del siglo veinte y principio del siglo veintiuno, y el teólogo Walter Brueggemann, entre otros, han mostrado el reto común que han enfrentado los cristianos modernos y los antiguos exiliados judíos. El último libro de Neuhaus antes de morir fue *American Babylon* [Babilonia estadounidense], el cual sugiere que los cristianos viven en el exilio en una tierra extranjera, pues nuestra ciudadanía está en el reino de Dios. De manera similar, Brueggemann dibuja paralelos entre «la dislocación, incertidumbre e irrelevancia del exilio de los judíos en la Babilonia del Antiguo Testamento» y la tensión experimentada por los cristianos estadounidenses en el día de hoy. Opinando sobre el trabajo de Brueggemann, el líder australiano Michael Frost escribe: «La experiencia que enfrentaron los judíos exiliados refleja la experiencia de la iglesia hoy. En realidad, la metáfora bíblica que mejor calza con los tiempos actuales y la situación de la fe es la del exilio. Así como el exilio judío, la iglesia de hoy está llorando su pérdida y luchando con la humillación».

Creo que la comunidad cristiana debe luchar fuertemente con los ajustes culturales actuales, comprendiendo cómo nuestras experiencias colectivas son similares (y diferentes) a Babilonia, y responder con fe a las nuevas oportunidades dadas por el exilio. Eugene Peterson, traductor de la famosa paráfrasis *El Mensaje*, escribe esto: «Cada generación enfrenta un cambio cultural, diferentes problemas sociales y retos, nuevos patrones de trabajo, condiciones políticas y económicas envolventes. Lo que en gran parte las comunidades cristianas en cada generación hacen es aprender juntos cómo hacer esto en cada circunstancia en particular».

El deseo de abordar esta tarea es fuerte en los exiliados, quienes sienten el llamado de la iglesia a contrarrestar la cultura viviendo vidas formadas por Cristo. Ellos quieren transformar e informar a la cultura «extranjera» que los rodea en lugar de retirarse de ella.

Sin embargo, muchos no saben cómo hacerlo. Están tratando de encontrar nuevas maneras de seguir a Cristo que tengan sentido en sus comunidades y carreras. Su rechazo de algunas formas de pensar y métodos comunes de la iglesia estadounidenses obedece a este deseo. Ellos sienten que la iglesia establecida ha asimilado muchos de los valores «babilónicos» como el consumismo, el hiperindividualismo y las componendas morales, en lugar de vivir en el mundo sin ser parte de él, como exiliados del reino. Como consecuencia, muchos de los exiliados de hoy en día, aunque no son exiliados políticos como en el Antiguo Testamento, se sienten apartados y alejados de la comunidad cristiana... atrapados entre la iglesia como lo que es y lo que ellos piensan que está llamada a ser.

EL PERFIL DE LOS EXILIADOS

En nuestra investigación entre los jóvenes cristianos, encontramos una cantidad de puntos de vista que nos pueden ayudar a identificar la realidad de estar atrapados entre dos mundo. Como hemos hecho con los nómadas y pródigos, veamos algunas de las características de los jóvenes exiliados y sus perspectivas acerca de la fe. Después conoceremos a varios exiliados que están siguiendo a Jesús en las fronteras del cambio cultural.

- *Los exiliados no se inclinan a estar separados del «mundo».* Los exiliados quieren que su fe importe. Un tercio de los jóvenes cristianos (32%) se identificaron con la declaración: «Quiero encontrar una manera de seguir a Jesús que se conecte con el mundo donde vivo». Ellos ansían que su vida espiritual se conecte, sea completa y tenga sentido.
- *Se muestran escépticos en cuanto a las instituciones, pero no están totalmente desligados de ellas.* Aun cuando sienten a Dios obrando fuera de la iglesia, no todos son post-institucionales en su fe. Solo un quinto de los jóvenes cristianos (21%) afirma que la iglesia institucional es un lugar difícil para vivir su fe. Muchos jóvenes exiliados son participantes poco frecuentes en las expresiones convencionales de la fe, tales como asistir regularmente a los servicios de adoración de la iglesia, pero la mayoría se mantiene conectada de alguna manera a la comunidad de la fe.
- *Los jóvenes exiliados sienten el mover de Dios «fuera de las paredes de la iglesia».* Este era uno de los puntos de vista más comunes de los que asesoramos en nuestra investigación. Dios

se está moviendo fuera de la iglesia y los exiliados desean ser parte de esto. Como la historia de Ryan al principio del capítulo, muchos jóvenes quieren participar en un ministerio fuera de las formas convencionales de la comunidad cristiana. Exploramos sus percepciones de un modo más profundo en los capítulos siguientes, pero los exiliados están insatisfechos con una iglesia que constituye un evento de fin de semana, no un movimiento del pueblo de Dios en una misión para Cristo.

- *No están desilusionados con las tradiciones; se sienten frustrados con las expresiones religiosas superficiales o fáciles.* En algunas de nuestras investigaciones descubrimos un tema en común: «Quiero ser parte de una comunidad cristiana que lleve a cabo algo más que una función una vez a la semana». De manera similar, un sentimiento expresado con frecuencia es «el deseo de una fe más tradicional, en lugar de una versión más moderna del cristianismo».

- *Los exiliados expresan una mezcla de preocupación y optimismo por sus compañeros.* Esta generación es ciertamente egocéntrica, pero también es muy social y orientada al compañerismo. Una preocupación relacionada es el sentimiento de pérdida que muchos jóvenes cristianos reportaron con respecto a sus compañeros. Muchos describieron estar preocupados por ver a muchos de sus contemporáneos dejar la iglesia.

- *No han encontrado que la fe sea instructiva para sus dones o llamados.* Uno de los temas recurrentes en nuestra investigación con los jóvenes exiliados es la idea de que el cristianismo no tiene mucho, o nada, que decir con respecto a sus profesiones o campos. La manera en que las carreras o llamados se conectan a la fe y la comunidad cristiana parece tener piezas faltantes para muchos exiliados.

- *Luchan cuando otros cristianos cuestionan sus motivos.* Una característica final de estos jóvenes exiliados es que sus compañeros cristianos —en particular los creyentes mayores— con frecuencia tienen problemas para relacionarse con sus decisiones y preocupaciones. Estos pueden ser los padres de los jóvenes, pero por lo que general son los amigos de los padres u otros cristianos bien intencionados que no pueden entender su llamado peculiar. En verdad, muchas veces estos jóvenes exiliados terminan bajo el radar, ya que tanto sus compañeros cristianos como los no creyentes a menudo malinterpretan su fe y su llamado.

Estimar la proporción de jóvenes exiliados es una tarea más complicada que tratar de medir la proporción de pródigos y nómadas. Los últimos grupos son más fáciles de categorizar porque ellos tienen un perfil mucho más discreto en términos de dejar la iglesia (nómadas) o dejar la fe (pródigos). Creo que es mejor definir a los exiliados basándose en sus actitudes y perspectivas. En ese sentido, nuestra investigación sugiere que cerca de uno de cada diez jóvenes de dieciocho a veintinueve años de edad con trasfondo cristiano califica como teniendo una fuerte perspectiva similar a la de los exiliados con respecto a su fe. Al mismo tiempo, cerca de la mitad de los jóvenes cristianos de hoy en día demuestran al menos ciertas inclinaciones hacia la postura de los exiliados.

Esto resalta otro punto. Descubrimos movimientos dentro de los nómadas y los exiliados (y ocasionalmente los pródigos). Los jóvenes se mueven entre categorías basadas en su nivel de participación en la iglesia y su sentido de compromiso personal con la fe y la intensidad de la misma.

Los exiliados describen su jornada de fe

Porcentaje de jóvenes de 18 a 29 años de edad que tienen un trasfondo cristiano

	Completamente cierto sobre mí	Completamente o en su mayor parte cierto sobre mí
Quiero encontrar una manera de seguir a Jesús que se conecte con el mundo en que vivo.	15%	38%
Dios obra más fuera de la iglesia que adentro adentro, y yo quiero ser parte de esto.	12%	33%
Quiero ser cristiano sin separarme del mundo a mi alrededor.	14%	32%
Quiero ayudar a la iglesia a cambiar las prioridades para que llegue a ser lo que Jesús quería que fuera.	12%	29%
Soy cristiano, pero la iglesia institucional es un lugar difícil para vivir mi fe.	8%	21%
La comunidad cristiana es importante, pero yo quiero hacer más que reunirnos para adorar una vez a la semana.	10%	23%
Me siento atrapado entre la fe cómoda de mis padres y la vida que creo que Dios quiere para mí.	4%	11%

Grupo Barna /2011/N=1.296

EXILIADOS AL DESNUDO

Este perfil de los exiliados se basa en la investigación, sin embargo, ¿quiénes son estos jóvenes al desnudo? Al principio del proceso de escribir este libro le presenté los resultados en cuanto a los pródigos, nómadas y exiliados a un grupo de una iglesia intergeneracional. Una veinteañera vino hasta mí después y dijo que la categoría exiliada la reaseguraba con respecto a su hermano. «¿De verdad? ¿Qué hace él?», pregunté.

«Es un artista, un escritor. Y ha querido que nuestra iglesia haga las cosas de una manera diferente. Creo que está molestando a varias personas. Lo que usted dijo acerca de la iglesia que no entiende su llamado en el mundo y las personas cuestionando sus motivos... se parece a lo que ocurre con mi hermano. Él en verdad ama a la iglesia, pero a nadie parece importarle saber qué lo motiva».

Esta historia ilustra uno de los resultados de este estudio. Hemos aprendido que la mayoría de los exiliados sienten una gran tensión entre su trabajo, usualmente en las principales esferas de la sociedad (como las artes, los medios de comunicación, la ciencia, la moda, la ley y demás), y su fe. En una gran medida, ellos no se sienten equipados o apoyados por la comunidad cristiana para seguir a Cristo en estos esfuerzos. Con esto en mente, lea las siguientes descripciones de algunos jóvenes exilados que he encontrado durante los años pasados.

Exiliados en Hollywood

Justin asistía al Programa de Producción Peter Stark en la escuela de cine de la Universidad del Sur de California. Él es uno de los pocos evangélicos que completó este prestigioso programa. Su papá es un líder principal de una de las megaiglesias más grandes. Desde que Justin se graduó, sus padres —aunque lo apoyan con entusiasmo en su llamado— han luchado con muchos de sus amigos para «justificar» sus películas, las cuales poseen un lenguaje y un contenido que parecen extraños a su trasfondo cristiano. Su madre dice: «Creo que está enfrentándose a la cultura para poder influenciarla. Me gustaría que la iglesia comprendiera que nuestros hijos son llamados a campos misioneros que no están ubicados en una manera global, pero que pueden ser más culturalmente impactantes que los campos misioneros que en la actualidad reconocemos. Desearía que las familias como nosotros fuéramos mejor entendidas, apoyadas y motivadas por la comunidad de la iglesia». La versión de Justin es que para poder influenciar al mundo del entretenimiento, él tiene que aprender a hacer grandes películas. «Una película no es cristiana solo porque haya introducido el mensaje del evangelio en ella de alguna manera. Una película puede presentar a Cristo cuando retrata honestamente la condición humana y nos invita a experimentar algo de la redención que todos necesitamos».

Exiliados en la ciencia

Kathryn tiene un doctorado en biología celular computarizada (no se sientan mal, yo tampoco sé qué es eso). Ella está activamente involucrada tanto en la comunidad científica como en su iglesia. Se lamenta: «Muchas personas con las que hablo piensan que es imposible conciliar el modo de pensar científico (especialmente la biología evolutiva) y la fe cristiana tradicional. Los científicos tienden a burlarse de la fe como anti-intelectual, mientras que los cristianos tienden a rechazar las conclusiones científicas si no encajan con su punto de vista del mundo. ¡Esto no debería ser! Los cristianos, de todas las naciones, deberían perseguir la verdad y motivar esta búsqueda». Kathryn se muestra apasionada acerca de retar a la iglesia a lidiar con la ciencia, pero no todos en la comunidad cristiana están convencidos que ella avance en la dirección correcta.

Exiliados en la música

Hace unos años hablé ante una habitación llena de jóvenes cristianos músicos y artistas. La reunión fue organizada por mi amigo Charlie Peacock en la Casa del Arte, una bella y renovada antigua iglesia en Nashville donde Charlie y su esposa, Andi, les ofrecen hospitalidad y educación a los jóvenes artistas. Después de nuestra conversación tuve la oportunidad de conocer a algunos músicos. Una de ellos me dijo que había sido presionada por las personas de la iglesia a no autorizar que presentaran su música a un programa televisivo porque «el mensaje se perdería». Ella señaló: «Esto parece muy retrógrado. Quiero decir, ¿no es más probable que el mensaje sea "encontrado" si las personas pueden de hecho escucharlo?». Uno de los denominadores comunes entre los jóvenes músicos que he conocido es que ellos quieren que su arte hable por sí mismo, sin tener que autollamarse un «grupo cristiano» o un «músico cristiano».

Exiliados en sala de prensa

Eugene es un periodista en Phoenix. Él no es ningún don nadie, sino que varios de sus trabajos han aparecido en algunos periódicos nacionales como *Newsweek* y *USA Today*. Lo conocí en una conferencia y me confesó que mi descripción de los exiliados reflejaba su reto. «En la sala de prensa estoy constantemente tratando de ayudar a mis editores a que cuenten historias correctas acerca de la religión y las comunidades de fe. Así que este es un lugar difícil para ser escuchado. Sin embargo, también me golpean por el otro lado, pues hay cristianos que no entienden por qué yo querría trabajar aquí o en algún otro medio de comunicación. ¡Porque es en lo que yo soy bueno! Fue muy difícil encontrar una iglesia donde pudiera aprender acerca de cómo ser un buen cristiano en medio de toda esta tensión».

Exiliados en lo militar

Conocí a un capellán militar de los Estados Unidos unos años atrás en la base de la fuerza aérea en Washington, D. C. Gary describió el privilegio increíble de ser un guía espiritual para hombres y mujeres en las fuerzas armadas. «Requirió una cooperación sin compromiso, lo cual es diferente a la mayoría de los escenarios ministeriales». Según él describió, los capellanes requieren liderar la adoración para varias tradiciones religiosas. Ellos deben entender y apreciar las culturas católica, protestante, judía, budista y musulmana, y cooperar con los seguidores de estos tipos de fe sin comprometer sus propias convicciones. «La capellanía es un ámbito donde regularmente debemos navegar a través de una tensión jerárquica cultural de maneras que no experimentan la mayoría de los trabajadores religiosos».

Exiliados en la universidad

Michelle y Paul son líderes veteranos y creyentes fuertes. Ellos viven en Canadá, un ambiente que está luchando al menos igual que los Estados Unidos con los cambios culturales del acceso, la alienación y la autoridad. Michelle me mencionó la última vez que estuvimos juntos que su hija mayor está asistiendo a una universidad pública en Vancouver. «Yo sé que la criamos bien, pero Vancouver y la universidad son lugares difíciles para mantener la fe cristiana. Oramos por ella y conversamos con regularidad, y le está yendo bien. Sin embargo, siempre nos preguntamos cómo podrá perseverar en su fe. Y debido a que tenemos mucha confianza en ella, nos preguntamos cómo su desarrollo va a aumentar nuestra fe una vez que ella haya terminado».

Exiliados en el ministerio

Jay Bakker es el hijo de los tele evangelizadores Jim y Tammy Faye Bakker, antiguos presentadores de *Praise the Lord Club* [Club de adoración al Señor] o *PTL*, un programa televisivo religioso de entrevistas. El papá de Jay se vio envuelto en un escándalo sexual y fue a prisión después de revelarse un fraude en el ministerio. Luego de la caída familiar, Jay se alejó de la iglesia y se involucró en el abuso de sustancias, sin embargo, con el tiempo encontró su camino de vuelta a Cristo. Él fundó una iglesia llamada Revolución «para aquellos que se sienten rechazos por los enfoques tradicionales del cristianismo […] a fin de mostrarles a todas las personas el amor incondicional y la gracia de Jesús sin ninguna reserva debido a sus estilos de vida o trasfondos, pasados o futuros». Su muy pública defensa del matrimonio homosexual le ha ganado pocos amigos en el ámbito cristiano.

Exiliados

Rechazan la «cultura cristiana» para buscar una fe en Cristo más profunda.

Se sienten atrapados entre la seguridad de una subcultura cristiana y la realidad de la sociedad del día de hoy.

Luchan por ver cómo la fe se conecta a su llamado o su interés profesional.

Ven lo mejor de la cultura y desean redimirla y renovarla, experimentando muchas veces lo peor en la iglesia.

Términos que podrían describir a estos individuos:
- Exiliados
- Creativos
- Culturalmente comprometidos
- Reformadores

EL EXILIO EN CONTEXTO

Estas historias pueden hacerte sentir enojado o al menos incómodo, pues algunos exiliados están muy alejados del campamento, si con «campamento» queremos dar a entender «lo aceptable para el cristianismo establecido». No es mi intención defender sus puntos de vista o actividades, las cuales no puedo, con una buena conciencia, aprobar. En cambio, por medio de sus historias espero enfocar nuestra atención en el gran fenómeno del exilio que representan estos adultos jóvenes.

A menudo escuchamos a los exiliados de las siguientes generaciones pronunciar palabras como «incertidumbre», «improvisación» y «adaptación». A oídos de las generaciones cristianas establecidas, estas palabras podrían sonar mucho como «relativismo». El sociólogo Robert Wuthnow le llama a la generación de los mosaicos «aficionados espirituales». Sin embargo, cuando conectamos los puntos entre nuestra moderna «Babilonia» y lo que experimentaron los exiliados de antaño, creo que veremos emerger la imagen de unos jóvenes con fe haciendo lo mejor para seguir a Cristo en un contexto cultural que está patas arriba... y aun enseñarle a la iglesia cómo ser la comunidad de Dios en un nuevo mundo.

Démosle un rápido vistazo al contexto social y espiritual que enfrenta Daniel, uno de los exiliados más famosos de la historia, en Babilonia. Él enfrentó el reto de vivir en tensión en una discontinuación cultural, así como nosotros lo estamos experimentando ahora. En esta historia, encontramos los temas familiares del acceso, la alienación y la autoridad.

Acceso

Cuando Daniel fue forzosamente llevado a Babilonia, su mundo creció. Judá, su país, era un pequeño barrio comparado con el reino cosmopolita de Babilonia... y Daniel se vio llevado casi directamente hasta la sede del poder político, cultural y académico. La Escritura nos dice que fue educado en el lenguaje y la literatura de los babilónicos. Él experimentó el acceso inmediato (relativamente hablando) a las ideas y puntos de vista mundiales del imperio, el cual se extendía desde la frontera con Egipto en el oeste hasta Persia en el este. Lidiar con esta influencia masiva de nueva información debe haber sido abrumador.

Alienación

Al minuto de haber llegado a Babilonia, la educación de Daniel en una forma particular de vida y su fe debían ser reevaluadas a luz de su nueva realidad. Él tuvo que tomar decisiones en cuanto a su fe y su propósito, qué mantener y qué negociar, y tenía que hacerlo bastante rápido. Lo que debieron haber sido posiciones por defecto, en este nuevo contexto, resultaban extrañas.

El exilio causa disociación, lo cual es otra manera de decir que, en una nueva realidad cultural, las relaciones significativas, las conexiones sociales y otras formas de identidad son eliminadas. Daniel tuvo que encontrar otro modo de mantenerse fiel porque las maneras, tradiciones y fidelidades con las que creció, en Babilonia eran extrañas y a menudo irrelevantes.

Autoridad

Daniel tuvo que hacer malabarismos para sujetarse a una autoridad terrenal que estaba en contra de Dios, mientras que al mismo tiempo confiaba en el Señor a fin de que lo sostuviera. Leyendo la historia de Daniel siglos más tarde desde una posición segura, cruzar esa línea se ve casi fácil; cuando Daniel elige orar, sabiendo que se está arriesgando de ir a la guarida del león, su confianza en la gracia de Dios nunca estuvo en duda (véase Daniel 6). Sin embargo, debemos acordarnos de que su valentía durante este episodio tuvo lugar después de décadas de vivir en Babilonia, durante las cuales había aprendido día a día cómo servir al rey terrenal mientras confiaba en la autoridad del Rey eterno.

He aquí el punto: los primeros años del exilio de Daniel en Babilonia no fueron tan rutinarios. En Daniel 1 vemos a un joven creyente no tan dispuesto a dibujar una línea firme en el terreno entre lo que haría y no haría bajo la autoridad de Babilonia. Resulta evidente desde temprano su intención de mantenerse como siervo fiel del Señor, pero adivinar cómo lo haría en el exilio y bajo la autoridad de Nabucodonosor, no ocurrió de la noche a la mañana. Como jóvenes nobles judíos, Daniel y sus amigos fueron llevados de Judá para servir en la corte real del rey Nabucodonosor. Los jóvenes fueron forzados a adoptar las costumbres babilónicas, incluso a recibir nuevos nombres como parte del proceso de adoctrinamiento. Daniel fue llamado Beltsasar, mientras sus amigos Ananías, Misael y Azarías aun hoy son más conocidos como Sadrac, Mesac y Abednego. Esto no era un pequeño sacrificio, porque los nuevos nombres se derivaban de deidades paganas como Bel, uno de los dioses babilónicos. Imagina ser devoto a Jehová, el Dios verdadero, y tener que soportar que a la fuerza cambien tu nombre por el de un «adorador de Bel». ¡Y encima de esto, al menos algunos historiadores bíblicos han sugerido que los jóvenes exiliados israelitas pudieron haber sido forzados a convertirse en eunucos!

La sabiduría de Daniel y su percepción le ganaron gran estima en la corte del rey de Babilonia, lo cual a la larga condujo al incremento de su poder y oportunidades. Con cada nuevo asenso, la tentación de renunciar a su fe, valores y lealtades, adaptándose a su nueva realidad cultural, debe haber sido enorme. Aun así, Daniel estaba dispuesto, con el objetivo de servir a Dios, a involucrarse por completo en esta cultura extranjera, incluso si tenía que descubrir cómo no ser de ella.

LA MISMA CANCIÓN, DIFERENTE MILENIO

Basados en nuestra investigación y el estudio cercano de los exiliados en la Biblia, creo que la cantidad y el impacto de los exiliados aumentan durante los tiempos tumultuosos de transición social y espiritual. A pesar de que todos los desertores, incluyendo a los nómadas y pródigos, están siendo afectados de alguna manera por el ambiente que los rodea, los períodos de cambios sociales, tecnológicos y espirituales provocan un aumento en el número de exiliados del sistema religioso.

Esto es algo bueno, porque los patrones generacionales de la alienación, el acceso y la autoridad en nuestros días están haciendo que estos jóvenes estratégicamente desligados sean cada vez más importantes para la iglesia del futuro. Mientras el cristianismo se mueve del papel central a desempeñar un rol más marginal en nuestra cultura, y mientras los Estados Unidos se vuelven más religiosamente pluralistas, creo que los exiliados son las personas más capaces de ayudarnos a navegar por estos cambios. Cuando la fe cristiana ya no constituye el autopiloto para la cultura foránea, los cristianos que están cómodos en dos mundos pueden orientar a la comunidad cristiana de modo que permanezca fiel en un nuevo escenario.

A fin de ganar una mayor comprensión, consideremos de nuevo la vida de los antiguos exiliados. Una vez en Babilonia, Daniel fue puesto en un programa dietético y de capacitación que duraría tres años e incluía el reemplazo de su religión por «la lengua y la literatura de los babilónicos» (Daniel 1:4). Esto era, obviamente, una amenaza significativa a la creencia de los jóvenes judíos, sus tradiciones y su fe. En lugar de rechazar su educación por completo, Daniel y sus amigos deciden en estos primeros días de exilio solo oponerse a la dieta propuesta por los oficiales de la corte. Y aun en cuanto a esta pequeña resistencia, se nos dice que Daniel defirió la decisión final al oficial babilónico: «Por favor, haz con tus siervos una prueba de diez días. Danos de comer sólo verduras, y de beber sólo agua […] y *procede de acuerdo* con lo que veas en nosotros» (Daniel 1:12-13, énfasis añadido). ¡Ciertamente este no se escucha como el famoso Daniel de la fosa de los leones!

Los jóvenes israelitas parecen haber cooperado con muchos elementos de su programa de adoctrinamiento, y quisiera sugerir que ellos lo hicieron porque debían navegar en una nueva realidad cultural. Las decisiones espirituales que eran automáticas en su hogar en la nación de Judá ahora resultaban inciertas, flexibles y casi ciertamente peligrosas.

Ellos fueron empujados hacia un período de improvisación espiritual. El mundo donde habitaban —parecido a este en el que nos encontramos— estaba caracterizado por una complejidad y un pluralismo religioso mayores, así como también por historias políticas y espirituales de la verdad que competían entre sí.

Para las personas temerosas de Dios en diferentes circunstancias, los ajustes que Daniel y otros exiliados bíblicos hicieron pueden parecer inexcusables o incluso componendas imperdonables. Aun así, en el caso de Daniel, Ester, Ezequiel y otros, Dios bendice al exiliado durante los tiempos de agitación espiritual y cultural… no porque hicieran exactamente lo que sus padres hubieran hecho, sino porque encontraron nuevas maneras de ser fielmente genuinos. Y no solo eso. El trabajo de los exiliados llevó a la larga a una renovación espiritual dentro de la comunidad de fe. Dios usa a los exiliados como Daniel y Ester para restaurar a su pueblo. Patrick Whitworth, un líder cristiano en el Reino Unido, escribe sobre el rol de los exiliados durante los períodos de transición:

> Durante la mayor parte del tiempo en estos dos milenios la iglesia, en conjunción con los gobernantes [políticos], creó paradigmas de poder que luego tuvieron que cambiar o abandonar si querían reflejar de alguna manera al Señor que decían servir. A menudo estos cambios esenciales solo venían por medio de los exiliados: individuos, grupos o movimientos dispuestos a ir hacia diferentes tipos de exilios para traer una renovación de la misión, o la reformación del ministerio de la iglesia.

El reto para la comunidad cristiana es cómo responder al número creciente de exiliados. ¿Haremos lo posible a fin de equiparlos para hacer las decisiones que Daniel tuvo que enfrentar en Babilonia; decisiones que les permitan lograr un balance entre las componendas culturales y una vida fiel y centrada en Cristo? ¿Los escucharemos y tomaremos en cuenta sus críticas proféticas en cuanto a la postura de la iglesia hacia nuestra sociedad cada vez más pluralista? ¿Cambiaremos nuestras estructuras, guiados por las verdades inmutables de la Escrituras, para nutrir sus dones y su llamado único en un mundo profundamente amado por Dios, pero de muchas maneras hostiles a él?

Si es así, creo que veremos a la siguiente generación florecer en un nuevo contexto cultural mientras encuentran nuevas maneras de ser fieles, nuevas formas de estar en el mundo sin pertenecer a él. Y creo que sus esfuerzos darán frutos para todo el pueblo de Dios, así como los exiliados babilónicos bendijeron y renovaron al pueblo de Dios en los días de antaño.

Parte 2

DESCONEXIONES

LA DESERCIÓN (EXPLICADA)

Estábamos buscando al menos una evidencia a nuestro favor, y en lugar de eso encontramos muchas. Sospechaba que nuestra investigación descubriría una de las razones principales de que los adultos jóvenes se desconectaran de la iglesia o se alejaran de su fe (tal vez dos o tres de ellas). Esperaba encontrar, por ejemplo, que ir a la universidad era muy perjudicial para la fe cristiana, pero resultó que ese no era el caso para la gran mayoría de estos jóvenes.

En lugar de uno o dos «grandes» problemas, descubrimos una amplia gama de perspectivas, frustraciones y desilusiones que obligaban a los jóvenes veinteañeros a desconectarse. No había una única razón que predominara en la deserción de los adultos jóvenes. Cada persona tenía su conjunto único y mundano de razones (es decir, motivos tanto profundamente personales como bastante ordinarios). Sin embargo, la cotidianidad de estas razones no las hace menos importantes o poco interesantes. Cada nómada, pródigo y exiliado de la iglesia tiene una historia personal. Y como hemos observado antes, cada historia importa.

Mientras exploramos las razones por las que muchos jóvenes se desconectan, ten en cuenta que nuestra investigación examina principalmente sus percepciones de las cosas que han salido mal. La investigación no es infalible y requiere una interpretación. La mayoría de las personas no están por completo conscientes de qué es exactamente lo que hace que abandonen la iglesia o la fe, y parte de nuestro trabajo como investigadores es analizar todas las respuestas y buscar los temas que surgen. De este modo, utilizamos no solo nuestra experiencia profesional, sino también nuestro discernimiento espiritual. Esta segunda parte del libro es el resultado de nuestros mejores esfuerzos para identificar las razones por las que los jóvenes se desconectan y contiene nuestras humildes recomendaciones de cómo el cuerpo de Cristo puede responder en amor y pensando en la misión.

IDENTIFICANDO LA DESCONEXIÓN

Al analizar los resultados de nuestra investigación y las historias individuales, hemos sido capaces de identificar seis temas que capturan de forma adecuada el fenómeno global de la desconexión entre la próxima generación y la iglesia. Quiero reiterar que la gente en cada generación puede experimentar sentimientos similares. Sin embargo, la combinación de nuestro momento cultural y la discontinuidad de la próxima generación (la cual exploramos en la primera parte) hace que estas actitudes de los adultos jóvenes sean como combustible. Muchos veinteañeros no dudan, al igual que las generaciones anteriores, en «romper la tradición espiritual» que una vez heredaron de sus padres.

He aquí las razones generales que ofrecen para la deserción. Ellos encuentran que la iglesia es:

1. *Sobreprotectora:* Los impulsos hacia la creatividad y el compromiso cultural son algunas de las características definitivas de la generación de mosaicos que resultan más obvias. Esta nueva generación desea reinventar, volver a crear, reflexionar, así como ser emprendedores, innovadores e iniciadores de cosas nuevas. Para los mosaicos, la expresión creativa es de inestimable valor. La iglesia se considera como una asesina de la creatividad, donde correr riesgos o involucrarse en los asuntos de la cultura es un «anatema». *¿Cómo puede la iglesia eliminar su resistencia y dar espacio para asumir riesgos en cuanto a la creatividad y la expresión personal, cosas tan valiosas dentro la próxima generación?*

2. *Superficial:* La percepción más común de las iglesias es que son aburridas. Los temas superficiales, las demasiadas pruebas y comprobaciones, las fórmulas y consignas, tienen anestesiados a muchos adultos jóvenes, dejándolos sin conciencia de la gravedad y el poder de seguir a Cristo. Muy pocos jóvenes cristianos puede conectar su fe con sus dones, habilidades y pasiones. En otras palabras, el cristianismo que han recibido no les da un sentido de «llamado». *¿Cómo puede la iglesia fomentar una fe profunda e integral en Cristo, que abarque todos los ámbitos de la vida?*

3. *Anticientífica*: Muchos jóvenes cristianos han llegado a la conclusión de que la fe y la ciencia resultan incompatibles. Sin embargo, son conscientes del papel que la ciencia juega en el mundo en que habitan (en la medicina, la tecnología personal, los viajes, el cuidado de la naturaleza y otras áreas). Es más, la ciencia parece mucho más accesible que la iglesia; la ciencia parece darle la bienvenida a las preguntas y el escepticismo, mientras que los asuntos de fe parecen impenetrables. *¿Cómo puede ayudar la comunidad cristiana a la próxima generación a interactuar con la ciencia de una manera positiva y hasta profética?*

4. *Represiva*: La religión es dominante. En especial en cuanto a las costumbres sexuales. Esta ahoga la mentalidad individualista de los adultos jóvenes. Como consecuencia, se percibe a la iglesia como represiva. La sexualidad crea desafíos profundos para el desarrollo de la fe de los jóvenes. *¿Cómo puede la iglesia contextualizar su enfoque acerca de la sexualidad y la cultura dentro de una visión más amplia de las relaciones restauradas?*

5. *Exclusiva*: Aunque hay límites a lo que esta generación está dispuesta a aceptar, también debemos recordar que ha sido formada por una cultura que considera vital la apertura de mente, la tolerancia y la aceptación. De este modo, los reclamos del cristianismo a la exclusividad son difíciles de «vender». Ellos quieren encontrar puntos en común, incluso si eso significa restarles importancia a las diferencias reales. *¿Cómo puede la comunidad cristiana establecer un vínculo entre la naturaleza singular y única de Cristo, y las formas radicales por medio de las cuales él buscó e incluyó a los de «afuera»?*

6. *Sin posibilidad para la duda*: Los jóvenes cristianos y también los cristianos antiguos afirman que la iglesia no es un lugar que les permita expresar sus dudas. Ellos no se sienten seguros admitiendo que la fe no siempre tiene sentido. Además, muchos creen que las respuestas de la iglesia para sus dudas resultan triviales y enfocada en los hechos, como si las personas pudieran ser disuadidas de tener algún tipo de duda. *¿Cómo puede la comunidad cristiana ayudar a esta generación a encarar sus dudas y a integrar sus preguntas a una vida de fe sólida?*

EL GIRO HACIA LA CONEXIÓN

Una vez que comenzamos a entender los problemas que la próxima generación experimenta con la iglesia y el cristianismo, nuestra segunda tarea es determinar cómo estas áreas de desconexión están desafiando a la comunidad cristiana al cambio. ¿Las luchas de la próxima generación nos obligan de alguna forma a cambiar nuestro pensamiento y prácticas? Si ignoramos o descartamos las experiencias y vivencias espirituales de los jóvenes, podríamos correr el riesgo de perdernos un nuevo mover de Dios en nuestro tiempo.

La relación espiritual entre generaciones es un tema común en las Escrituras. Como ejemplo, veamos la historia de Elí (la generación más antigua) y Samuel (la generación más joven), la cual se describe en 1 Samuel 3. Posiblemente recuerdes el episodio. En medio de la noche, Dios llama a Samuel, pero el joven profeta confunde el llamado de Dios con el de su mentor Elí en repetidas ocasiones. Al final, Elí (cuyo sueño ha sido interrumpido varias veces) instruye a su alumno a responderle a Dios: «Habla, Señor, que tu siervo escucha».

Una vez escuché a un líder moderno —Jack Hayford— decir que la generación más joven necesitaba a la generación más vieja para que la ayudara a identificar la voz de Dios (al igual que Samuel recibió esa ayuda de Elí a fin de conocer que era Dios quien lo estaba llamando). Hayford también observó que ayudar de esta manera requiere que reconozcamos —como lo hizo Elí— que Dios le está hablando a las generaciones más jóvenes.

Si eres un cristiano joven, esto significa que es tu turno de escuchar.

Si eres un cristiano maduro, quizás es el momento de confiar de una manera más profunda en la obra de Dios dentro de la próxima generación.

Mi esperanza es que este libro pueda de alguna manera ser un catalizador en esta dinámica importante entre ambas generaciones. Cada uno de los capítulos de la segunda parte explora uno de los seis motivos principales por los que las nuevas generaciones abandonan la iglesia y la fe. Al final de cada capítulo te ofrezco opciones para motivar a aquellos que están desertando a que replanteen los motivos de su abandono y anhelen una fe más profunda, así como para ayudar a los que ya hemos estado mucho tiempo en la iglesia a renovar nuestra fe, dejar a un lado las frustraciones y ver lo que Dios está haciendo en medio de las nuevas generaciones.

Vamos a examinar las seis áreas de la desconexión, comenzando con la percepción de que la iglesia es sobreprotectora, más preocupada por la seguridad interna que por su misión de transformar el mundo.

5

SOBREPROTECTORA

Desconexión: «Una buena parte de [nuestra educación] se basaba en el miedo de hacer algo, en lugar de darte razones lógicas por las que debías o no hacerlo».

—Nathan

Reconexión: «Nuestro hijo nos está enseñando, a sus padres ministros, cómo puede una película revelar la verdad acerca de nuestra condición humana y nuestra necesidad en redención de formas que son tan poderosas y provocativas como cualquier sermón».

—Valerie

M ientras escuchaba al músico joven de adoración, pensé: *Es mejor que la mayoría de la gente que veo en American Idol. Me pregunto si alguna vez habrá audicionado.*

Después del servicio de adoración, mientras Sam y yo esperábamos en fila en un restaurante en Missouri, le pregunté si había considerado alguna vez ir al popular show de talentos. «No, no calificas si ya has tenido un contrato de grabación», dijo sin ningún atisbo de arrogancia.

Mientras hablaba sobre su trabajo anterior, descubrí que una de las canciones de Sam —no una melodía de alabanza, sino una canción de amor— fue un éxito hace unos años. Él había compuesto la canción para su novia y la interpretó el día de su boda. Tenía un estribillo pegadizo, y la grabación en estudio fue elegida como banda sonora para un episodio de un popular drama adolescente de la televisión.

Sam sabe que para algunos de los feligreses, el éxito de la canción fue una decepción. Ellos dejaron bien claro que él nunca debió haber accedido a que su canción apareciera en la televisión secular, en especial en una escena que representa la sexualidad adolescente.

Sam me dijo: «Yo no lo entiendo. La mayor parte de mi tiempo lo dedico a la música de adoración, pero no todas las canciones que escribo son sobre la fe. Pensé que la idea de ser un músico —de ser un músico cristiano— es escribir canciones que le importen a la gente, canciones que sean relevantes para nuestra cultura, porque dicen la verdad. Sin embargo, cuando escribo una canción que no se usa de una manera en que todo cristiano está de acuerdo, me critican por ello. ¿Para qué se supone que voy a utilizar mis talentos exactamente?».

CULTURA DE HELICÓPTERO

Probablemente has oído hablar de los «padres helicópteros», que están encima de sus hijos para mantenerlos a salvo de todo peligro imaginable. Ellos mantienen un ojo vigilante en los pequeños (y no tan pequeños), protegiéndolos, aislándolos de los bordes calientes, fríos y afilados de la vida. Los padres helicópteros tratan de proteger a sus hijos, no solo del peligro físico, sino también del fracaso y las consecuencias negativas de todo tipo.

El incremento de los padres helicópteros se corresponde con una cultura emergente de protección en todos los ámbitos. Mientras estaba creciendo durante los años 1970, los cinturones de seguridad fueron una mejora. Los medicamentos de venta libre se producían en botellas que cualquier persona, incluso los niños pequeños con pocas habilidades motoras, podían abrir. Los letreros de «No fumar» eran la excepción, no la regla. Las estructuras de los juegos en el parque y el tobogán estaban hechas de metal oxidado, y los tiovivos y los subibajas todavía existían. Los cascos los usaban los pilotos de carreras y los profesionales de BMX, no los niños que dan una vuelta por el barrio después de la escuela en sus bicicletas. Solo el equipo ganador de las Ligas Menores de béisbol recibía trofeos, no todos los niños que se ponían un uniforme.

Voy a proseguir antes de que me ponga demasiado nostálgico.

La seguridad de los juguetes, alimentos y envoltorios son ahora noticia de primera plana. Las etiquetas de casi todos los productos en las tiendas contienen letras pequeñas que absuelven al fabricante de la responsabilidad. Las empresas gastan miles de millones cada año en los controles de calidad y el cumplimiento regulatorio a fin de evitar un litigio o una acción judicial. Incluso las iglesias hacen todo lo posible para proteger la seguridad de sus fieles, ya sea mediante la realización de revisiones profundas de los antecedentes de los trabajadores involucrados en el ministerio de niños o teniendo un seguro de responsabilidad para el caso de que alguien se lesione dentro de la propiedad de la iglesia.

La protección se ha convertido en una forma de vida en nuestra cultura… y se puede argumentar que gran parte de ella es, en definitiva, algo bueno. Nadie quiere que su hijo juegue con un juguete recubierto de sustancias nocivas o sea maltratado por un guardián no calificado. Sin embargo, no nos debe sorprender que la obsesión de nuestra cultura por la seguridad le haya dado forma a dos generaciones de padres que son profundamente adversos al riesgo cuando se trata de sus hijos.

¿Es posible que nuestra fijación cultural en materia de seguridad y protección también haya tenido un profundo efecto sobre la capacidad de la iglesia para discipular a la siguiente generación de cristianos? ¿Los estamos preparando para una vida de riesgo, aventura y servicio a Dios, un Dios que les pide que den su vida para su reino? ¿O estamos formando chicos cristianos a salvo y conformistas, que están impacientes por ser libres o acurrucados en el sótano jugando *World of Warcraft* durante horas y horas, aterrorizados de salir al exterior?

He aquí algunas de las críticas que los jóvenes cristianos y antiguos cristianos dirigen a la iglesia:

- *Los cristianos demonizan todo lo que esté fuera de la iglesia.* La próxima generación siente que muchos cristianos caracterizan cada cosa no cristiana como mala. Por ejemplo, ellos perciben que el mensaje subyacente de la iglesia acerca de los no cristianos —partidarios de otras religiones, ateos y agnósticos— es que estas personas son categóricamente malvadas.
- *Los cristianos le tienen miedo a la cultura popular, en especial a sus películas y música.* Muchos jóvenes cristianos se quejan de que han sido condicionados a temerle «al mundo». El problema es que a medida que exploran «el mundo», llegan a creer

(con o sin razón) que no es un lugar tan desesperanzado o terrible como se les ha dicho. Ellos descubren películas, música y otras artes y medios de comunicación que a veces describen la realidad de la experiencia humana mucho mejor que la iglesia.

- *Los cristianos mantienen una falsa separación entre lo sagrado y lo secular.* Muchas de las entrevistas realizadas entre los jóvenes cristianos se centraron en la falsa dicotomía que perciben entre la iglesia y el mundo exterior. Nuestra investigación muestra que esta generación no ve una división entre lo sagrado y lo secular, por lo menos no en la misma manera en que lo hacen sus padres.

- *Los cristianos no quieren lidiar con la complejidad o la realidad del mundo.* Para los jóvenes cristianos, la iglesia puede sentirse rígida e irreal. Los puntos de vista negro y blanco de los cristianos parecen no reflejar el mundo tal como es en realidad. «Resulta complicado» es una frase que le oigo mucho a los jóvenes. A menudo me impresiono por su habilidad para exponer argumentos bien afinados, resaltar las variaciones de significado y los matices… al menos cuando se trata de algo importante para ellos. Para estos jóvenes, los asuntos sobre «el mundo», las relaciones y la fe son ricos y texturizados.

Sobreprotectora | En sus propias palabras

Porcentaje de jóvenes de 18 a 29 años de edad que tienen un trasfondo cristiano

	Completamente cierto sobre mí	Completamente o en su mayor parte cierto sobre mí
Los cristianos demonizan todo lo que esté fuera de la iglesia.	11%	23%
La iglesia ignora los problemas del mundo real.	9%	22%
Mi iglesia está muy preocupada porque las películas, la música y los videojuegos son dañinos.	9%	18%
La iglesia no les ofrece oportunidades a los artistas y las personas creativas.	5%	13%
Estoy involucrado en causas sociales que a la iglesia no parecen importarles.	6%	12%

Grupo Barna | 2011 | N=1.296

LOS RIESGOS DE LA SOBREPROTECCIÓN

En pocas palabras, muchos jóvenes cristianos se sienten sobreprotegidos. Millones de jóvenes creyentes perciben que la iglesia los ha mantenido separados y temerosos del mundo... un mundo, eso sí, que son llamados a redimir por su fe en Cristo. Démosle un vistazo a cómo esta tristemente irónica aversión al riesgo está causando desconexiones importantes.

Emociones alternas

Una de las consecuencias más significativas de haber sido sobreprotegidos es que millones de jóvenes buscan emociones fuera de los límites tradicionales. Puede tratarse de la pornografía o la experimentación sexual, las drogas y otras sustancias adictivas, la búsqueda de una emoción extrema (YouTube está repleto de estúpidos y arriesgados desafíos humanos), la inmersión total en el universo de los videojuegos, un bajo y alto rendimiento, ejercitarse en exceso, sufrir trastornos en la alimentación, y así sucesivamente. Creo que la autolesión entre los adolescentes y adultos jóvenes también está relacionada con su deseo de asumir riesgos. Algunos jóvenes se cortan «solo para sentir algo».

El cristianismo libre de riesgo también inspira la búsqueda de otras formas de espiritualidad. Uno de cada cuatro adultos jóvenes (27%) nos dijo: «Crecí como cristiano, pero desde entonces he probado otras religiones o prácticas espirituales». Conocimos a una mujer joven, una nómada católica que siente curiosidad en cuanto al bahaísmo. «Parece muy diferente de lo que recibí en el catecismo», dijo. «Jesús es presentado como un hacedor de milagros, pero esa no fue mi experiencia. Un amigo me habló de la fe Bahá'í. Y mientras sentía como si él estuviera tratando de convertirme, describió una aventura espiritual que resultaba bastante atractiva».

Sí, algunos jóvenes se ven impulsados a las emociones porque la cultura popular está constantemente tratando de superar el espectáculo de sí misma: «¡Nunca has visto algo como esto!», parece prometer cada anuncio. Sin embargo, la iglesia debe admitir el papel que ha jugado en la transmisión de una fe que es digna de un bostezo, en lugar de digna de Cristo.

Fracaso al despegar

La cultura de mayores expectativas —así como también los significativos obstáculos económicos y profesionales que los jóvenes deben superar— está haciendo que resulte más difícil que nunca «despegar», ponerse en marcha en la vida. Como vimos en el capítulo 2, la mayoría de los veinteañeros no han terminado las principales transiciones que han llegado a definir la edad adulta: dejar el hogar, completar la educación superior, lograr la independencia financiera, casarse y comenzar una familia, y así sucesivamente.

Aunque hay muchas razones sociales y económicas para este retraso (por ejemplo, la opinión cada vez más común de que el matrimonio debe ser retrasado), creo que la comunidad cristiana es cómplice en el fracaso de los adultos jóvenes para despegar. No se ha provisto una voz clara, convincente y profética que responda a los problemas que causan que los jóvenes permanezcan «atascados». Hace unos años, el Grupo Barna llevó a cabo una investigación para una importante denominación de protestantes tradicionales. Entrevistamos a jóvenes que solían congregarse y descubrimos que una de las principales razones por las que habían dejado la iglesia era que su comunidad de fe no había sido capaz de ayudarlos a lidiar con los asuntos de la vida a los que se enfrentaban. A menudo, no hemos proporcionado un entrenamiento práctico en cuanto al matrimonio, la paternidad, la vocación, el llamado y todas las decisiones menores que los adultos emergentes deben hacer a lo largo del camino hacia la madurez.

Un hombre joven y brillante que entrevistamos describió cómo una de sus maestras de la secundaria se sorprendió al descubrir que él tenía la intención de asistir a una universidad cristiana. «Ella me dijo que iba a renunciar a decenas de miles de dólares en poder adquisitivo anual por no elegir una universidad de "alto perfil". Mientras reflexionaba en su consejo, nunca se me ocurrió que debería hablar con alguien de mi iglesia al respecto».

Paralizante falta de confianza en uno mismo

Una amiga mía me contó hace poco acerca de una mujer joven que está asesorando. Chris, quien tiene veintiséis años, está aterrorizada de tomar una decisión… cualquier decisión. Su inseguridad y el miedo al remordimiento son intensos y constantes, ya sea que esté eligiendo entre marcas de pastas en el supermercado o decidiendo si aceptar la propuesta de matrimonio de su novio. A veces Chris piensa que tiene un llamado a las misiones, o al ministerio a tiempo completo, pero otras veces no está tan segura. Recientemente le dijo a mi amiga que prefiere trabajar en su empleo con un salario mínimo y vivir con su compañera de la universidad durante años antes que tomar la decisión «incorrecta» sobre la próxima fase de su vida.

Chris es un ejemplo extremo, pero muchos veinteañeros experimentan una gran falta de confianza en sí mismos, lo suficiente grave como para mantenerlos en una parálisis personal, profesional, relacional y espiritual. Piensa en esto. Durante toda su vida, los adultos jóvenes con padres helicópteros han sido protegidos contra el fracaso y el remordimiento. Para sus mentes, las consecuencias negativas son en verdad impensables… ¡tal vez ni siquiera posibles de sobrevivir! ¿Por qué otra razón sus padres los protegerían de un modo tan absoluto?

Algunos adultos jóvenes criados en la iglesia experimentan una similar falta de confianza en sí mismos al tener que hacer juicios espirituales. En lugar de equiparlos para tomar decisiones bien pensadas, acompañadas de oración, y luego confiar en que Dios dará el resultado, la iglesia ha inculcado un miedo debilitante al pecado o a «estar fuera de la voluntad de Dios». ¿Cómo podemos esperar que la próxima generación avance con confianza hacia el futuro de Dios cuando tiene miedo de dar un paso en falso?

Pérdida de personas creativas

Una cuarta consecuencia de la sobreprotección es la pérdida de muchos de los más talentosos y creativos individuos de la comunidad eclesial. Esta percepción —que la iglesia es sobreprotectora— es más común en los jóvenes exiliados, aquellos que se sienten atrapados entre el mundo seguro y confortable de sus experiencias de la iglesia, y la peligrosa y abarcadora fe que ellos creen que Dios requiere. Los exiliados desean seguir a Jesús de una manera que se conecte con el mundo en que viven, colaborar con Dios fuera de los muros de la iglesia y seguir el cristianismo sin separarse del mundo. Muchos de estos exiliados también son creativos —artistas, músicos, directores y productores de cine— que sienten que su vocación no está acorde con su educación cristiana. Piensan que la iglesia no sabe qué hacer con las personas creativas como ellos.

A muchos de los más brillantes talentos de la iglesia, al igual que a Sam, se les ha pedido que limiten sus aptitudes al servicio de la comunidad cristiana. Como consecuencia de ello, muchos jóvenes creativos se han ido. No es una mera coincidencia que muchos de los mejores artistas de hoy no continúen su herencia de asistir a la iglesia. La iglesia tiene dificultades al preparar a estos jóvenes para el servicio en el mundo, al mismo tiempo que los mantiene anclados y profundamente conectados con el cuerpo de Cristo.

Recordemos a Katy Perry (la conocimos en el capítulo 3), cuya familia cristiana comía huevos «a lo ángel» cuando ella era una niña… y que ahora es una veinteañera «tan curiosa como una gata», lista para probar todo lo que le fue negado durante su sobreprotegida crianza. O pensemos en la banda de rock ganadora de un Grammy, *Kings of Leon*, integrada por los tres hermanos Followill y su primo.

Nathan, Caleb y Jared pasaron gran parte de su infancia de gira con su padre, un predicador pentecostal, «en iglesias arrasadoras y tiendas de campaña de avivamiento en Tennessee, Arkansas, Louisiana, Mississippi y Oklahoma». Según la revista *Rolling Stone*: «El mandato religioso de los niños era estricto: nada de películas ni música, solo la música de la iglesia, nada de nadar con niñas, deportes competitivos o usar pantalones cortos (incluso mientras practicabas deportes acuáticos)». En una entrevista con la revista *Relevant*, Nathan Followill dijo: «Nosotros ni siquiera teníamos tres discos […] creo que mi mamá tenía uno de ese sujeto llamado Leon Patillo y puedo recordar a Russ Taff. Ah, y también a Shirley Caesar». Aunque los hermanos no cambiarían la forma en que fueron educados («No existiría *Kings of Leon* sin nuestra crianza», afirma Nathan), ellos señalan a su sobreprotegida educación como un factor en su deserción. «Una buena parte de todo se basaba en el miedo de hacer algo, en lugar de darte razones lógicas por las que debías o no hacerlo».

No hace mucho tuve el privilegio de visitar la Casa del Arte de mi amigo Charlie Peacock en Nashville. (Charlie no habla mucho sobre ello, pero ha disfrutado de una brillante carrera en cuanto a la grabación y la interpretación, asesorando a una serie de jóvenes artistas de gran éxito, como *Switchfoot* y *The Civil Wars*). Allí hablé con un grupo de setenta jóvenes músicos y artistas, quienes luego compartieron sus formidables talentos conmigo y con los demás. Me llamó la atención que muy pocos de estos jóvenes creativos están buscando seguir una carrera en la industria de la música cristiana, sino que la mayoría está tratando de ir a la corriente dominante con sus talentos. También me ha impresionado su afán de aprender a vivir con su fe fuera de la subcultura cristiana. Charlie y el otro coordinador del evento, Mark Rodgers de *The Wedgwood Circle*, los preparan para seguir a Cristo mientras navegan a través de las aguas infestadas de caníbales y ego de la industria del entretenimiento secular. Durante los descansos entre las sesiones, algunos de los músicos me expresaron su frustración por la falta de apoyo de sus iglesias locales, que son ambivalentes en el mejor de los casos y en el peor condenan sus sueños de tener una carrera convencional.

Y no son solo los jóvenes músicos. Nuestro estudio ha encontrado un deseo entre muchos jóvenes cristianos creativos de participar en el mundo de una forma más amplia. He entrevistado a jóvenes actores y directores, artistas gráficos, diseñadores y activistas, así como a los adultos jóvenes de otras carreras creativas, que creen que la comunidad cristiana ha sido innecesariamente aislante. Ellos no quieren ser enviados al «gueto cristiano», una frase que aparece constantemente en nuestras entrevistas. La mayoría se hace eco del sentimiento de que la iglesia no es un lugar seguro para asumir riesgos y no le da la bienvenida a la creatividad tan presente en la próxima generación.

DE LA SOBREPROTECCIÓN AL DISCERNIMIENTO

Pensemos de nuevo en uno de los argumentos centrales de este libro: la próxima generación está viviendo un período social, cultural y de cambio tecnológico condensado. Este ambiente los invita a vivir su fe de maneras nuevas y a veces sorprendentes.

Quiero sugerir que el deseo generalizado de una vida en la corriente principal es una de las consecuencias del cambio monumental. Esta no es la primera vez que la corriente principal ha inspirado a los fieles creyentes. Piensa de nuevo en el relato bíblico de Daniel. La vida en Babilonia le había dado al joven hebreo la plataforma y la oportunidad de influenciar ampliamente a los círculos políticos y del poder en la sociedad. Dios usó a Daniel y a sus compañeros, exiliados en una cultura pagana, para lograr sus propósitos. ¿Podría ser que el deseo cada vez mayor de la corriente principal entre la generación más joven sea el trabajo de Dios preparándolos para traer la restauración y la renovación de nuestra cultura? Creo que sí.

Sin embargo, este potencial esperanzador en la próxima generación también viene con una serie de desafíos muy reales. Una aspiración para influenciar a la cultura sugiere la pregunta de cómo expresar (estando en el mundo, pero no siendo parte de él) la fidelidad, y también de cómo hacerle frente a la píldora venenosa de la adaptación cultural que la influencia de la corriente principal pone a nuestra disposición. Déjame expresarlo de esta manera: ganar la credibilidad por sí misma es vanidad, ganar credibilidad para participar en la obra de Dios a fin de redimir a su mundo es una misión. Me preocupa que demasiados cristianos mosaicos estén tan interesados en la búsqueda de lo bueno, la verdad y lo hermoso, que se olvidan de reconocer y acercarse a la fuente de esa búsqueda: Jesús.

La iglesia debe ayudar a la próxima generación a vivir diferente, al cambiar nuestra sobreprotección por discernimiento. Estos son algunos ejemplos:

La sobreprotección caracteriza a todo lo que no es cristiano como malvado.

El discernimiento ayuda a los jóvenes a entender que las otras personas no son nuestros enemigos, pero que hay un quebrantamiento fundamental en los seres humanos y un adversario que tiene la intención de descarrilarnos de cualquier manera posible.

La sobreprotección establece reglas estrictas sobre el uso de los medios de comunicación para «salvar a los niños de la indecencia». Evita ver, leer y hablar sobre los acontecimientos actuales y la cultura popular con la esperanza de que solo van a desaparecer.

El discernimiento lee «la Biblia y el periódico», según el famoso enunciado del teólogo Karl Barth (el cual podríamos actualizar a este: «la Biblia y la Internet»). A menos que elijamos vivir en una retirada comunidad cristiana —que es una opción viable para solo unos pocos— la exposición a la cultura impulsada por los medios de comunicación es inevitable. En lugar de mantenernos alejados de películas, música, sitios web, libros y programas de televisión seculares, debemos ver, escuchar y leer juntos y hacer «exégesis cultural» como una comunidad de fieles.

La sobreprotección simplifica demasiado las cosas difíciles de la vida —sufrimiento, fracaso, relaciones— y ofrece fórmulas en lugar de respuestas honestas y contextualizadas.

El discernimiento es transparente acerca de los peligros de ser humano y enseña el testimonio completo de la Escritura, el cual es complicado, complejo, y en última instancia maravillosamente real.

La sobreprotección desalienta el asumir riesgos y utiliza el miedo para «proteger» a la próxima generación.

El discernimiento guía a los jóvenes a confiar en Dios sin miedo, y a seguir a Cristo en el poder del Espíritu, incluso arriesgando sus vidas, reputación y el éxito mundano.

La sobreprotección trata de convencer a los jóvenes de que la única (o mejor manera) de servir a Dios es trabajando en una iglesia, parroquia, organización cristiana sin fines de lucro, o en el campo misionero.

El discernimiento reconoce que no hay diferencia entre los trabajos sagrados y las profesiones seculares. Sí, necesitamos personas jóvenes con llamado y preparadas para servir como sacerdotes, pastores, evangelistas y misioneros. Sin embargo, también necesitamos afirmar el poderoso sentimiento capturado por el teólogo y político holandés Abraham Kuyper: «¡Ah, ningún pedazo de nuestra mente deberá estar herméticamente aislado del resto, y no existe una pulgada cuadrada en todo el dominio de nuestra existencia humana sobre la que Cristo, que es el soberano de todo, no clame: "¡Mío!"».

La sobreprotección pinta un cuadro falso de la realidad, que hace más daño a las personas jóvenes a largo plazo que lo que la honestidad haría a corto plazo. A muchos adolescentes y adultos jóvenes se les ha dicho que pueden ser, hacer y tener lo que quieran, solo para darse cuenta de que el «mundo real» no es tan complaciente.

El discernimiento desarrolla una teología sólida de llamado que reconoce el propósito único de cada persona y sus dones espirituales como nada menos (o más) que lo que Dios ha predestinado. Reconozcamos que el Espíritu Santo tiene planes para la próxima generación que son más grandes de lo que ellos pueden soñar para sí mismos, y procuremos sintonizar sus corazones para que oigan su voz, no solo la nuestra.

Los riesgos de seguir a Cristo

He escuchado cientos de sermones, pero aún recuerdo esta frase de uno que dio mi padre: «Cuando usted tiene un hijo, se abre una tumba». Suena mórbida, pero mi padre les estaba recordando a sus oyentes, como la Escritura lo hace en muchos lugares, que nuestras vidas son pasajeras.

Esta manera de pensar es exactamente opuesta a nuestra mentalidad orientada a la seguridad y que busca prepararse para el futuro. Y creo que en el centro de nuestros problemas con la sobreprotección se halla nuestra necesidad humana de control.

Sin embargo, Dios se niega a ser controlado.

A la generación sobreprotegida se le ha vendido la mentira de que la «vida cristiana» significa bendiciones materiales, protección automática y seguridad a prueba de balas. Dos milenios de mártires cristianos nos permiten discrepar, y muchos adultos jóvenes hoy están interesados en las vidas de riesgo de esos mártires y su cumplimiento. Se hallan desesperados por una nueva forma de entender y experimentar los riesgos dignos de seguir a Cristo. La vida sin un sentido de urgencia —una vida que es segura, incubada, aislada, sobreprotegida, débil— no vale la pena vivirla. La próxima generación está rogando por influencia, trascendencia, una vida de significado e impacto. Piensa en tu película o libro favorito. Invariablemente las mejores historias, sin importar el escenario, implican riesgos significativos para los personajes. Nos preocupamos por los personajes para los que los peligros son altos, sin embargo, hemos hecho todo lo posible por reducir los riesgos para los más nuevos protagonistas de la vida real en la grande y arriesgada historia de Dios.

Vamos a reorientar nuestro pensamiento sobre el apropiado rol del riesgo en nuestro testimonio cristiano actual.

Riesgos de ser padres

Desafortunadamente, no hay padre cristiano que gane un premio en el cielo por preparar a sus hijos para vivir una vida larga y segura. ¡Claro que todos esperamos llegar a una edad madura y no hay nada de malo en procurar no morir joven! Sin embargo, Dios no mide la efectividad de los padres basándose en cuánto aminoren el riesgo. Dios observa cómo le damos forma a los corazones y mentes de nuestros hijos para que sean receptivos y obedientes a él.

Esto es lo que significa tomar en serio las palabras de Jesús: «Porque el que quiera salvar su vida, la perderá; pero el que pierda su vida por mi causa, la encontrará» (Mateo 16:25). ¿Estamos dispuestos a aceptar esta verdad en nombre de los hijos que Dios ha confiado a nuestro cuidado?

Mis amigos Kate y Britt Merrick se han mostrado fervientes e incansables en la lucha contra el cáncer que ha invadido el cuerpo de su audaz e inteligente hija de diecisiete años de edad, Daisy. Dios ha bendecido su recuperación hasta el momento, pero Britt, un pastor en el sur de California, ha sido muy claro durante el último año en su enseñanza de que la esperanza de la iglesia y los padres no es que cada niño sobreviva, sino radica en que Jesús es el Señor. Ese tipo de fe me deja sin aliento, y realmente creo que es la clase de fe a la que todos los padres seguidores de Cristo somos llamados. Nunca debemos dejar de interceder en nombre de nuestros hijos, pero poniendo nuestra esperanza en Jesús, que es Señor de todos.

Por supuesto, hay momentos cuando y lugares donde se debe proteger a nuestros hijos del peligro y las cosas no deseadas. Tenemos la responsabilidad bíblica de criar a nuestros hijos, en especial a los niños pequeños, en ambientes seguros y devotos. Sin embargo, no debemos usar nuestro temor por su seguridad como una excusa para no prepararlos adecuadamente a fin de ser usados por Dios. Jesús oró al Padre por sus discípulos: «No te pido que los quites del mundo, sino que los protejas del maligno» (Juan 17:15). ¿Podríamos tener la gracia y el coraje para orar lo mismo con relación a nuestros hijos?

¿Y si Dios está preparando a esta generación para grandes hazañas en su nombre? ¿Y si un nuevo renacimiento de la misión global pudiera ser llevado a cabo por esta generación? ¿Está nuestra preocupación por la seguridad manteniendo a nuestros hijos al margen? ¿O somos socios dispuestos en la tarea de prepararlos para lo que Dios ha planeado?

Los riesgos de la influencia cultural

Un sentimiento cada vez mayor de esta generación es que quiere ser, en las palabras de mi amigo Gabe Lyons, una contracultura para el bien común. Muchos jóvenes cristianos tienen la intención de seguir a Cristo de una manera que no los separe de la cultura. Ellos quieren crear cultura, no evitar la cultura.

Este tipo de influencia tiene un costo. A veces, ser influyente cultural se produce al costo de la aceptación dentro de la comunidad cristiana, como descubrió Sam cuando su canción de amor fue un éxito en la corriente principal. Aquellos que parecen estar muy cómodos con los negocios seculares, los medios de comunicación, el entretenimiento, las ciencias sociales y la política son vistos con escepticismo por muchos cristianos devotos.

Por una razón similar, sé que algunos creyentes jóvenes se resisten a estar vinculados a una «tribu cristiana», que tiene una reputación decididamente negativa en muchos sectores de nuestra sociedad. Hay una talentosa actriz en Broadway que siente que debe mantener su buena fe cristiana en las sombras. Un conocido cantante y compositor en sus veinte años siente la necesidad de ser cauteloso públicamente en cuanto a las conexiones con su fe. Sentimientos similares son experimentados por otros jóvenes cristianos en la ciencia, el gobierno, los negocios y a nivel académico. No es que escondan su fe exactamente, sino que son solo *intencionales* sobre cuándo y a quién se la revelan.

Casi puedo oír lo que algunos lectores están pensando en este momento: ¿No será que simplemente se avergüenzan del evangelio? ¿Se encuentran estos jóvenes cristianos dispuestos a defender a Cristo o no? Entiendo estas preguntas, pero quiero que imaginemos por un momento que estos jóvenes son misioneros en un grupo de personas que no saben nada acerca de Cristo, Dios o la Biblia. Supongamos que son misioneros en una dictadura islámica donde sus medios de subsistencia e incluso su vida están en riesgo. Si bien no aspiran a vivir una vida larga para su propio bien —desean por encima de todo vivir para los propósitos de Dios— no quieren ser irresponsables con los dones de Dios de la vida, el talento, la relación y la oportunidad. En tal ambiente un misionero ha de ser exigente en cuanto a cómo y cuándo revelar su fe. Quiero sugerir que deberíamos ver a los jóvenes que están utilizando sus dones en nuestra cultura más amplia como misioneros. Ellos están ayudando a recrear, renovar y redimir la cultura mediante la adición de sus voces a la conversación más amplia sobre lo que significa ser humanos. No, la mayoría no está repartiendo folletos religiosos, pero al vivir según su llamado para reflejar la imagen del Creador, señalan el camino hacia él, lo que resulta más difícil de lo que parece. Tal vez aquellos de nosotros que somos más viejos necesitamos no ser tan severos con ellos y dejarlos ministrar como Dios lo indica en una cultura que es muy diferente de aquella en la que nos criamos.

Los seguidores de Cristo deben enfrentarse a dos tentaciones opuestas. La primera es la *retirada cultural*. Cuando nos retiramos por completo de la cultura que nos rodea, descuidamos el llamado de Jesús a ser «la luz de la mundo» (Mateo 5:14). Tenemos un deber, una obligación cristiana saludable, bendecir al mundo que nos rodea. El profeta Jeremías le hizo este desafío al pueblo de Dios exiliado en Babilonia: «Construyan casas y habítenlas; planten huertos y coman de su fruto. Cásense, y tengan hijos e hijas; y casen a sus hijos e hijas, para que a su vez ellos les den nietos. Multiplíquense allá, y no disminuyan. Además, busquen el bienestar de la ciudad adonde los he deportado, y pidan al SEÑOR por ella, porque el bienestar de ustedes depende del bienestar de la ciudad» (Jeremías 29:5-7). Lea la última línea otra vez.

Vamos a crear música, películas, herramientas, cultos e ideas que bendigan a las personas a nuestro alrededor, cristianos o no. Tenemos la bendición de ser una bendición.

La segunda tentación es la *adaptación cultural*. Un sano deseo de influenciar a la cultura puede convertirse fácilmente en una preocupación malsana de ser aceptado por la cultura dominante. Cuando esto sucede, consumimos lo que el mundo tiene que ofrecer y terminamos con vidas que no son diferentes a las de cualquier otra persona. Ciertos cristianos en cada generación han sucumbido a esta tentación, incluyendo a los mosaicos, algunos de los cuales prefieren ser populares que parecidos a Cristo.

En la tensión crítica entre la retirada cultural y la adaptación cultural, necesitamos nuevas y mejores formas —una nueva mentalidad— para equipar a una nueva generación a fin de que viva en el mundo, pero no pertenezca a él. Esto puede implicar que los padres y los líderes religiosos deben permitirles a los jóvenes asumir mayores riesgos. Puede significar confiar en que su vocación es diferente a la nuestra y requiere que ellos vivan en un mayor grado de tensión del que nos haría sentir cómodos. Sin duda, significa que tenemos que facilitar las relaciones transparentes y las conversaciones para que todos podamos encontrar el espacio de Dios entre la retirada y la adaptación.

Mis amigos Steve y Valerie han modelado esta «nueva mentalidad» mientras su hijo, un cineasta, crecía para convertirse en hombre. (Brevemente conocimos a su hijo Justin en el capítulo 4: «Los exiliados»). Steve y Valerie han servido en algunas de las organizaciones cristianas más influyentes de los Estados Unidos, y cuando Justin decidió estudiar cinematografía en un programa de cine secular después de terminar el seminario, oyeron un montón de preocupaciones: «Los cristianos y Hollywood no se mezclan». «¡Pero él tenía un futuro brillante como líder de la iglesia!». Su familia siempre ha estado comprometida con la cultura —apoyan a las escuelas públicas, asisten al cine y al teatro, y se relacionan de manera activa con sus amigos y vecinos seculares— y están dispuestos a correr riesgos, o pensaban que estaban preparados.

Sin embargo, Steve me dijo: «Deberías ver algunas de las principales películas en las que ha trabajado a fin de construir su credibilidad en la corriente principal de Hollywood, David. Es en su mayor parte un gran material. No obstante, las secciones también son discordantes. La primera película que llegó a los cines a nivel nacional con su nombre en los créditos empieza con una escena de sexo que no es visualmente explícita, pero no deja ninguna duda sobre lo que está sucediendo. Pensé: ¡Vaya! ¿A quién me siento cómodo invitando a ver esto? ¿Cuántas personas cristianas entenderán cuán estratégicamente se ha situado, que él podría ser el único seguidor de Cristo que algunos de estos tipos de Hollywood conozcan, uno de los únicos creyentes con acceso al interior?».

«Cuando algunos cristianos nos dicen que están orando por él», afirmó Valerie, «supongo que en realidad quieren decir que esperan que no se vaya al infierno en Hollywood. Nos gustaría que oraran que encontrara favor y trabajo para el placer de Dios. ¿Sabes qué? Nuestro hijo nos está enseñando, a sus padres ministros, cómo puede una película revelar la verdad acerca de nuestra condición humana y nuestra necesidad de redención en formas que son tan poderosas y provocativas como cualquier sermón».

Steve continuó: «Si fuéramos más jóvenes y valientes, nos gustaría pensar que seguiríamos un camino similar. No obstante, Justin está siguiendo el llamamiento único de Dios en su vida, y estamos más convencidos que nunca sobre la fortaleza de su fe, a pesar de que se expresa en su vida profesional de forma diferente a la nuestra».

Los riesgos de la santidad

Las personas influyentes en la cultura aceptan riesgos por causa del evangelio, pero me preocupa que muchos en la próxima generación no aprecian plenamente la importancia de la santidad y la obediencia. Es correcto que los jóvenes seguidores de Cristo lleven una vida de influencia en la corriente principal, sin embargo, es peligroso —y no en el buen sentido— que lo hagan sin la comprensión del poder de seducción de nuestra cultura.

Debemos orientar a los jóvenes culturalmente influyentes lejos de la tentación de medir su fidelidad, dignidad personal, efectividad o talento por el nivel de aceptación general que logran. Cuando los estándares de éxito del mundo se convierten en la medida, los cristianos, con la mejor de las intenciones, ceden a la presión de tomar atajos, hacer trampa aunque sea solo un poco, mentir para proteger su reputación, aceptar un favor por debajo de la mesa, pasar por alto a los marginados a fin de complacer al grupo de moda, o ser arrastrados por sus propios límites de conducta, todo para estar a la altura de las normas de la sociedad. Ganar credibilidad con el mundo no debe ser más importante que la obediencia a Dios. El apóstol Juan escribió: «No amen al mundo ni nada de lo que hay en él. Si alguien ama al mundo, no tiene el amor del Padre. Porque nada de lo que hay en el mundo —los malos deseos del cuerpo, la codicia de los ojos y la arrogancia de la vida— proviene del Padre sino del mundo. El mundo se acaba con sus malos deseos, pero el que hace la voluntad de Dios permanece para siempre (1 Juan 2:15-17). Vivir una vida creativa, llena del Espíritu, separada para los propósitos santos del Señor, no es para él de poca fuerza de voluntad.

Mirando de nuevo la vida de Daniel, vemos que la santidad lo definía y le daba influencia en el mundo que lo rodeaba. Su acceso a la elite cultural babilónica le brindaba la oportunidad de hablarle con la verdad al poder. No obstante, fue su compromiso con la santidad lo que le mereció ser escuchado… y también lo llevó al foso de los leones (Daniel 6). Dios cerró la boca de los leones y reivindicó a Daniel ante los políticos de Babilonia que habían conspirado para verlo muerto.

Sin embargo, la santidad arriesgada no siempre tiene un final feliz. Durante la Segunda Guerra Mundial, el pastor de descendencia alemana Dietrich Bonhoeffer asumió una posición en contra de Adolfo Hitler y el tercer Reich, así como en contra de la iglesia alemana, que ignoró e incluso apoyó al régimen nazi. Bonhoeffer estaba convencido de que los seguidores de Cristo tienen la obligación de no retirarse de la cultura (incluso cuando es tan malvada como los nazis), sino ser parte de ella, y de no acomodarse a la cultura (como hizo la iglesia alemana), sino evitar ser parte de la misma.

Tres semanas antes de que la guerra terminara, Dietrich Bonhoeffer fue ahorcado por conspirar contra el gobierno. Había arriesgado todo para obedecer en santidad, pero Dios no «cerró la boca de los leones».

«El momento como el de Daniel» de Bonhoeffer lo llevó a la muerte.

Su vida y su muerte constituyen un reto marcado para todo aquel que cree que seguir a Cristo es el camino fácil a la bendición, la riqueza, la comodidad y la aceptación. Y en general, la influencia de su vida y sus escritos representan un reproche a una iglesia que ha fallado muy a menudo en preparar a la próxima generación para la gran, aterradora y estimulante aventura de la misión de Dios para el mundo.

Cada uno de nosotros se enfrenta a un «momento como el de Daniel» en algún momento de nuestra vida. Tal vez a más de uno. ¿Sabremos —y aquellos a quienes Dios nos ha llamado a discipular— qué hacer cuando llegue?

6

SUPERFICIAL

Desconexión: «Parece como si […] todos mantuvieran la fe separada del trabajo y la vida».

—Tracy

Reconexión: «Estoy enfocado en establecer relaciones profundas con mucha menos gente joven».

—Jon

Tracy estaba regresando a casa desde Tanzania. Me senté al lado de la joven de veintitrés años de edad en un vuelo desde Washington, D.C. hasta Denver, Colorado; la última etapa de su viaje de veintinueve horas de regreso de África. A pesar de su agotadora travesía, estaba entusiasmada con lo que había visto y hecho, llenando la última hora de nuestro viaje con interesantes detalles acerca de sus experiencias.

El viaje había sido parte de la maestría de Tracy en Asuntos Internacionales en una universidad en el área de Denver. «Es el mismo programa que Condoleezza Rice cursó», me dijo con orgullo.

Tracy creció como católica y asistió a una universidad católica. Ella calza en el perfil de nómada que se describe en el capítulo 3. Se considera cristiana, a pesar de que asiste a misa solo en ocasiones con su novio. «Mi novio está más involucrado en la iglesia que yo. Diría que se halla más interesado que yo en lo espiritual, aunque también soy espiritual. Por ejemplo, cada vez que digo: «¡Ah, Dios!», él rápidamente interviene y agrega: «Te ama». Resulta algo lindo y molesto también».

Lo que más le entusiasma a Tracy son sus experiencias a nivel internacional.

—Trabajar con las personas vulnerables es genial. Mi novio es un fanático de las matemáticas. Él se ocupa de hacer préstamos y llevar a cabo la contabilidad, cosas que no entiendo. Y le encanta. Sin embargo, veo mi trabajo como algo más que una jornada de nueve a cinco. Quiero decir, pienso que es muy importante. No creo que lo llegue a ver convertirse en un simple empleo.

—Es un llamado —le dije.

Cuando su expresión mostró confusión, añadí:

—Quiero decir, parece que Dios lo ha puesto en tu corazón. Fuiste hecha para eso.

—Ah, bueno, nunca pensé que mi interés en ayudar a los pobres de todo el mundo fuera un llamado de Dios. Parece como si en los Estados Unidos todos mantuvieran la fe separada del trabajo y la vida. En África no es así. Ciertamente tampoco en América del Sur y América Central. He pasado mucho más tiempo en esos países, y la fe está definitivamente entrelazada en la vida de la gente de allí.

Hizo una pausa durante un momento largo y pensativo, luego dijo:

—Supongo que tal vez es un llamado para mí.

Mi conversación con Tracy ilustra una de las formas significativas de desconexión que aflige a esta generación de estudiantes: la separación de la fe de su «vida real». La fe que muchos de ellos han heredado es una sombra sin vida del cristianismo histórico, que insiste en que seguir a Jesús es una forma de vida, no una larga lista de creencias vagas que tienen poco significado para la forma en que vivimos nuestras vidas. Creo que la desconexión de la próxima generación se deriva en última instancia del fracaso de la iglesia en difundir el cristianismo como una forma integral de entender la realidad y vivir plenamente en la cultura actual. Para muchos jóvenes que crecieron en las iglesias cristianas, el cristianismo parece aburrido, irrelevante, al margen de los verdaderos problemas que enfrentan las personas.

Parece superficial.

La ecuación de la superficialidad tiene dos caras. Por un lado, tenemos a los adultos jóvenes que solo tienen una comprensión superficial de la fe y la Biblia. El cristianismo en el que creen es de un centímetro de profundidad. Por otro lado, encontramos comunidades de fe que transmiten una gran cantidad de información *acerca de* Dios, en vez de discipular a los creyentes jóvenes para vivir plena y profundamente en *la realidad de* Dios. Por lo tanto, el cristianismo que algunas iglesias transmiten es de un kilómetro de ancho. Ponga las dos juntas y obtendrá una generación de jóvenes creyentes cuya fe es de un centímetro de profundidad y un kilómetro de ancho, demasiado superficial para sobrevivir y demasiado amplia como para marcar una diferencia.

Vamos a empezar con la parte de la ecuación de un centímetro de profundidad.

DESARRAIGADA Y SUPERFICIAL

Nuestra investigación muestra que la mayoría de los jóvenes carecen de una comprensión profunda de su fe. La tendencia al analfabetismo bíblico, que es una problemática entre la mayoría de las edades, ha ido en aumento desde que mi mentor, George Barna, escribiera sus libros sobre las generaciones más jóvenes, incluyendo *Baby busters: La generación sin ilusiones*, *La próxima Generación* y *Adolescentes reales*. Otros investigadores han explorado estos desafíos también, como Kenda Creasy Dean, quien muestra en *Casi cristiana* que la mayoría de los adolescentes adoptan creencias que son cristianas en la superficie, pero una vez que profundizas un poco más te das cuenta de que no son muy ortodoxas. Tal vez la mejor descripción de esta superficialidad se encuentra en un libro de Christian Smith y Melinda Lundquist Denton, *Introspección* (publicado en inglés con el título *Soul Searching*). Ellos etiquetan de manera genial la religión de los jóvenes estadounidenses como un *deísmo terapéutico moralista*, descrito vívidamente de este modo: «Dios es algo así como una combinación de mayordomo divino y terapeuta cósmico: siempre está de guardia, se encarga de cualquier problema que surja, ayuda de forma profesional a su gente a sentirse mejor con respecto a sí misma, y no se involucra personalmente en el proceso».

Este entendimiento de Dios de un centímetro de profundidad, y no del todo cristiano, también ha sido demostrado en los estudios del Grupo Barna. Uno de los proyectos que llevamos a cabo en 1999 examinó las opiniones de los adolescentes que compartían su fe en

Cristo regularmente con otros: «los evangelistas adolescentes». Encontramos que la fe que estaban tratando de difundir, en realidad, era más parecida al deísmo moralista terapéutico que al cristianismo histórico. Pocos de estos evangelistas jóvenes podían identificar una sola porción de la Biblia como la base de su fe en Cristo.

Este tipo de fe superficial que la mayoría de los jóvenes cristianos adoptan no requiere la nutrición de una comunidad de fe para prosperar. Ciertamente, no es una forma holística de vida que exija morir a nosotros mismos por amor a Cristo. Y si bien es más fácil que en verdad seguir a Jesús, creo que esta forma de fe entre los jóvenes cristianos es una razón principal por la que muchos de ellos se están retirando de la iglesia para convertirse en nómadas o pródigos.

Considere algunas de las percepciones que los jóvenes cristianos mantienen. Casi un tercio (31%) describe la iglesia como algo aburrido. Una cuarta parte indicó que la fe no es relevante para su carrera o intereses (24%), que la iglesia no los prepara para la vida real (23%), que la iglesia no les ayuda a encontrar su propósito (23%), y que la Biblia no se enseña con claridad o lo suficiente (23%). Uno de cada cinco jóvenes (20%) expresó que Dios parece estar ausente de su experiencia de la iglesia. Estos parecen no ser grandes porcentajes, pero representan a millones de jóvenes pródigos, nómadas y exiliados

Superficial | En sus propias palabras

Porcentaje de jóvenes de 18 a 29 años de edad que tienen un trasfondo cristiano

	Completamente cierto sobre mí	Completamente o en su mayor parte cierto sobre mí
La iglesia es aburrida.	16%	31%
La fe no es relevante para mi carrera o mis intereses.	13%	24%
Mi iglesia no me prepara para la vida real.	9%	23%
Mi iglesia no me ayuda a encontrar mi propósito.	9%	23%
No se enseña la Biblia claramente o lo suficiente	7%	23%
Parece que Dios falta en mi experiencia en la iglesia	7%	20%

Grupo Barna | 2011 | N=1.296

Algunos adultos jóvenes, al igual que Tracy, están haciendo todo lo posible para crear vidas con sentido, sin embargo, no puedo ver cómo el dios «de sentirse bien» en el que ellos creen tiene algo que ver con marcar una diferencia en el mundo. (¿Quién puede culparlos?). Otros ni siquiera han considerado cómo sería una vida con sentido, y mucho menos cómo la fe puede ser la característica común de una vida con propósito. Tienen un entendimiento tan superficial del cristianismo y la Biblia que sus raíces de fe no pueden sobrevivir en el clima de la vida real. Es difícil imaginarlos anclados como «robles de justicia» (Isaías 61:3), cuyas raíces espirituales, relacionales y profesionales están plantadas profundamente en Cristo.

Confianza fuera de lugar

Mientras vemos el problema de la fe superficial, debemos considerar dónde asignar la responsabilidad. Este no es un ejercicio acusador, sino que necesitamos comprender las causas de la fe superficial con el fin de encontrar las soluciones predestinadas por Dios. La comunidad cristiana puede compartir la culpa por la superficialidad de la fe en la próxima generación (hablaremos más sobre esto en un momento). Sin embargo, la capacidad de los adultos jóvenes para crecer en la fe se marchita cuando persisten en el narcisismo, el derecho y la confianza fuera de proporción. Los resultados de un estudio realizado por el Grupo Barna captan este fenómeno. La gran mayoría de los adolescentes que asisten a la iglesia afirmó que entienden las enseñanzas de la Biblia «muy bien». Sin embargo, cuando hicimos preguntas específicas sobre el contenido básico de esas enseñanzas, a la mayor parte de los adolescentes les fue bastante mal. En otras palabras, su autoconfianza estaba totalmente desproporcionada en comparación con su conocimiento real.

Un joven de diecisiete años de edad de Oregón representa este tipo de desequilibrio. Cuando se le pidió que describiera sus metas en la vida, dijo: «No sé. Soy realmente bueno en un montón de cosas. También estoy muy interesado en muchas otras. Estoy pensando en entrar a la universidad. Siento que tengo mucho que enseñarles a otros acerca de muchos temas». Es admirable que este joven tenga grandes sueños, pero su descomunal autoconfianza se presenta menos como ambición y más como una arrogancia ingenua.

Algunos padres demasiado indulgentes son en parte culpables por las autoevaluaciones poco realistas de sus hijos, pero los chicos han sido ayudados e instigados por una cultura que glorifica a los jóvenes como inherentemente hermosos, valiosos y sabios. ¿Has notado el grado en que los adolescentes y adultos jóvenes aparecen en los anuncios? Esto es cierto incluso para los productos y servicios dirigidos a una audiencia general, es decir, anuncios de bebidas, cosméticos, alcohol, automóviles, ropa, productos farmacéuticos, parques de diversiones, restaurantes y muchos otros artículos que con frecuencia presentan los veinteañeros, a pesar de que muchos otros grupos de edad están incluidos en el mercado objetivo.

En pocas palabras, hay algo mal y superficial en la obsesión de los medios de comunicación por comercializar con los adolescentes y adultos jóvenes, una obsesión que tiene por lo menos dos consecuencias negativas. En primer lugar, se refuerza la muy moderna noción de que la próxima generación —los árbitros de la moda— debe ser atendida antes que nadie. En segundo lugar, se alimenta la percepción errónea de que la gente mayor no tiene mucho de valor que ofrecerles a las generaciones más jóvenes, con lo que se aumenta la fragmentación generacional en nuestro ideal cultural. Dicho de otro modo, no hay duda de que nuestra cultura contribuye a la superficialidad de la generación.

El ingrediente faltante

Todo esto conduce a una fe que carece de un ingrediente esencial: la humildad. Si ya sabes todo lo que hay que saber, si te han dicho toda tu vida que estás bien tal y como eres, si el trabajo principal del dios en el que crees es hacerte sentir bien contigo mismo (porque tienes derecho a una gran autoestima, junto con todo lo demás), entonces no hay un montón de razones de peso para sentarse en el suelo, a los pies de Jesús, y vivir la vida de un humilde discípulo.

Para seguir a Jesús, los adultos jóvenes de la próxima generación —al igual que las generaciones antes que ellos— tendrán que aprender la humildad. ¿De quién la van a aprender? Cuando nos miran, ¿ven humildes servidores y estudiantes entusiastas del Maestro?

AMPLIA Y TRIVIAL

A pesar de que existe alguna culpa que asignarles a los jóvenes (un interés propio no realista) y a nuestra cultura (una superficialidad impulsada por los medios), las congregaciones y las comunidades religiosas también deben compartir cierta responsabilidad por la fe superficial de muchos adultos jóvenes. Es una tragedia que muchos de ellos hayan llegado a una conclusión tan tibia sobre sus congregaciones, lugares que deben infundir significado y esperanza a sus vidas mientras los conectan con Dios y con los demás.

Cuando miramos las experiencias facilitadas por las comunidades de fe en las vidas de los jóvenes cristianos (que se encuentran en la tabla que aparece a continuación), descubrimos una mezcla de buenas y malas noticias en cuatro áreas: las relaciones, la misión, la educación y la vocación.

¿Lo que sucede en la iglesia se queda en la iglesia?

Pregunta de encuesta: Pensando en su experiencia en la iglesia durante la secundaria, ¿cuáles, si acaso alguno, de los siguientes enunciados experimentó a través de la iglesia o su comunidad de fe?

Porcentaje de jóvenes de 18 a 29 años de edad que tienen un trasfondo cristiano

	Católicos	Protestantes
Resultados relacionales		
Tenía un amigo cercano que era un adulto de la iglesia o parroquia.	28%	39%
Tuve un mentor adulto en la iglesia, que no era el pastor o alguien del personal de la iglesia.	12%	17%
Resultados de misiones		
Serví a los pobres a través de mi iglesia.	24%	20%
Fui a un viaje que me ayudó a expandir mi pensamiento.	16%	19%
Encontré una causa o un problema en la iglesia que me motiva.	11%	15%
Resultados educativos		
Recibí información útil acerca de mi educación de parte del pastor o el personal de la iglesia.	11%	11%
Recibí una beca para la universidad a través de la iglesia.	4%	3%
Aprendí acerca de escuelas o colegios a los cuales podría asistir a través de mi iglesia.	4%	3%
Resultados de la formación profesional		
Aprendí acerca de cómo los cristianos pueden contribuir positivamente a la sociedad.	28%	28%
Aprendí a ver mis dones y pasiones como parte del llamado de Dios.	25%	26%
Entendí mejor mi propósito en la vida a través de la iglesia.	23%	25%
Aprendí cómo la Biblia se aplica a campos o áreas de interés.	10%	16%
No he experimentado ninguna de las anteriores	44%	46%

Grupo Barna | 2011 | N=1.296

Veamos las experiencias relacionales primero. La mayoría de los jóvenes protestantes y católicos no recuerdan haber tenido una amistad significativa con un adulto de su iglesia, y más de cuatro de cada cinco nunca ha tenido un adulto mentor. Este es el caso de tantos jóvenes cristianos que debemos preguntarnos si nuestras iglesias y parroquias están proporcionándoles el ambiente enriquecedor que una generación orientada a lo relacional necesita a fin de desarrollar una fe profunda. Creo que necesitamos una nueva mentalidad para medir la vitalidad y la salud de las relaciones intergeneracionales en nuestras comunidades de fe.

Nuestra investigación se enfocó también en experiencias con las misiones, la educación y la formación profesional. ¿Los jóvenes descubrieron un sentido de misión a través de su iglesia? ¿Su comunidad religiosa los ayudó a tomar decisiones significativas acerca de su educación? ¿Su familia de la iglesia o parroquia los ayudó a guiarse en la trayectoria de su llamado y carrera profesional? Puedes ver por ti mismo que este tipo de experiencias son relativamente raras entre los jóvenes cristianos. Hay oportunidades significativas para la comunidad cristiana de modo que pueda mejorar en estas importantes áreas del discipulado.

Al observar cuatro de los factores que contribuyen al problema de la fe superficial, comenzará a considerar algunas de las maneras en que la iglesia necesita una nueva mente para dedicarse a esta generación. Más adelante en este capítulo exploraremos la forma en que la experiencia de la superficialidad espiritual puede transformarse en algo más profundo y más parecido al discipulado cristiano histórico. El cambio es lo que me motiva como investigador y escritor. Hay muchas iglesias, organizaciones y familias haciendo un gran trabajo en cuanto al desarrollo de discípulos, y mi objetivo es informar y equipar a muchos más para el trabajo del reino de transmitir la fe.

Sin embargo, para avanzar tenemos que examinar el papel lamentable que a veces jugamos en la comunidad cristiana al transmitirle una fe superficial a la siguiente generación.

Producción en masa de discípulos

Después de más de una década y media de investigación sobre la fe, creo que la iglesia cristiana en los Estados Unidos tiene un problema de fe superficial porque tenemos un problema de discipulado. Además, diagnosticar y tratar la fe superficial entre los adultos *jóvenes* es una tarea urgente, ya que tenemos un problema de fe superficial entre *todos* los adultos.

Sugerí antes en este libro que tenemos un enfoque de producción en masa para el desarrollo de la fe. Inspirándonos en la educación pública, entre otros sectores de la sociedad, hemos creado una cinta transportadora de desarrollo que industrializa la formación del alma de los jóvenes... los cuales con el tiempo se convierten en adultos con una fe de un centímetro de profundidad y un kilómetro de ancho. El resultado son cristianos adultos que no fueron transformados por su fe cuando eran niños, adolescentes o adultos jóvenes. ¿Cómo podemos esperar más después de cumplir los cuarenta?

Algunos son tentados a creer que la efectividad espiritual está conectada con el tamaño de nuestras instituciones y la sofisticación de nuestros temas, pero nada podría estar más lejos de la verdad. ¿Puedes imaginar una civilización humana con una infraestructura espiritual más desarrollada que los Estados Unidos hoy en día? Tenemos campamentos cristianos a manos llenas, cientos de medios de comunicación cristiana, miles de escuelas cristianas (desde guarderías hasta escuelas de postgrado), cientos de miles de iglesias locales. Hoy los cristianos de los Estados Unidos utilizan la tecnología de comunicación y multimedia más avanzada que jamás haya conocido la humanidad.

Sin embargo, ¿esta infraestructura produce más y mejor discipulado de una forma automática? Nuestra investigación dice que no. Las universidades, las editoriales, los campamentos y las escuelas no son malos, y creo que esas instituciones son absolutamente vitales para el futuro de la fe occidental. Por cierto, uno de los resultados que espero que surja de este libro es la acción por parte de los que toman las decisiones institucionales. Su esfuerzo de repensar y reimaginar su iglesia, negocio, organización sin fines de lucro o denominación —cultivando una «nueva mentalidad» por medio de lo que hacen y cómo miden el éxito— dará frutos significativos para el futuro de la próxima generación.

No obstante, a pesar de su tamaño y alcance, las instituciones pueden dar resultados que son antiéticos con relación al discipulado auténtico, en especial con respecto al enfoque que se encuentra más a menudo en las Escrituras. Sí, la Biblia registra grandes sucesos en los que muchos se comprometieron a seguir a Cristo, y es absolutamente clara sobre la necesidad de la sana doctrina, que puede y debe ser entregada a grupos grandes y pequeños. Sin embargo, compare la mentalidad de la iglesia occidental de hoy y el trabajo de Jesús con sus discípulos, que se caracterizó por la tutoría de vida a vida y el aprendizaje. ¿Podemos realmente concluir que al adoptar un enfoque industrializado, según el cual más es mejor, hemos mejorado en los resultados del Señor?

Los rituales que faltan

Una segunda forma en la que nuestras comunidades de fe contribuyen a la fe superficial es al no proporcionar rituales significativos… o, cuando existen rituales, fallar en proveer un sentido claro de su significado e importancia. No hace mucho asistí a la ceremonia de Bat Mitzvah de Kelsey, la amiga de mi hija Emily. Quedé profundamente impresionado por la forma en que el rabino involucró a toda la familia en el servicio. Kelsey leyó de la Torá, demostrándole a su comunidad de fe las horas de trabajo que había invertido en aprender hebreo. Luego dio una breve charla acerca de la importancia de la fe en su vida y sobre el significado de los versos que había leído. Los abuelos de Kelsey se encontraban de pie al frente y les pasaron los rollos de la Torá a sus padres, Dan y Debbie, que a su vez se los entregaron a Kelsey, lo cual simbolizó de una manera tangible la transmisión de las Escrituras de una generación a la siguiente.

Cuando los niños judíos celebran su Bat o Bar Mitzvah, ya no son niños a los ojos de su comunidad religiosa. Ellos aceptan toda la responsabilidad como adultos bajo la tradición judía, incluyendo tener que rendir cuentas por sus decisiones morales y servir en su sinagoga local en la lectura pública de las Escrituras y la oración.

La mayoría de las parroquias católicas tienen una ceremonia similar para adolescentes llamada confirmación, el «sacramento de la madurez», sin embargo, muchos no siguen la ceremonia con una expectativa significativa de que el confirmado contribuirá al crecimiento espiritual de la comunidad. La mayoría de las iglesias evangélicas carecen por completo de un rito de paso, aunque pueden tener un ocasional «servicio juvenil» en el que los adolescentes son invitados a dirigir a la congregación en el culto de adoración. No obstante, la mayor parte del tiempo los adolescentes y adultos jóvenes son solo consumidores de los servicios de la iglesia, no servidores en ellos.

Mi punto no es que cada iglesia debe tener una confirmación, sino que las comunidades cristianas de todo tipo deben encontrar formas de incluir a los adolescentes y adultos jóvenes en la vida espiritual de la iglesia en lugar de relegarlos a la sala de juegos. Necesitamos una nueva mentalidad para facilitar ritos de paso llenos de significado. ¿Cómo pueden los jóvenes participar en la lectura de las Escrituras, la oración y la alabanza, dar testimonio o proporcionarle una corta enseñanza a la congregación? ¿Qué pasaría si los adolescentes y veinteañeros supieran que tienen la responsabilidad de visitar a los enfermos o desvalidos de su iglesia, o de convertirse en una «hermana mayor» o «un hermano mayor» para los niños más jóvenes por medio de la tutoría y el discipulado a fin de contribuir a su crecimiento espiritual?

Un desafío relacionado es la falta de oportunidades para que los jóvenes participen, según sus capacidades, en la toma de decisiones o el liderazgo de la congregación. Muchas escuelas y grupos cívicos tienen jóvenes concejales que participan en las decisiones políticas. Por supuesto, los consejos de ancianos no deben ser reemplazados por consejos de jóvenes, ¿pero no es poco realista de parte de nosotros esperar que la gente joven reclame una participación en la misión de la iglesia sin que tengan un asiento en la mesa? ¿Qué pueden hacer las congregaciones para apropiarse de la energía y la pasión de los adultos jóvenes en beneficio de todo el cuerpo?

Esperar demasiado poco

Un tercer problema encontrado en muchas iglesias y familias es esperar demasiado poco de la próxima generación. Este es un asunto que se señala en el libro *Almost Christian*, de Kenda Creasy Dean. En una reseña del libro, Eve Tushnet establece el siguiente contraste entre las expectativas puestas en los adolescentes protestantes y los adolescentes mormones.

> Los padres [protestantes] que demuestran, con sus palabras o sus acciones, que los principios y prácticas de su fe son vagos, poco importantes, o solo están tenuemente relacionados con la vida cotidiana, producen adolescentes cuya fe es vaga y marginal, siendo improbable que le den forma a sus acciones y planes de manera significativa. Los padres que piden poco de sus hijos en términos de formación de fe, pero mucho en términos de, por ejemplo, entrar en una buena universidad, hacen una declaración acerca de las prioridades que sus hijos siguen y en las cuales confían. Iglesias, ministerios de jóvenes y grupos similares que intercambian el «enviar a los jóvenes afuera» por «llevar a los jóvenes adentro» terminan con adolescentes que piensan que la iglesia está bien, que es un buen lugar para ser «bueno». Y que luego dejan la iglesia para actuar justo como todos sus amigos.
>
> Los mormones, por el contrario, desafían a sus adolescentes y les exigen tiempo, estudio y liderazgo. Los padres mormones se levantan al amanecer para repasar la historia de su iglesia y la doctrina con sus hijos. Más de la mitad de los jóvenes mormones en el estudio había realizado una presentación en la iglesia en los últimos seis

meses. Con frecuencia compartieron testimonios públicos y sintieron que les habían dado un cierto grado de poder de decisión dentro de su comunidad. Ellos elaboran sus planes para el futuro inmediato en torno a fuertes presiones culturales en cuanto a los viajes misiones y el matrimonio.

En nuestra investigación encontramos evidencia clara de que muchos padres e iglesias tienen expectativas con relación a los jóvenes que son demasiado bajas o están muy motivadas por las ideas culturales acerca del éxito. A menudo malinterpretamos la participación de la juventud en la iglesia como un crecimiento en la fe. Sin embargo, la atracción del adolescente a la más reciente novedad de la iglesia puede ser un indicador engañoso de éxito. El entusiasmo de los adolescentes en la iglesia, su disposición a asistir, y los amigos y las conexiones sociales que establecen en la congregación no son sinónimo de crecimiento espiritual. No debemos equiparar la asistencia de los jóvenes a los programas con el discipulado.

No solo tendemos a esperar muy poco de nuestros jóvenes, sino que también esperamos muy poco de nosotros mismos, y esas bajas expectativas se desbordan hacia nuestros estudiantes. Si la fe en Cristo no está formando cada faceta de nuestra vida, transformándonos en personas que aman a Dios con corazón, alma, mente y cuerpo (véase Lucas 10:27), ¿por qué habríamos de esperar más de la próxima generación?

La cantidad por encima de la calidad

Una cuarta práctica que contribuye a la fe superficial es el hecho de que muchos de nuestros ministerios juveniles se centran exclusivamente en el número de asistentes en lugar de medir el crecimiento y la transformación espiritual. Hacemos hincapié en la cantidad sobre la calidad. Le referí parte de esta investigación a mi amigo Jon Tyson, que ahora es pastor en Nueva York. Durante muchos años este australiano trabajó como pastor de jóvenes en Nashville. Recientemente, mientras le explicaba los hallazgos de nuestra investigación, sugerí que algunos grupos juveniles grandes en realidad les hacen daño a las almas jóvenes debido a la adopción de un enfoque de «factoría» para el desarrollo de la fe.

—No es malo tener grandes grupos de jóvenes, por supuesto —le dije—. Puede resultar un buen ministerio. Sin embargo, se trata en realidad de los problemas de aprendizaje. ¿Están los jóvenes aprendiendo a vivir como Cristo o simplemente vienen a ver a sus amigos y escuchar a un orador entretenido?

Jon me miró fijo. Pensé que seguro lo había incomodado, pero luego indicó:

—He tenido que arrepentirme de centrarme en mí mismo y en mi propio éxito. He llegado a darme cuenta de que estaba más preocupado subconscientemente por la cantidad de adolescentes que se encontraban en la habitación que por cuántos querían llegar a ser como Jesús. Varias personas han venido a mí desde entonces y me han dicho que la amplitud de nuestro grupo de jóvenes terminó por empujarlos lejos de Dios. No lo podía creer al principio. Pero Dios me ha mostrado que mi propia ambición por el éxito en realidad le hizo daño a mi ministerio.

Luego agregó:

—Ahora estoy enfocado en establecer relaciones profundas con mucha menos gente joven.

Si te cuesta creer que el tamaño importa, piensa en el campo de la educación. Existe evidencia considerable de que el tamaño de la clase es uno de los principales factores en la efectividad de los ambientes de aprendizaje. Es decir, las clases pequeñas aumentan la calidad de la educación. ¿Por qué asumimos entonces que las mismas reglas no se aplican a la formación en la iglesia para los adolescentes y adultos jóvenes? Me doy cuenta de que existe cierto debate acerca de esto. Aun más, la mayoría de las universidades pequeñas promueven tamaños reducidos de clases y proporciones entre profesores y alumnos más pequeñas como un beneficio de este tipo de configuración universitaria.

O imagina que estás comenzando una nueva carrera. ¿Preferirías asistir a una serie de conferencias con otros cientos de nuevos empleados o ser guiado por un veterano de veinte años de experiencia en el sector elegido? Sin embargo, en algún momento, muchos de nosotros decidimos que más grande es mejor. Hemos elegido las grandes cifras de asistencia por encima de las vidas jóvenes formadas en el «aula» de un discipulado profundo.

La verdad es que resulta mucho más fácil organizar programas para grandes grupos que ser mentor de todos y cada uno de ellos en un maduro y holístico caminar con Dios. Si nuestras iglesias son demasiado grandes para proporcionar ese nivel de enfoque de vida a vida, ¿podremos hacer crecer a la próxima generación de discípulos de Jesús?

DE LA SUPERFICIALIDAD AL APRENDIZAJE

La parábola del sembrador en Mateo 13 es útil cuando se considera qué se necesita para desarrollar una fe sostenible. A menudo he pensado que un mejor título sería la parábola del terreno, porque el enfoque de Jesús en la historia son los diversos tipos de terreno en que la semilla de su mensaje cae. Está la tierra compactada donde las aves se reúnen para robar la verdad. Está el suelo pedregoso, donde la semilla no puede echar raíces profundas, por lo que se marchita bajo los rayos ardientes del sol. Está el terreno con malas hierbas y zarzas que ahogan el mensaje. Y por último, está la tierra fértil y arcillosa, en la que la semilla pueda echar raíces.

La gente de fe profunda es el equivalente metafórico a los árboles de profundas raíces, una imagen utilizada en toda la Escritura (véase el Salmo 1:3 e Isaías 61:3, por ejemplo). Es conveniente, entonces, preguntar qué se necesita para cultivar jóvenes cristianos que estén profundamente arraigados en la fe. La respuesta más simple es que para hacer crecer «árboles» grandes, sólidos y prósperos tenemos que preparar tierra rica y fértil en el corazón. La tarea de hacer crecer las secuoyas espirituales es obra de Dios. Sin embargo, podemos colaborar en el esfuerzo al cultivar y cuidar el suelo de las vidas de los jóvenes que Dios nos confía.

Debemos repensar lo que significa «hacer discípulos» (Mateo 28:19) en el contexto masivo y complicado del cambio cultural (acceso, alienación y escepticismo de la autoridad). Creo que necesitamos cambiar de un enfoque industrializado, de producción en masa y educación pública, y adoptar la aventura desordenada de las relaciones. Necesitamos un nuevo conjunto de ideas y prácticas basadas en el aprendizaje.

En los Evangelios vemos que, mientras que Jesús tuvo muchos seguidores en varios momentos de su ministerio terrenal, se entregó por completo a tan solo doce discípulos, que llegaron a cambiar el mundo. Encontramos en el libro de los Hechos que la iglesia primitiva creció mucho a través de la proclamación pública de las Buenas Nuevas y una red de relaciones. En la carta del apóstol Pablo a la iglesia en Corinto, descubrimos un brillante ejemplo de asesoría profunda en la fe: «De hecho, aunque tuvieran ustedes miles de tutores en Cristo, padres sí que no tienen muchos, porque mediante el evangelio yo fui el padre que los engendró en Cristo Jesús» (1 Corintios 4:15). Hoy en día en los Estados Unidos tenemos miles de «tutores en Cristo» en nuestra cultura de la iglesia, pero no muchos padres y madres espirituales. Sin embargo, es la gente con ese nivel de compromiso la que hace discípulos.

Como punto de partida, vamos a considerar tres áreas donde el potencial de la profundización de la fe resulta más evidente.

El conocimiento de Dios

Millones de jóvenes cristianos, representados por los de nuestra encuesta, admiten que se han sentido frustrados con su fe, porque «Dios parece faltar en mi experiencia en la iglesia». En una crítica relacionada, muchos estudiantes señalan las diferencias entre los milagros y las hazañas llenas de fe descritas en la Biblia, y la experiencia insípida y sin vida de la iglesia en el mundo actual. Si las personas que quieren conocer a Dios no lo están conociendo en la iglesia, tenemos que considerar por qué esto es así y cómo podemos hacer posible una experiencia diferente.

Dios puede, por supuesto, encontrarse con cualquier persona en cualquier lugar. Unos amigos de la familia, Mike y Maureen, recientemente le contaron a mis padres que su hija de veintitrés años había servido en un campamento cristiano el verano pasado, donde halló una mayor profundidad en su fe que nunca. Muchas veces Dios aparece sin ninguna ayuda de nosotros. Sin embargo, también ha pedido que participemos en el negocio de hacer discípulos, lo que significa demostrar (no solo hablar de) la forma de confiar en Jesús, vivir para Dios y participar en la obra del Espíritu. La gente quiere conocer a Dios, así que vamos a asegurarnos de que estamos contribuyendo a no impedírselo.

La restauración del conocimiento de la verdad

Esta generación quiere y necesita la verdad, no una porción blanda de espiritualidad. Según nuestros hallazgos, las iglesias a menudo proporcionan una enseñanza ligera en lugar del rico conocimiento que conduce a la sabiduría. Esta es una generación hambrienta de respuestas contundentes a las grandes preguntas de la vida, sobre todo en un momento en que hay infinitas maneras de acceder a la información sobre *qué* hay que hacer. Lo que está faltando —y donde la comunidad cristiana tiene que intervenir— es el *cómo* y *por qué*.

Dallas Willard, en su excelente libro *Knowing Christ Today* [Conozcamos a Cristo hoy], sugiere que hay dos retos importantes en cuanto a qué y cómo enseñamos. En primer lugar, debemos conectar la sabiduría espiritual con el conocimiento real del mundo. Las iglesias, sostiene el Dr. Willard, les han cedido el dominio de los conocimientos a los académicos y las instituciones de educación superior. En esencia, hacemos muy poco esfuerzo para ayudar a los discípulos a conectar los puntos entre su vocación —ya sea en la medicina, el periodismo, la planificación urbana, la música, las ventas, la programación de computadoras, o cualquier otra rama— y su fe. En la iglesia nos enfocamos en asuntos de creencias y compromiso, los cuales pueden estar divorciados de cualquier impacto que hagan en el conjunto de la vida. Willard ilustra la desconexión señalando que nadie quiere un neurocirujano que solo crea en la medicina o tenga un compromiso con ella. ¡Deseamos un cirujano con conocimiento y experiencia en cirugía! Del mismo modo, los cristianos debemos conectar nuestro compromiso con Dios a los conocimientos y la experiencia del mundo real. Y tenemos que enseñar a los jóvenes a hacer lo mismo.

En segundo lugar, Willard sostiene que debemos enseñar a través de la experiencia, la razón y la autoridad, todas cosas importantes para nuestros esfuerzos de aprendizaje. Las iglesias tienden a enfatizar uno de los elementos sobre los demás, y esto conlleva a un discipulado insuficiente. Por ejemplo, algunas iglesias confían demasiado en la experiencia (eventos y actividades) y no lo suficiente en la autoridad (la Biblia) o la razón (reflexión y aplicación). Otras hacen hincapié en la enseñanza de la Biblia, pero no conectan la Palabra con la experiencia o la razón. Necesitamos ser integrales en nuestro enfoque del discipulado para que los jóvenes puedan pensar y responder a la verdad de diversas maneras.

El llamado de Dios

Otra manera en la que podemos cultivar la formación de discípulos en la próxima generación tiene que ver con la esencia misma del aprendizaje: encontrar para qué los jóvenes son talentosos y qué han sido llamados a hacer, y tratar de toda forma posible de fomentar ese llamado. La mayoría de los ministros de jóvenes y los voluntarios tienen una idea de que esto es importante y hacen lo mejor que pueden. Sin embargo, creo que los jóvenes necesitan un acercamiento mucho más claro, definitivo, objetivo y direccional para hallar su llamado en el cuerpo de Cristo. No es probable que ocurra a través de un simple mensaje semanal. Este es un modo de pensar que debe impregnar a nuestras comunidades de fe.

Los llamamientos pueden incluir las ciencias, las matemáticas, la medicina, los negocios, el ministerio congregacional, el arte, la música, o cualquier otra vocación. Nuestra orientación en el ámbito de la vocación debe tomar en consideración tanto el estilo de aprendizaje como los dones espirituales. Además, todos estos factores deben estar entrelazados con un fuerte sentido de misión. ¿Qué te ha llamado Dios a hacer en colaboración con la comunidad de seguidores de Cristo? ¿Cómo puedes ser parte de la misión de Cristo en el mundo basándote en tus dones?

También debemos reconsiderar nuestra medida del éxito. Un ebanista no recluta a cientos de discípulos. Podría contratar a cualquier cantidad de trabajadores para producir muebles en masa, pero su objetivo no es miles de cabeceras o tablas cortadas con un molde. Su objetivo es transmitir el fino arte de la ebanistería, por lo que selecciona uno o dos discípulos que quieran aprender el oficio. Entonces continúa haciendo muebles hermosos y únicos. Y pasa el tiempo formando futuros artesanos.

¿Qué tal si, en lugar de calcular nuestro éxito por los números, cambiamos nuestra forma de medir? ¿Qué tal si decimos que el sello distintivo de la madurez cristiana es la disposición a invertir en una persona joven por un período de dos a cuatro años, enseñándole el arte de seguir a Cristo?

Creo que un proceso de aprendizaje hubiera marcado una diferencia en la vida de Tracy mientras descubría por primera vez su pasión por ayudar a desarrollar las comunidades de África y América del Sur. En lugar de sentirse desconectada de su educación católica, hoy la floreciente humanitaria internacional podría entender su vocación como una consecuencia vital de una fe próspera. Jesús nos ha mandado a hacer discípulos. Podemos obedecer ese llamado al ayudar a los jóvenes a responder a sus llamados.

7

ANTICIENTÍFICA

Desconexión: «Para ser honesto, pienso que aprender sobre la ciencia fue la gota que derramó el vaso. Yo sabía por la iglesia que no podía creer en la ciencia y en Dios, y así fue. No creí más en Dios».

—Mike

Reconexión: «Los estudiantes necesitan un lugar para hacer preguntas acerca de la ciencia. No podemos esperar que ignoren los asuntos de la ciencia a nuestro alrededor».

—Richard

Millones de jóvenes cristianos perciben que el cristianismo está en oposición a la ciencia moderna. ¿Qué significa esto? Dos episodios ayudarán a definir los detalles del problema.

El primero proviene de una experiencia que tuve mientras ayudaba en nuestro ministerio de jóvenes hace unos años. Colleen, una de las estudiantes del grupo, se acababa de graduar de la escuela secundaria y le preguntó al pastor de jóvenes qué pensaba acerca de ser una donante de óvulos para pagar la universidad. Ella podría donar parte de su capacidad de procrear por una sorprendente cantidad de dinero.

A Colleen le habían dicho toda su vida que ir a la universidad era una de las principales prioridades para su éxito a largo plazo, pero su familia no podía pagar lo que ella deseaba, por lo que estaba evaluando sus opciones a fin de alcanzar su objetivo. Y si podía evitar asumir una montaña de deudas, lo haría. Había leído en la Internet que las clínicas de fertilidad y las parejas sin hijos estaban dispuestas a pagar mucho dinero por los óvulos que donaban mujeres sanas menores de veinticinco años. Sin embargo, Colleen se preguntaba si la venta de sus óvulos sería moral y espiritualmente cuestionable. ¿La Biblia dice algo sobre eso? ¿Dios se enojaría con ella?

En otra oportunidad, durante una cena en los primeros meses del año 2011, oí el lamento de un prominente científico acerca de sus interacciones con la próxima generación de creyentes.

«Cada semana se ponen en contacto conmigo jóvenes cristianos que me dicen que su fe no puede sobrevivir a su interés por la ciencia. Sienten que la iglesia los ha obligado a tomar una decisión: pueden mantenerse fiel a la fe cristiana o convertirse en científicos intelectualmente honestos». Esta observación se alinea estrechamente con los hallazgos del Grupo Barna, como veremos en este capítulo.

Él continuó: «Esa es una elección falsa, por supuesto. Y resulta desgarrador que no estemos ayudando a los jóvenes cristianos a seguir su vocación por la ciencia de un modo que afirme tanto la ciencia como la fe. No es una tarea sencilla. Sin embargo, si no tomamos este trabajo en serio, me temo que vamos a perder a una generación de científicos y una generación de cristianos».

Luego, ya fuera de manera intencional o no, el científico demostró la coexistencia notable de sus pasiones. En primer lugar, cautivó a los invitados a la cena con una descripción fascinante de los descubrimientos de su equipo, los cuales pueden salvar las vidas de miles de personas que sufren de un raro trastorno médico. Después llevó la velada a un final lleno de adoración al tocar la guitarra y guiarnos en «Cuán grande es él».

Los temas de la ciencia son uno de los puntos significativos de la desconexión entre la próxima generación y el cristianismo. Muchas veces las iglesias no están preparadas para ayudar a los adultos jóvenes a navegar en un mundo cada vez más complejo, donde los avances científicos parecen ocurrir todos los días. Esta falta de preparación se debe en parte a la guerra cultural de larga duración percibida entre la ciencia y la religión, la cual se ha llevado a cabo en diferentes campos de batalla, durante siglos. ¿Podría ser que la iglesia está tan acostumbrada a ser el oponente del debate con la ciencia que hemos olvidado cómo ser algo más?

Si es así, tenemos un problema.

Las dos historias que le dan inicio a este capítulo revelan dos aspectos principales en los que vemos la grieta entre la ciencia y la fe socavando los esfuerzos de la iglesia de hacer discípulos entre la próxima generación. El primero, ilustrado por la historia de Colleen, representa el reto que enfrentan todos los creyentes a vivir la Biblia en una cultura inmersa en la ciencia. El segundo, que se muestra en las declaraciones del científico, constituye el reto de respaldar y apoyar a los jóvenes cristianos con mentalidad científica.

En primer lugar, démosle un vistazo al reto más amplio.

CRISTIANOS QUE VIVEN EN UNA CULTURA CIENTÍFICA

La ciencia ha llegado a dominar y definir nuestra cultura colectiva. La tecnología digital y mecánica, la investigación y los tratamientos médicos, el estudio y la conservación del medio ambiente, el estudio del cerebro humano y la mente, la genética, la física y los descubrimientos acerca del universo… todas estas áreas de la investigación científica, y muchas otras, le dan forma a nuestra realidad. Las herramientas y los métodos desarrollados por la ciencia impactan significativamente nuestras vidas cotidianas, de modo que nuestro mundo sería casi irreconocible para una persona traída aquí de principios del siglo veinte. Como observamos en el capítulo sobre el acceso, la alienación y la autoridad, el ritmo del cambio ha aumentado de forma espectacular. La cantidad de información disponible, la conexión de las culturas humanas y las formas en que exploramos y entendemos nuestro mundo son muy diferentes de cualquier momento en la historia humana.

Los adolescentes y veinteañeros de hoy han sido aun más profundamente influenciados por estos acontecimientos que las generaciones anteriores. Desde sus primeros días, la ciencia y la tecnología han tenido participación en casi todas las áreas de sus vidas: desde la producción y distribución de alimentos hasta los servicios médicos, desde las computadoras en el hogar y el aula hasta los viajes fáciles y accesibles en avión. Piensa acerca de esto: los adolescentes y adultos jóvenes siempre han vivido en un mundo con correo electrónico, celulares, comida rápida, cirugía plástica, automóviles con bolsas de aire y frenos antibloqueo, y música, vídeos y fotografía digital. Podría seguir, pero creo que ya entiendes la idea.

No solo las ciencias tienen un alcance increíble, sino que la información sobre la ciencia resulta también más accesible que nunca. Cuando yo era un niño, nuestra familia se suscribió a la revista *National Geographic* y nuestra biblioteca tenía una serie de enciclopedias que rara vez se utilizaban. Ahora los adolescentes y jóvenes adultos tienen los descubrimientos del día que cambian al mundo en la punta de sus dedos, y pueden disfrutar de entretenimientos relacionados con la ciencia —como *Cazadores de Mitos* y el canal por cable *Animal Planet*— las veinticuatro horas al día los siete días de la semana. Todo este acceso (sin restricciones) a contenido relacionado con la ciencia les da a muchos jóvenes la sensación de que están muy bien informados sobre las cuestiones científicas.

Ciencia popular

Otra dimensión de nuestra cultura científica son los muchos científicos de hoy que gozan de la condición de estrellas de rock. Conocidos científicos que promueven el ateísmo, como Sam Harris, Richard Dawkins y Stephen Hawking, se encuentran al frente y en el centro de nuestra cultura actual. Ellos han ganado la atención popular no solo por el espíritu de la época postcristiana, sino también porque la Internet amplifica las voces provocativas, lo que les permite llegar a audiencias particulares de fieles y aprovechar sus poderes de persuasión para generar atención.

La popularización de la ciencia tiene varias implicaciones. En primer lugar, como el párrafo anterior sugiere, invita a los científicos a buscar no solo la legitimidad dentro de su propia comunidad, lo que se denomina a menudo «revisión de pares», sino también la publicidad en la corriente principal. Esto no es intrínsecamente algo malo, pero no es demasiado difícil imaginar por qué la carrera por la audiencia podría invitar a algunos científicos a apresurar la investigación responsable.

Oímos todo el tiempo acerca de algún conocimiento científico supuestamente incuestionable anulado por un descubrimiento reciente. Gordon Pennington, un antiguo ejecutivo de mercadeo de la línea de ropa Tommy Hilfiger, una vez dijo que «la ciencia es también una industria de la moda, con teorías que cambian con regularidad, aunque no tanto como los dobladillos». Con tantos hechos contradictorios volando alrededor, puede ser difícil para los adultos jóvenes averiguar qué es cierto. Y con los medios de comunicación omnipresentes constantemente declarando noticias «que van a cambiar el mundo» y «revolucionarias», es difícil de distinguir la verdad de las modas que se disfrazan como descubrimientos científicos legítimos.

En segundo lugar, la popularización de la ciencia la ha democratizado en muchos sentidos. En la introducción a *Science Is Culture: Conversations at the New Intersection of Science and Society* [La ciencia es cultura: Conversaciones en la nueva intersección de la ciencia y la sociedad], Adam Bly, editor de la revista *Seed*, escribe:

> El movimiento incipiente de la «ciencia ciudadana», junto con el aumento de los dispositivos móviles y las redes sociales, permite que cualquiera pueda participar en el proceso de la ciencia [...] La ciencia es necesariamente plana y abierta. Cualquier idea puede ser revocada en cualquier momento por cualquier persona [...] A pesar de que en última instancia debe sujetarse a los otros principios de la ciencia —la reproducibilidad y la capacidad de falsificar entre ellos— las mejores ideas pueden venir de cualquier lado.

Debido a que cualquier persona puede participar en la ciencia, a veces es difícil saber a quién vale la pena escuchar y a quién no. Un joven cristiano podría ver un debate entre un profesor de la Biblia y un biólogo evolutivo en YouTube, leer una serie de publicaciones en un blog sobre el diseño inteligente, a continuación abrir su texto de biología a fin de estudiar para el examen de mañana, después del cual va a ir a un estudio de la Biblia donde el líder puede hablar largo y tendido sobre cómo no se puede creer en la evolución y las Escrituras al mismo tiempo. ¿Cómo puede saber cuál de estas fuentes es digna de confianza? ¿Qué hace que alguien sea una «autoridad»?

Aunque pueda parecer contradictorio, el hecho de que la ciencia invita a la participación le da más peso a su autoridad que las áreas de investigación que no lo hacen. El diálogo, la resolución creativa de los problemas, la convivencia con las preguntas y la ambigüedad, la lluvia de ideas, la oportunidad de contribuir... son aspectos muy valorados por la siguiente generación. En la medida en que nosotros en la comunidad cristiana insistamos en que los adultos jóvenes solo deben aceptar nuestras respuestas «correctas», perpetuamos una separación ideológica innecesaria entre la ciencia y la fe.

Fe y cientificismo

Una de las razones por las que los jóvenes cristianos sienten agudamente el antagonismo entre su religión y la ciencia es que hay una aversión en ambos lados. La ciencia occidental a menudo se ha considerado a sí misma como una adversaria de la fe. Podríamos llamarle a esto la oposición del «cientificismo», el supuesto de que la ciencia ha conquistado el mercado en cuanto al conocimiento y algo solo puede ser verdad si es posible probarlo mediante los métodos científicos. Por desgracia, la epistemología del cientificismo (la teoría del conocimiento) ha llegado a dominar nuestra cultura. La «verdad» ha llegado a significar «verificable en el laboratorio». Esto se debe a que para el cientificismo, lo que es razonable es solo lo que es científico.

La cantidad de ateos (muchos de los cuales afirman el cientificismo) es desproporcionadamente más grande en la educación superior que en la cultura en general, lo que significa que cada año muchos estudiantes de licenciatura, sin saberlo, están sometidos a la falsa dicotomía de «la fe frente a la razón». Añada a esto el hecho de que la «gran ciencia», como «gran negocio», lucha con la corrupción: más de un puñado de científicos investigadores han admitido falsificar o distorsionar los datos a su favor en algún momento de su carrera. Para colmo de males, no es raro que aquellos en la academia que cuestionan la línea científica sean excluidos, se les nieguen los derechos de antigüedad de su puesto, o incluso sean despedidos. Por estos y otros motivos, la iglesia tiene razón para sentirse contrariada por el establecimiento científico.

Sin embargo, si somos serios acerca de vivir bíblicamente en una cultura de ciencia y tratar de ayudar a la próxima generación a hacer lo mismo, alzar nuestros puños para pelear o enterrar nuestros dedos en nuestros oídos no son opciones viables.

Debido a que la ciencia ha llegado a desempeñar un papel crucial en nuestra amplia cultura, le está dando forma a las percepciones de los adultos jóvenes de la iglesia. Son estas percepciones con las que tenemos que lidiar bien si realmente deseamos hacer jóvenes discípulos.

En nuestra investigación entre jóvenes de dieciocho y veintinueve años de edad con una formación cristiana, un tercio (35%) sugirió que los cristianos son demasiado confiados acerca de saber todas las respuestas. En un hilo relacionado, un quinto (20%) dijo que cree que el cristianismo hace las cosas complejas demasiado simples. Casi tres de cada diez (29%) afirmaron que las iglesias están desfasadas con relación al mundo científico en el que vivimos, mientras que una cuarta parte (25%) describe al cristianismo como anticiencia. Una cuarta parte de los encuestados informan que están cansados del debate de la creación versus la evolución (23%) y un quinto se sienten desilusionados con el cristianismo, porque es anti-intelectual (18%). Puede que no te sorprenda saber que muchos pródigos —los que ya no se identifican como cristianos— mantienen estas opiniones.

Sin embargo, un número significativo de los nómadas y los exiliados alcanzan estas nociones también. Y si bien no se trata de las opiniones de la mayoría de los cristianos jóvenes, tampoco son perspectivas marginales que pueden ser fácilmente descartadas.

La ferocidad con la que algunos de los entrevistados en la investigación mantienen estas opiniones es posiblemente influenciada, al menos en parte, por el poder cultural ejercido por el cientificismo. Existe una amplia aceptación de la idea de que la ciencia (o en su lugar el cientificismo) «dice las cosas como son». Cuestionar esta premisa —como la iglesia lo hace a menudo— es culturalmente peligroso. Sin embargo, estos factores no niegan el problema que estamos llamados a enfrentar y no eximen al pueblo de Dios de reconocer que nos hemos quedado cortos. El sentido subyacente de estas percepciones es que muchos en la próxima generación no ven a los cristianos como socios humildes de la ciencia impulsada por la cultura de hoy, y creo que hay algo de verdad aquí para nosotros.

Anticientífica | En sus propias palabras

Porcentaje de jóvenes de 18 a 29 años de edad que tienen un trasfondo cristiano

	Completamente cierto sobre mí	Completamente o en su mayor parte cierto sobre mí
Los cristianos están demasiado seguros de que saben todas las respuestas.	17%	35%
Las iglesias están fuera de sintonía con el mundo científico en que vivimos.	12%	29%
El cristianismo es anticiencia.	9%	25%
Me siento cansado del debate creación versus evolución.	11%	23%
El cristianismo hace las cosas comple-jas muy sencillas.	9%	20%
El cristianismo es anti-intelectual.	8%	18%

Grupo Barna | 2011 | N=1.296

LA PÉRDIDA DE LOS CRISTIANOS CON UN PENSAMIENTO CIENTÍFICO

Existe un segundo desafío que enfrenta la comunidad cristiana en lo que se refiere a la ciencia: la desconexión entre la fe y los que son especialmente aficionados a la ciencia. La iglesia está perdiendo demasiados jóvenes científicos.

Si la comunidad cristiana quiere equipar a los jóvenes para seguir fielmente a Jesús en el mundo real, tenemos que entender los desafíos que enfrentan los jóvenes con mentalidad científica. Aquellos que tienen específicas habilidades y pasiones en el campo de la ciencia parecen ser algunos de los más propensos a luchar con su fe. Pasan momentos difíciles conectando las afirmaciones del cristianismo con las evidencias y métodos científicos.

La historia de Mike es un ejemplo de un joven pródigo de mente científica. Conocí a Mike en Vancouver, Columbia Británica, en un seminario de un día de duración para pastores. Él se crió en un hogar católico, pero ahora es ateo. El organizador del seminario, Norm, deseaba «presentar a una persona real y un joven que no creyera en Dios frente a toda esta gente». Mike, quien se corresponde bien con la descripción, había salido de la secundaria hacía cerca de dos años y estaba acompañando a su amigo Brandon. La idea era que Mike pasara el día, junto con su amigo todavía cristiano, tratando de ayudar a los líderes cristianos a entender por qué no cree en Dios.

Durante el día en Vancouver, Mike se aventuró en una sala abarrotada con el clero. Me senté en la primera fila, observando el lenguaje corporal de Mike mientras le hablaba al grupo de comunicadores profesionales. En los primeros minutos de su historia, Mike parecía comprensiblemente tenso. Su confesión se mezcló con el malestar del discurso público. Sin embargo, al final tranquilizó a todos, incluso a él mismo, con el chiste más destacado y aplacador del día: «Rayos, estoy tan nervioso como un ateo en una conferencia de pastores».

Después que la risa se calmó, su historia brotó a borbotones, pero eso no la hizo menos convincente: «Fue en el décimo grado. Empecé a aprender sobre la evolución. Parecía ser mi primera ventana al mundo real. Para ser honesto, pienso que aprender sobre la ciencia fue la gota que derramó el vaso. Yo sabía por la iglesia que no podía creer en la ciencia y en Dios, y así fue. No creí más en Dios».

Historias de pérdidas

He entrevistado a decenas de adolescentes y adultos jóvenes que están llevando a cabo carreras en ciencias y también he tenido la oportunidad de conocer a muchos padres de estudiantes en estas áreas. En la mayoría de los casos, existe un profundo sentido de conflicto en el interior de estos jóvenes —y a veces en la relación con sus padres— en cuanto a permanecer fieles a Dios, teniendo en cuenta sus intereses y capacidades.

Según mis observaciones, el nómada científico simplemente pone su involucramiento en la fe en un anaquel y compartimenta la búsqueda espiritual lejos de su carrera. El científico pródigo se siente obligado a escoger su afinidad por la ciencia sobre la fe y puede resentirse con la iglesia por «forzarlo» a hacer la elección. El científico exiliado intenta reconciliar las posturas antagónicas de una vida de fe y la vida de la mente.

Una madre en Honolulu me contó sobre su hijo. Este veinteañero, antiguo apasionado cristiano, es un estudiante de ingeniería en una prestigiosa escuela. Recientemente, rechazó su fe en Cristo, estableciendo una jornada que podríamos calificar como la de un pródigo.

Otra madre mencionó a su hijo, un estudiante de biología molecular de veintitrés años de edad, que todavía está interesado en la fe, pero no ha encontrado una comunidad cristiana en la ciudad de su nueva universidad. Su fe, aunque no ha sido abandonada por completo, se ha trasladado al margen. Esto es un clásico ejemplo de nomadismo.

Los exiliados inclinados a lo científico parecen estar entre los más comunes cuando se trata de sentirse perdido entre la ciencia y la fe. Recuerde que los exiliados son aquellos cuya vocación y fe parecen inconexas e irreconciliables. Sus sentimientos de ser exiliados se muestran en ambos sentidos: sienten que sus compromisos de fe no son respetados por la ciencia popular y sus intereses científicos son marginados por la comunidad cristiana. Un joven programador que diseña juegos de vídeo no está aún acostumbrado a las cejas levantadas de los demás cristianos. Una joven asistente de investigación es llamada «supersticiosa» por sus compañeros, y siente que su rigor intelectual siempre está en juicio. Estas tensiones no son del todo saludables. Cada persona de fe debe aprender a vivir el discipulado al que Cristo nos llama. Gestionar las tensiones entre la ciencia y la fe es parte de ese viaje. Tenemos que desarrollar líderes jóvenes que puedan servir de forma competente en la ciencia, pero no estar tan habituados al cientificismo que la fe se vuelva insostenible.

Apoyo para los jóvenes científicos

Permíteme describir una brecha significativa en la mayoría de las comunidades de fe. Más de la mitad de los jóvenes de trece a diecisiete años de edad que van a la iglesia dicen que esperan estudiar una carrera relacionada con las ciencias. Esto incluye la medicina y las industrias relacionadas con la salud (23%), ingeniería y arquitectura (11%), investigación de las ciencias (8%), tecnología (5%) y veterinaria (5%). Sin embargo, los asuntos de la ciencia son un tema sorprendentemente raro en las iglesias de Estados Unidos. Solo el uno por ciento de los pastores de jóvenes nos dijeron que han predicado de un tema relacionado con la ciencia durante el último año. No estoy sugiriendo que las iglesias deben cambiar su enfoque en cuanto a la ciencia, pero si solo uno de cada cien líderes de jóvenes está hablando acerca de los problemas científicos, ¿cómo podemos esperar preparar a una generación para seguir a Jesús en nuestra cultura dominada por la ciencia?

Ciencia: Aspiraciones de los jóvenes versus ministerio de jóvenes

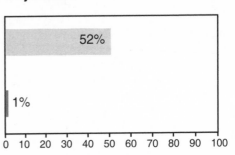

Adolescentes del grupo de jóvenes que aspiran a carreras relacionadas con la ciencia* — 52%

Pastores de jóvenes / líderes de jóvenes que han predicado sobre temas de ciencia el año pasado — 1%

0 10 20 30 40 50 60 70 80 90 100

* Incluye las carreras médicas y relacionadas con la salud, la ingeniería, la ciencia, la tecnología y la medicina veterinaria.

Grupo Barna, Encuesta de jóvenes, 2009, N=602 | Encuesta a líderes de jóvenes, 2009, N=508

Como se describe en el capítulo 6 (Superficial), la gran mayoría de los jóvenes protestantes y católicos que asistían a la iglesia nunca recibió un sentido de cómo la Biblia se aplica a su vocación o intereses, solo una pequeña minoría encontró un mentor en su comunidad de fe, y muy pocos disfrutaban de un buen apoyo de sus líderes religiosos en relación con sus opciones educativas. En otras palabras, los adultos jóvenes con mentalidad científica no están hallando mucha orientación de la comunidad de fe en materia de vocación o llamado. Tampoco es probable que encuentren el apoyo significativo de cristianos mayores con una mentalidad de ciencia. Estas son enormes brechas que afectan de modo significativo la capacidad de la comunidad cristiana para transferir la fe a la siguiente generación.

Veamos específicamente las experiencias de los universitarios. ¿Ir a la universidad —sobre todo a una escuela secular o del estado— representa un asesinato automático de la fe? Nuestra investigación sugiere que no. Sí, es un reto para muchos estudiantes, pero la culpa es a menudo exagerada. En primer lugar, la mayoría de los estudiantes que es probable que experimenten una pérdida de fe lo hacen antes de la universidad; ellos comienzan a sentirse desconectados de su fe o la iglesia incluso antes de que terminen la escuela secundaria.

En segundo lugar, aquellos que pierden su fe o deambulan durante sus años de universidad lo hacen por una variedad de razones, no solo por los retos *intelectuales* a su fe.

Millones de jóvenes cristianos atraviesan la universidad con una fe floreciente. Una de las características de estos individuos es una conexión significativa a algún tipo de comunidad cristiana —ya sea una congregación, un grupo universitario cristiano o una universidad cristiana— que hace menos probable que se convierta en nómada o pródigo. La clave aquí es una conexión significativa, no solo ir a actividades religiosas.

Los adultos jóvenes que encuentran difícil mantener su crecimiento en la fe en la universidad lo hacen, creo, a causa de brechas educacionales, relacionales y vocacionales que quedaron sin resolver en años previos y durante la universidad. En otras palabras, cuando los estudiantes luchan en la universidad, muchas veces es porque la comunidad cristiana no ha proporcionado un conjunto de relaciones lo suficiente sólido, un sentido de propósito o un entrenamiento para la vida.

Esto es particularmente cierto en las vidas de los estudiantes con mentalidad científica. No se debería suponer que las preguntas difíciles de un profesor hostil son la raíz de la pérdida de fe. Más bien, en muchos casos, creo que la comunidad cristiana ha fallado en discipular a los jóvenes inclinados a la ciencia a fin de que sean responsables, inteligentes, capaces, dotados y fieles seguidores de Cristo. Tenemos que hacer un mejor trabajo apoyando el intelecto de esta generación.

DE LA ANTICIENCIA A LA BUENA ADMINISTRACIÓN

El concepto de la administración se encuentra a través de todas las Escrituras. De acuerdo con la Palabra de Dios, nuestras vidas y nuestros recursos son regalos divinos para ser devueltos a él en servicio a los demás. Creo que tenemos que ver a esta generación como un regalo que le ha sido dado a la iglesia para ser devuelto al mundo a fin de que cumpla los propósitos de Dios. ¿Cuáles son algunas de las formas en que se debe cuidar de estos regalos de modo que estén preparados para el servicio en nuestra cultura obsesionada con la ciencia?

Para averiguarlo, debemos mirar de nuevo a Daniel, el joven hebreo exiliado que es famoso por haberse visto atrapado en el foso de los leones. Mucho antes de su encuentro con las bestias se nos dice que a él y sus compañeros se les enseñó «la lengua y la literatura de Babilonia» (Daniel 1:4).

«Literatura» aquí abarca la literatura escrita de Babilonia, así como el conocimiento que había detrás de ella. De hecho, el texto en realidad describe una inclinación científica en la búsqueda del conocimiento. Dice que Dios les dio «una aptitud inusual para entender» estas habilidades y temas (v. 17).

El primer capítulo del libro de Daniel da algunos antecedentes sobre cómo y por qué Daniel fue luego capaz de hablar proféticamente en la habitación del trono del rey de Babilonia. Cuando era joven se le enseñó la forma de Babilonia de ver y comunicarse en el mundo. Con su don intelectual y sus conocimientos, y dedicándose a aprender todo que podía en estos campos, pudo con el tiempo hablar con autoridad ante colegas y superiores en la corte del rey.

Nuestra economía moderna, el lenguaje, los medios de comunicación y la sociedad están dominados por la ciencia, nos guste o no. Si vamos a ser formadores de la cultura, en lugar de unos consumidores ciegos de ella, debemos preparar a nuestros jóvenes a estar en, pero no ser de, la ciencia. ¿Qué significa esto? Los jóvenes cristianos que son llamados a ocupar puestos en la investigación científica y la pedagogía deben ser alentados por la comunidad cristiana a seguir sus llamamientos al máximo de sus capacidades. Tenemos que ayudarlos a descubrir cómo su campo de estudio y trabajo elegido está estrechamente relacionado con el diseño de Dios para el mundo y ellos mismos.

En lugar de ser alentados por la comunidad cristiana a investigar la buena creación de Dios con asombro y reverencia, a demasiados jóvenes científicos, como a Mike, les han dicho que su curiosidad resulta peligrosa. Hace poco escuché a un pastor declarar que las cuestiones intelectuales son un mecanismo de defensa utilizado por aquellos que no quieren aceptar a Cristo. Eso puede ser cierto en algunos casos, sin embargo, ¿no es este argumento del pastor en su raíz un rechazo del regalo de Dios de la razón humana? El intelecto no se debe utilizar para disminuir nuestra reverencia a Dios, pero subyugar la inteligencia a fin de evitar preguntas embarazosas sobre nuestro mundo también roba la gloria creativa de Dios.

Debemos hacer un mejor trabajo desafiando y capacitando a todos los jóvenes cristianos —no solo a los aficionados a la ciencia— a pensar con claridad, honestidad y de forma global acerca de los temas científicos. Esto incluye la comprensión de las varias filosofías que sostienen la ciencia, el cientificismo y el conocimiento. Enseñarles filosofía a los adolescentes y adultos jóvenes no es fácil, pero si no lo hacemos podríamos estar pidiendo demasiado poco de la próxima generación y estableciendo nuestras expectativas de ellos demasiado bajo.

No obstante, el primer paso es darle un vistazo a nuestra retórica. De ninguna manera todos los cristianos y líderes cristianos son abiertamente hostiles hacia la comunidad científica, pero las percepciones medidas por nuestra investigación indican que *la forma* en que la iglesia asume su posición en nuestra cultura es tan importante como la posición en sí misma.

Si la forma en que la iglesia ha respondido e interactuado con la ciencia es un problema, ¿qué debe cambiar? ¿Cuál debería ser la respuesta de la comunidad cristiana a una cultura dominada por la ciencia? Creo que las personas de fe tienen una responsabilidad y una oportunidad para hablar de manera positiva y profética sobre los asuntos de la ciencia, en lugar de responder desde la hostilidad o la ignorancia. Debemos trabajar juntos para ofrecer una voz respetuosa, viable y cristiana al diálogo colectivo en cuanto a la investigación de células madre, la clonación, la experimentación con animales, los productos farmacéuticos, la tecnología de impacto en el cerebro humano y el alma, la cirugía cosmética electiva y el realce de la belleza, la nutrición, la agricultura, las armas militares y tecnológicas, y muchos otros asuntos de la ciencia y la ética. No será fácil, la curva de aprendizaje resultará empinada para muchos de nosotros, sin embargo, si deseamos apoyar a la próxima generación en el servicio de los fieles, debemos hacerle frente a este complejo desafío.

Estas son algunas maneras en que podríamos convertirnos en socios creíbles y confiables en el diálogo con la comunidad científica.

Más ciencia, no menos

Muchos estudiantes no saben cómo o adónde llevar sus preguntas acerca de la ciencia dentro de la comunidad cristiana. Con algunos pastores haciendo afirmaciones como la que vimos antes —que las cuestiones intelectuales son los enemigos de la fe— es fácil ver por qué. Conozco a algunos líderes que creen que están proporcionando espacio para el diálogo imparcial y abierto en cuestiones científicas. Sin embargo, a los estudiantes no siempre les parece así, la mayoría desea trabajar juntos hacia una respuesta en lugar de que le digan qué creer.

Una iglesia en Oregón está integrando de manera creativa a la ciencia en sus conversaciones más amplias sobre la fe. Un ornitólogo (un científico de aves) de la congregación sirve como director de apologética. Él se especializa en el estudio de las aves rapaces y es un apasionado defensor, como lo son muchos en el noroeste, del medio ambiente; en específico de los hábitats naturales de las aves de rapiña. También está terminando su maestría en teología y sirve a su comunidad de fe al liderar debates en línea y personales sobre la intersección de la ciencia y la fe. Richard comentó en una conversación telefónica: «He llegado a reconocer que los estudiantes necesitan un lugar para hacer preguntas acerca de la ciencia. No podemos esperar que ignoren los asuntos de la ciencia a nuestro alrededor».

No todas las iglesias tienen un ornitólogo en la segunda fila, listo para dialogar sobre cuestiones científicas que están fuera del alcance del pastor. No obstante, ¿qué tal el profesor de biología de secundaria que va a la iglesia calle abajo? ¿O el profesor de física de la universidad que patrocina un ministerio en el campus? Hay una gran cantidad de cristianos en la comunidad científica a los que les encantaría servir al cuerpo de Cristo con su talento y conocimientos, y hay muchos jóvenes que necesitan un mentor cristiano creíble desde el punto de vista científico que los acompañe mientras razonan a través de argumentos opuestos sobre la verdad.

Aprendices científicos

Mientras que los años en la escuela secundaria y la universidad pueden ser de incomodidad y confusión para muchos estudiantes, también son una época en que los adultos jóvenes toman medidas para convertirse en las personas que están destinadas a ser. Muchos jóvenes deciden lo que van a hacer y ser en estos años. Por desgracia, muchos de estos mismos jóvenes no tienen una interacción significativa, durante la escuela secundaria y la universidad, con adultos cristianos que trabajen en su área elegida. Como resultado, los cristianos veinteañeros a menudo no conectan sus opciones de carrera con un sentido de llamado o vocación; su fe y las decisiones de trabajo se bifurcan en lugar de entrelazarse holísticamente.

¿Qué pasaría si las iglesias hicieran un esfuerzo conjunto para identificar inclinaciones científicas y matemáticas en los jóvenes (así como otras habilidades y talentos), y luego conectar a los jóvenes creyentes con cristianos mayores que están viviendo su fe en carreras afines? Esto podría proporcionar un entendimiento dramáticamente diferente de la ciencia y la tecnología, no como adversarias o desconectadas de la fe, sino como ámbitos en los que la fe nos obliga a hacer una diferencia.

Buen pensamiento

Nuestra investigación sugiere que los estudiantes que ven el mundo por sí mismos a través de un lente bíblico están mejor preparados para enfrentar los desafíos intelectuales. Los jóvenes cristianos mejor preparados son alentados a pensar por sí mismos, con la Escritura como el visor a través del cual interpretar el mundo que los rodea, incluyendo la esfera de la ciencia. Y la revelación natural de Dios, interpretada a través del lente de sus aptitudes científicas, ayuda a ampliar su comprensión de Dios también. Se les enseña cómo pensar bien, y no simplemente qué pensar.

Por el contrario, a demasiados jóvenes creyentes no se les da herramientas intelectuales para interactuar con la ciencia. Los científicos y otros que se oponen a lo que la comunidad de fe cree pueden convertirse en hombres cuyos argumentos, ya sea de buena fe o no, son ignorados o rechazados en lugar de ser considerados con honestidad. Algunas veces esto ocurre porque los líderes cristianos no tienen la experiencia necesaria para abordar el tema. ¿Cómo podría el líder de jóvenes típico, por ejemplo, estar preparado para enfrentar cada pregunta que surge, como las implicaciones éticas de la donación de óvulos?

Esto se relaciona directamente con las cuestiones del acceso y la autoridad que hemos discutido en el capítulo 2. El hecho es que ningún pastor, líder juvenil, padre o maestro cristiano puede comenzar a dominar cada dilema científico o intelectual que se les presenta a los adultos jóvenes de hoy. Esta es la razón por la cual debemos examinar nuestros esfuerzos para enseñarles a los jóvenes qué pensar acerca de las cuestiones de la ciencia, la ética, la política e incluso la teología, así como considerar la manera en que podemos ayudarlos a aprender a pensar. Como administradores de sus considerables dones, debemos prepararlos para un razonamiento cuidadoso, en oración, y que colabore con los cristianos y no cristianos por igual.

Desacuerdo humilde

Antes mencioné que el tono de nuestros desacuerdos importa. Necesitamos ser modelos para la próxima generación no solo de rigor intelectual, sino también de humildad y generosidad de espíritu. La verdadera sabiduría confía en el conocimiento, sin embargo, se muestra humilde ante la conciencia de que nuestro conocimiento tiene límites. Solo Dios es Dios, un hecho que debe llevarnos a confiar en él en lugar de en nuestra propia razón sobre cualquier tema.

Un buen lugar para comenzar esta tarea es con otros creyentes. Muchos cristianos sinceros y apasionados están en desacuerdo sobre ciertos asuntos de la ciencia. El debate colegiado y vigoroso es algo bueno para la comunidad cristiana mientras buscamos una voz profética con la cual hablarle a nuestra cultura más amplia. Sin embargo, más allá de nuestros debates, debemos cultivar un espíritu de unidad cristiana, propósito y misión. Esto significa asumir lo mejor el uno del otro, amar y orar los unos por los otros, incluso mientras decimos la verdad. También significa tener cuidado de no expresar palabras cargadas emocionalmente y frases que aumenten las tensiones y dividan al cuerpo de Cristo. Por ejemplo, los creacionistas que consideran que la Tierra es joven podrían reconsiderar las acusaciones de apostasía cuando hablan con (o sobre) los creacionistas que consideran que la Tierra es vieja o los que creen en una evolución teísta. Del mismo modo, los cristianos que piensan que la evolución es el mecanismo elegido por Dios para la creación deben ser cautelosos con la condescendencia intelectual hacia sus hermanos y hermanas que creen algo diferente. Las cuestiones y debates son importantes, pero las relaciones en Cristo son de suma importancia.

Mi punto es que todo tipo de cristianos se empeñan al tratar de discernir los misterios del universo y nos necesitamos mutuamente. Negarse a romper los lazos que nos unen, incluso si no estamos de acuerdo, puede ayudar a mantener a todos humildes delante de nuestro Dios, confiando en que él nos guiará a toda sabiduría y verdad.

Lo mismo es cierto en nuestro compromiso con la próxima generación. El hecho es que muchos de ellos no llegarán a las mismas conclusiones que nosotros… ¡sobre todo si hacemos un gran trabajo equipándolos para pensar bien por sí mismos! Algunos de ellos puede que nunca encuentren respuestas completamente satisfactorias, y esta es otra área en la que es posible ayudar; podemos enseñarles a comprender y manejar las tensiones no resueltas que son una realidad inevitable en nuestro mundo moderno. (Resulta que la tensión no resuelta es también una herramienta que Dios puede utilizar para hacer crecer nuestra confianza en él).

Lecciones de historia

En 1687, cuando Sir Isaac Newton publicó *Principia*, su obra maestra de la mecánica clásica que definía la comprensión de la ciencia acerca del universo físico para los próximos tres siglos, lo hizo como un cristiano devoto. Si bien algunas de sus creencias religiosas estaban fuera de la corriente principal de la ortodoxia —algunos historiadores creen que Newton era antitrinitario, por ejemplo— la Biblia era su pasión más grande, más allá de la ciencia. Una vez dijo: «Yo tengo una creencia fundamental en la Biblia como la Palabra de Dios, escrita por los que fueron inspirados. Estudio la Biblia a diario». Su curiosidad por el mundo se entrelazaba profundamente con su reverencia hacia el Creador, a quien le atribuye la existencia del universo.

El modelo mecánico de Newton del universo también contribuyó a ampliar la brecha entre la comunidad de la fe y la comunidad científica. Muchos científicos posteriores llegaron a creer que el universo se mantiene unido por la fuerza de gravedad, no por Dios. Sin embargo, Newton, junto con muchos otros padres de la revolución científica, fue capaz de mantener sus descubrimientos en tensión con su fe, en lugar de sustituir a Dios por las leyes naturales.

Quiero sugerir que la misma postura es posible para los creyentes hoy en día: el sentido de la maravilla y la investigación reflexiva nos puede llevar a adorar, en lugar de negar a Dios. Honramos al Creador cuando aplicamos la inteligencia que Dios nos ha dado a la investigación del universo y lo que descubrimos nos invita a darle gloria. ¿Cómo podemos recuperar la curiosidad y la devoción que inspiró a Newton —y a tantos científicos llenos de fe— y traspasarlas a la siguiente generación?

MODELANDO UNA NUEVA MENTE

En cierto modo, mi insólita opción profesional ilustra cómo la comunidad de fe puede hacer las cosas bien. Soy una especie de científico —un aficionado a la investigación— y un creyente comprometido. Me licencié en psicología y me fue bien en mis clases relacionadas con las ciencias; como las estadísticas, la medición, la psicología social, la sociología, la teoría del aprendizaje y el análisis multivariado. Mi padre, un pastor de toda la vida, animó mi búsqueda en este campo, a pesar de que significaba que no iba a seguir su camino en la obra de la iglesia a tiempo completo. Hoy en día sigue siendo un apoyo increíble a pesar de las veces en que nuestra investigación en el Grupo Barna genera hallazgos que no son tan halagadores para la comunidad cristiana.

Mi fe en Jesús es el lente a través del cual practico mi carrera. Soy capaz de participar y contribuir a mi campo, en parte, porque mi papá fue y es mi apoyo. Cuando yo era niño, permitió que mi curiosidad floreciera sin cuestionar mi fe y me dio libros para leer que no siempre se ajustaban a la visión del mundo de mi familia y la iglesia.

Cuando llegué a casa del grupo de jóvenes con juicios apresurados, sugirió que podría haber otras perspectivas que considerar.

No sé dónde hubiera terminado sin su influencia. Para ser sincero, la iglesia que mi padre lideraba no siempre alentaba a los estudiantes que estaban interesados en la ciencia. No recuerdo haber aprendido nada acerca de ciencia en el grupo de jóvenes. Y mientras que la comunidad de fe era en general neutral o silenciosa sobre el tema, su escepticismo fue de vez en cuando más abierto. Cuando decidí especializarme en psicología, algunos feligreses preguntaron en voz alta cómo encajaba eso con mi fe: *¿Por qué estaba abandonando la «verdadera» influencia del ministerio de la congregación?*

Fue hace unos veinte años que asistía al grupo de jóvenes. Desde entonces, la influencia de la ciencia y la tecnología han crecido de manera exponencial, pero aun así muchas comunidades de fe operan con ambivalencia o incluso hostilidad hacia la ciencia. Los adultos jóvenes como Mike y Colleen, a quienes conocimos al principio de este capítulo, necesitan que la comunidad de fe reconsidere su postura hacia la ciencia. Si los veinteañeros como ellos van a convertirse en un pueblo profético de la fe que habla con autoridad y vive sabiamente en nuestra cultura sumergida en la ciencia, necesitan modelos de los cristianos en los cuales rogamos que se conviertan.

8

REPRESIVA

Desconexión: «Simplemente parece que la enseñanza de la iglesia sobre la sexualidad está atrasada en el tiempo. Puede que mi estilo de vida no sea perfecto, pero, tú sabes, *es solamente sexo*».

—Dennis

Reconexión: «A pesar de que muchos de mis amigos cristianos me dijeron que cortara el contacto con mi amiga luego de que ella tuvo un aborto, no pude hacerlo. Aún la quiero. Aún la acepto. Aún creo en ella. Aún creo en lo que Dios quiere hacer en su vida».

—Amanda

Vayamos al grano. La sexualidad es una de las mayores expresiones de la creatividad de Dios y su intención para el florecimiento de la humanidad. También resulta desorientadora y confusa para los adolescentes y adultos jóvenes en su caminar espiritual. El matrimonio y la paternidad son temas que, si llegaran a suceder, vienen más adelante en la vida de la mayoría de los adultos jóvenes, pero el sexo está en el panorama mucho antes que nunca.

Entre muchos de aquellos que tienen un trasfondo cristiano, la percepción es que la iglesia está fuera de compás con los tiempos.

Muchos, aunque no todos, ven a la iglesia como represiva: controladora, sin gozo y estricta cuando se trata de sexo, sexualidad y expectativas sexuales. Por otra parte, muchos otros se sienten también insatisfechos con las grandes presiones de la cultura sobre ellos en lo que respecta a adoptar posturas y comportamientos flojos en cuanto al sexo. Se sienten divididos en dos, entre la falsa pureza del tradicionalismo y la vacía permisividad de sus compañeros.

La comunidad cristiana necesita una «nueva mentalidad» para conectarse con la siguiente generación en la arena de la sexualidad. Haré mi mejor esfuerzo para describir la situación en este capítulo, pero quiere reconocer desde el inicio que el tema de la sexualidad, por ser algo tan personal, puede resultar contencioso y divisivo. Mi postura aquí —así como en el libro completo— está basada en dos deseos: explicar con claridad lo que hemos descubierto en nuestra investigación y humildemente hacer un llamado a la comunidad cristiana a un nuevo lugar de fidelidad en un mundo cambiante. Espero que leas lo que sigue con estas intenciones en mente.

Permíteme comenzar describiendo de forma breve cuatro encuentros.

———

Me senté en nuestro sofá al otro lado de Dennis, quien tiene poco más de veinte años, e intenté ayudarlo a reconectarse con su crianza católica. Algunas de sus dudas y titubeos se relacionaban con sus hábitos sexuales. Dennis ama tener relaciones sexuales, en especial con mujeres mayores.

«Entiendo lo que estás diciendo acerca de la fe y de Jesús, David. Pero simplemente parece que la enseñanza de la iglesia sobre la sexualidad está atrasada en el tiempo. Puede que mi estilo de vida no sea perfecto, pero, tú sabes, *es solamente sexo*».

———

Una amiga mía, Aly, me contó acerca de una jovencita cristiana con quien ella recientemente había almorzado. Jenna le contó a Aly que había llegado al matrimonio tres años antes, siendo virgen, con grandes expectativas de que el sexo sería perfecto, ya que esa era la imagen que sus líderes de jóvenes y pastores le habían pintado.

«No me llevó demasiado tiempo darme cuenta de que el sexo no es nada parecido a eso. A veces resulta increíble, pero en otras ocasiones es un trabajo difícil, tal como el resto de la relación. De hecho, me estoy dando cuenta de que todo está relacionado […] El buen sexo no surge de la nada. Está entretejido con cada parte de mi vida. Sin embargo, siento que mi iglesia y el grupo de jóvenes compartimentaron todo, y yo también lo hice. Aquí está tu fe en esta casilla. Aquí está tu educación. Aquí está tu cubículo de trabajo, acá está tu familia. Por allá se encuentra el sexo, solo, detrás de aquella cortina. Me siento como si convertirse en adulto fuera un proceso doloroso de eliminar las categorías en mi vida. No hay categorías. Solo es la vida».

No hace mucho tiempo conocí a un joven cristiano, Keith, que se había hecho adicto a la pornografía en línea cuando era adolescente. Me dijo que se le había ocurrido una idea: ¿Qué pasaría si esto no fuera solo en una pantalla de computadora? ¿Qué tal si *en realidad pudiera tener sexo en este momento?* «Así que un par de clics después», dijo, «localicé a alguien que vivía cerca. Estaba listo para la acción». La adicción sexual resultante corrió desenfrenadamente durante varios años e involucró a docenas de relaciones. Él se encuentra en recuperación ahora, pero Keith tendrá que lidiar con la adicción por el resto de su vida, tal como lo hacen los drogadictos o alcohólicos.

Una de las cosas más inquietantes acerca de la historia de Keith es que sus actividades sexuales, al inicio, no tenían efecto en su participación en la iglesia y el grupo de jóvenes. Él comentó: «Seguía activo. Aún dirigía la alabanza y estaba involucrado en el liderazgo. Solo que literalmente llevaba una doble vida, entre el sexo y la iglesia».

Conocí a Max, un distinguido caballero mayor, cuando fui invitado a presentar ante su firma legal la investigación sobre la siguiente generación. Te asombrarías de ver cuán fácilmente y sin esfuerzo Max lideraba el salón. Él ha construido un negocio multimillonario y ministerios que están cambiando al mundo, y su persona emana confianza. Después de mi presentación, Max tenía unas ideas que deseaba compartir.

—David, aprecio que viniera hasta California para hablarnos, pero está equivocado acerca de la siguiente generación. Yo no tengo tanta esperanza como usted. Ellos no están siguiendo a Dios. Son sexualmente promiscuos. Están viviendo la vida sobre la cual la Escritura nos advierte.

—Si no le molesta que le pregunte, ¿usted personificaba los valores bíblicos cuando era joven? —le dije.

—Pues, no —contestó—. En realidad, tuve mi buena dosis de "experiencia" como joven. Pero eso fue hace mucho tiempo atrás.

Max no parecía sentirse avergonzado de las semillas que había sembrado.

—La diferencia es que yo no hacía alarde de ello. Sabía cómo mantener las cosas privadas. Los jóvenes de hoy en día no tienen vergüenza.

DESCONEXIÓN SEXUAL

Estas conversaciones reflejan las cuestiones generales que están en juego cuando empezamos a hablar sobre el sexo, la vida de fe y la siguiente generación. Ellas también sugieren los complicados sentimientos que los adultos jóvenes (y las generaciones mayores) tienen con respecto al sexo y la iglesia.

Recientemente, un amigo católico que es abogado me envió un correo electrónico acerca del proyecto de este libro. Él expresó sus teorías acerca de por qué las personas jóvenes dejaban la iglesia. «Es con frecuencia por una de estas razones: mal catecismo o sexo. La primera es culpa de los obispos y sacerdotes, y la última está casi siempre disfrazada bajo otras razones (aburrimiento, rigidez, etc.). Ellos insisten tanto en justificar sus decisiones sexuales que inventan miles de otras excusas para explicar por qué dejaron de congregarse. Nadie se va de la iglesia a causa de la Doctrina de la Inmaculada Concepción. Se van por razones pélvicas».

Es posible que haya algo de verdad en esto, a pesar de que nuestra investigación muestra que no es algo tan simple. Doce por ciento de los jóvenes nos dijeron que es «completamente» o «grandemente» verdad el hecho de que ellos empezaron a perder interés en la fe como resultado de volverse sexualmente activos. Esto no significa que solo doce por ciento de los jóvenes cristianos están teniendo sexo. Estudios recientes han demostrado que la mayoría de los adolescentes y jóvenes evangélicos son muy similares a la norma nacional en temas de conducta sexual. De acuerdo a un estudio reciente, cuatro de cada cinco evangélicos solteros entre las edades de dieciocho a veintinueve años han tenido sexo.

Nosotros los humanos somos seres complicados y con múltiples capas; y tengo una fuerte impresión luego de las entrevistas cara a cara de que a menudo la sexualidad intersecta el camino de la fe de una persona de maneras subconscientes, por debajo del radar.

La historia de una generación y el sexo es complicada y consta de múltiples niveles también; está llena de juicios, reglas, medios de comunicación antiguos y nuevos, líderes religiosos hipócritas, valores que pasan sobre sus cabezas, un mundo saturado de imágenes sexuales, y vidas dobles atrapadas entre el alma y la pelvis.

Mientras algunos jóvenes cristianos admiten que su vida sexual específicamente les causó dejar la fe, muchos perciben a la iglesia y la fe como algo que no es represivo. Una cuarta parte de los adultos jóvenes con trasfondo cristiano afirma que no quiere seguir todas las reglas de la iglesia (25%). Una quinta parte describió querer más libertad en la vida, y que no la estaban encontrando en la iglesia (21%). Una sexta parte indicó haber cometido errores y sentirse juzgada en la iglesia a causa de ello (17%). Y una octava parte declaró sentirse como si tuviera que vivir una «vida doble» entre su fe y su vida real (12%). Dos de cada cinco jóvenes católicos dijeron que la iglesia está «pasada de moda» en estos temas (40%). Al hacer la suma, millones de jóvenes cristianos se sienten divididos entre dos maneras de entender y experimentar el sexo.

Represiva | En sus propias palabras

Porcentaje de jóvenes de 18 a 29 años de edad que tienen un trasfondo cristiano

	Completamente cierto sobre mí	Completamente o en su mayor parte cierto sobre mí
Las enseñanzas de la iglesia sobre la sexualidad y el control de la natalidad están desactualizadas.*	23%	40%
No quiero seguir todas las reglas de la iglesia.	14%	25%
Quiero más libertades en la vida, y no puedo encontrarlas en la iglesia.	12%	21%
He cometido errores y me siento juzgado en la iglesia a causa de ellos.	8%	17%
Tengo que vivir una «doble vida» entre mi fe y la vida real.	5%	12%
Soy sexualmente activo, y como resultado estoy menos interesado en la fe.	5%	12%

*Esta pregunta fue solamente planteada a jóvenes con un trasfondo católico (N=562)
Grupo Barna | 2011 | N=1.296.

TRADICIONALISMO CONTRA INDIVIDUALISMO

Los adolescentes y jóvenes cristianos están atrapados entre dos narrativas acerca de la sexualidad. A la primera la llamaremos *tradicionalismo* y a la segunda *individualismo*. Estoy en deuda con el libro de Dale Kuehne, *Sex and the iWorld: Rethinking Relationship beyon an Age of Individualism* [Sexo y el iMundo: Repensando las relaciones más allá de una edad de individualismo] (Baker, 2009), de donde proviene el marco de trabajo que presento aquí, y le recomiendo esta excelente obra a cualquiera que esté interesado en una exploración más profunda de este tema multifacético.

Sexualidad tradicionalista

La perspectiva tradicionalista puede ser resumida de esta manera: ¿Sexo? ¿Cuál sexo? No soy la primera persona en resaltar esto, en el programa pionero de televisión de los años 1950, *Yo Amo a Lucy*, Lucy y Ricky compartían un cuarto principal con un par de camas individuales. El hecho de que el pequeño Ricky llegara a sus vidas después de unos cuantos años solo hizo que este escenario fuera aun más ridículo. La policía moral en Hollywood estaba de acuerdo en que había que evitar de modo absoluto incluso la más leve sugerencia de que una pareja casada pudiera estar teniendo sexo.

Los tradicionalistas son numerosos entre la generación mayor (nacida antes de 1945). Mis abuelos (cuando vivían) hubieran sin duda alguna temblado ante el contenido de este capítulo. Eso es debido a que la política tradicionalista es excluir el sexo y la sexualidad de una conversación respetuosa. Aun si una persona se acostara con otras, tal como Max aparentemente lo hizo cuando era joven, uno nunca debiera mencionarlo.

Quisiera distinguir claramente entre tradicionalismo (o tradicionalista) y *tradiciones*. Las tradiciones cristianas, tales como la castidad y la fidelidad, son características significativas de la entereza sexual y espiritual que surgen de la comprensión de la revelación de Dios en la Biblia. El tradicionalismo, por otra parte, es una ideología que busca reemplazar una relación con Cristo, próspera y llena de gracia, con reglas y regulaciones hechas por los humanos. Desafortunadamente, las narrativas tradicionalistas acerca de la sexualidad han mezclado el legalismo con la tradición cristiana. De tal modo, lo que muchas iglesias han enseñado acerca de sexo está permeado por el tradicionalismo, no la tradición bíblica.

Para los tradicionalistas, la *vergüenza* es la palabra clave cuando se trata de sexualidad. Hay algo sucio acerca de todo placer sexual, incluso dentro del matrimonio. El sexo es tan vergonzoso que sería mejor para todos que la actividad sexual fuera únicamente confinada a la procreación, su función práctica más básica.

Los tradicionalistas se enfocan en hacer bebés, mientras afirman que las tradiciones cristianas de la familia y el mandato bíblico: «Sean fructíferos y multiplíquense» (Génesis 1:28), tienen un lado oscuro, en especial para las mujeres. Si el sexo debiera estar limitado a cumplir las obligaciones de uno —obedecer a la iglesia, casarse y mantenerse casado como una responsabilidad social, y criar hijos— entonces queda poco lugar para el amor entregado, el cual requiere de la libertad de la voluntad personal. Hasta hace cincuenta años, en el occidente (y en muchos lugares del mundo aún sucede hoy) las libertades de las mujeres estaban limitadas, si no era por la ley, también por las expectativas de la sociedad. El paradigma tradicionalista hizo que el sexo (al menos para las mujeres) fuera una tarea.

Cualquiera que no cumpliera las reglas escritas por los tradicionalistas era expulsado. Sin embargo, cuando los boomers tuvieron edad en la década de 1960, estaban cansados de las nociones tradicionalistas «represivas» acerca del sexo.

Durante esa década de conmoción social, los boomers intentaron reemplazar la narrativa tradicionalista con algo nuevo: el viaje individual de cada persona hacia la plenitud sexual.

Sexualidad individualista

La nueva narrativa, la cual ha venido a definir la mayoría de nuestra cultura occidental, es la del individualismo: *El sexo es acerca de mí.* En la narrativa individualista, la sexualidad tiene que ver con la satisfacción personal. La pornografía es el caso más evidente. «¡Ni siquiera necesitas de otra persona para disfrutarlo! O si quieres usar la pornografía para "presionar el acelerador" antes de un encuentro sexual en la vida real, ¡hazlo! Tú eres el juez. Tu propia intuición te dirá hasta donde llegar».

Las reglas de los encuentros sexuales individualistas son autodefinidas. Las mayores metas del sexo no son solo el placer, sino la libertad y la autoexpresión. A lo sumo, las «reglas» de los jóvenes para el sexo son parámetros flojos, orientados y dirigidos a ellos mismos. Estas «nuevas reglas» son descritas por Mark Regnerus en su libro *Forbidden Fruit* [Fruta prohibida]: «(a) no te dejes presionar o presiones a alguien más a tener sexo, (b) no te acuestes con personas solo por tu propia reputación, (c) la única persona que puede decidir si una relación sexual está bien eres tú, y (d) el sexo idealmente debiera ocurrir dentro de una relación "a largo plazo": al menos de tres meses».

En el peor de los casos, las «reglas» son lo que cualquier otra persona en el círculo social afirma que es «normal». En el prefacio del libro *Sex and the Soul* [Sexo y el alma], la profesora Donna Freitas recuerda el día cuando los estudiantes en su clase universitaria sobre las citas decidieron empezar una revolución sexual. Ellos habían regresado de las vacaciones de primavera, en las que habían «festejado fuertemente. Habían encontrado una pareja. Habían bebido hasta altas horas de la madrugada, y se habían arrastrado hasta la playa al mediodía, solo para empezar el ciclo de nuevo». Los estudiantes narraron sus actividades esa mañana en la clase hasta que algo sucedió inesperadamente. Una jovencita admitió «que la escena de los encuentros sexuales en el campus la hacía sentirse infeliz, incluso deprimida, a pesar de que ella los añoraba como si fueran "lo mejor", justo una parte normal de la experiencia universitaria. Pensaba que debían gustarle, pero para ser honesta, en realidad los odiaba».

Para sorpresa de la doctora Freitas, otros estudiantes intervinieron también. «La cultura del emparejamiento promueve actitudes y expectativas irresponsables e impulsivas acerca del sexo [...] después de algunos años de vivir en este ambiente se sentían exhaustos, desgastados, vaciados por la presión a participar en encuentros que los dejaban insatisfechos».

Desafortunadamente, la determinación a nadar contra la corriente cultural, tal como los estudiantes de Freitas decidieron hacer, es poco frecuente entre muchos adultos jóvenes. Es más fácil seguir con la corriente. La ironía, por supuesto, es que se supone que el individualismo debiera ser acerca de una elección personal. En la generación de mis abuelos (nacidos entre 1910 y 1920), las personas que no se conformaban a las normas sociales eran despreciadas. Hoy en día los jóvenes que no se conforman a las expectativas sociales son mojigatos, anacronismos peculiares de una era pasada. Por cierto, la falta de complacencia con la ética sexual individualista es una de las razones por las cuales la iglesia se percibe como pasada de moda. «Represivos» es la manera en que los individualistas describen a los tradicionalistas.

Nuestra cultura rápidamente cambiante ha trabajado duro para despojar a la narrativa tradicionalista de su relevancia. Una manera de hacerlo es identificando a aquellos que se abstienen del sexo fuera del matrimonio como reliquias sin esperanza de antaño. Las actitudes y prácticas sexuales se han convertido obviamente en más casuales —y esas actitudes se han visto mucho más diseminadas— desde la revolución sexual de la década de 1960 y 1970. El individualismo ha inspirado los conceptos de sexo casual, emparejamiento, amigos con beneficios y romances de una noche. Tal como Denis, el católico, nómada y sexualmente activo dijera: «Es solo sexo».

Si la decreciente moralidad tradicionalista se trataba del confinamiento privado del (vergonzoso) sexo, la mentalidad de hoy en día es acerca de la expresión pública. El sexo oral y otras formas de prácticas sexuales «no-coitales» son considerados normales y saludables por los adolescentes y mucho más por los veinteañeros. El «sexting» —el uso de un teléfono celular o aparato móvil para enviar mensajes de texto con contenido sexual— se ha convertido en una práctica común entre adolescentes y adultos jóvenes. Otras herramientas tecnológicas también dan acceso a nuevas maneras de expresar la sexualidad y el deseo. «Ponlo ahí, ponlo en Facebook. No te dejes ver tan provocativa, pero tampoco tan inhibida».

La narrativa cambiante de la sexualidad, tal como las otras áreas que hemos explorado en este libro, se ha formado en la siguiente generación por las tres *Aes* que cubrimos con mayor profundidad en el capítulo 2. Los jóvenes han crecido con un acceso sin precedentes al contenido sexual a través de la Internet, la televisión, las películas, la música y los videojuegos, los cuales han traído la sexualidad a sus vidas de una manera mucho más fácil que en generaciones previas. Su *alienación* de las relaciones formativas (en especial de unos padres ausentes) ha creado una multitud de problemas emocionales, muchos de los cuales son manifestados en la forma que toman las decisiones sexuales. Y sus sospechas de la *autoridad*, heredada de sus predecesores boomers, los invitan a descartar las tradiciones «anticuadas» sin preguntarse primero si pudieran ser saludables y vivificantes.

El movimiento de liberación femenina, que corrió paralelo con la revolución sexual de la década de 1960 y 1970, buscaba alcanzar más influencia para las mujeres en nuestra cultura. De muchas maneras, el movimiento fue una reacción a la insistencia del tradicionalismo en que las mujeres tenían la obligación de casarse y tener hijos, y que no necesitaban oportunidades para participar en los negocios, la política y otros ámbitos del poder cultural. Desafortunadamente, las metas positivas de la liberación femenina pronto fueron frenadas con un enfoque individualista del sexo. Uno podría argumentar con facilidad que los grandes ganadores, al final de cuentas, fueron los hombres, quienes ya no están limitados por las demandas tradicionalistas del compromiso en las relaciones sexuales. En lugar de darles poder a las mujeres, se podría argumentar que la revolución sexual y la liberación femenina se combinaron para hacerlas más vulnerables a la explotación.

Para un individualista, el matrimonio es —como todo lo demás— una opción entre muchas. Es una alternativa que prefieren guardar para más adelante en la vida, porque escoger a una persona significa que *no* estás escogiendo a otras muchas. Después de la boda, el divorcio es también una opción, en particular si la otra persona no está satisfaciendo tus necesidades, ya sean sexuales o de otra índole. «El sexo es acerca de mí. Compromiso, castidad, fidelidad, familia… estas son opciones a ejercer si acaso, y cuando yo crea que son convenientes para mí».

DIVIDIDOS

Los jóvenes cristianos están divididos entre dos narrativas que compiten entre sí, y ninguna de ellas es la historia cristiana sobre el sexo (hablaremos sobre este tema más adelante). La mayoría de los jóvenes piensan que sus comunidades de fe son tradicionalistas, porque una ética hiperconservadora es en realidad bastante común entre los miembros de la iglesia que son de mayor edad. «No hables sobre eso. Déjalo en el dormitorio».

Para el mosaico típico, la perspectiva tradicionalista pareciera anticuada y pasada de moda, o incluso represiva y controladora. La cultura individualista alrededor de ellos, en contraste, está llena de invitación para la autosatisfacción y la expresión personal. «Obtén lo que necesitas. Encuéntrate a ti mismo. Expresa tu sexualidad». Los jóvenes cristianos —ya sean católicos o evangélicos— están inmersos en una cultura que valora grandemente todas las formas de libertad sexual.

La tensión insostenible entre las perspectivas tradicionalista e individualista ha llevado a una profunda disonancia cognitiva y conductual en la siguiente generación de creyentes. Los jóvenes cristianos tienen una serie más conservadora de *creencias* acerca de la sexualidad que el resto de la cultura (por ejemplo, que uno debe esperar hasta el matrimonio para tener sexo, que el homosexualismo no es consecuente con el discipulado cristiano, etc.). Sin embargo, su *actitud* sexual es igual de libertina que la de los no creyentes en muchas maneras. En otras palabras, ellos *piensan* en términos tradicionalistas, pero la mayoría de los jóvenes cristianos *actúan* como individualistas.

He aquí cómo el autor Mark Regnerus describe sus descubrimientos sobre la conducta sexual de los adolescentes cristianos:

> Los jóvenes evangélicos protestantes pueden tener actitudes menos permisivas sexualmente que la mayoría de otros jóvenes religiosos, pero ellos *no* son los últimos en perder su virginidad en promedio. Ni están cerca de serlo [...] los adolescentes evangélicos no despliegan patrones de actividad sexual promedio, sino por arriba de la media. Hay diferentes explicaciones para esta anomalía, pero le doy mayor crédito al choque de culturas que experimentan los adolescentes evangélicos: Les urge beber profundamente de las aguas del individualismo estadounidense y su ética del placer enfocada en uno mismo, y a la vez se les pide que valoren las tradiciones religiosas de años, tales como la familia y la castidad. Ellos tratan de cumplir con ambas [...] y eso de servir a dos amos resulta difícil.

El problema es aun mucho más profundo. Sugeriría que muchas iglesias hoy en día han respondido a la crisis sexual de nuestra era insertando la narrativa individualista en la enseñanza y práctica cristianas, tanto como lo hicieron los tradicionalistas a mediados del siglo pasado. La iglesia ha acomodado la ética del individualismo de varias formas. Un tema crecientemente común en los libros y sermones religiosos, por ejemplo, es la búsqueda de placer en nuestras vidas sexuales.

Debiéramos, por supuesto, enseñar que Dios creó el sexo y que es bueno. Sin embargo, me pregunto si en nuestras iglesias nos hemos sumergido demasiado profundo en el río de la autosatisfacción. Un adolescente mayor que entrevistamos nos contó acerca de un líder de su iglesia que les decía a los jóvenes de su grupo que él iba a la tienda de lencería Victoria's Secret a comprar ropa sexy para su esposa: «Él aseguraba que estaba tratando de mostrarnos cuánto placer le proporcionaba su vida sexual, pero yo solo pensaba: ¿En serio? ¡Esa es demasiada información! No veo por qué la elección de lencería tiene algo que ver con ser cristiano». Hay una gran diferencia entre una conversación franca acerca del sexo y la jactancia centrada en uno mismo.

También he empezado a preguntarme si hemos abrazado la narrativa individualista al aceptar que los estudiantes debieran terminar su educación, pagar sus deudas, obtener un trabajo y tener todo listo antes de casarse; es decir, esperar que los jóvenes tengan sus vidas nítidas y ordenadas como consumistas estadounidenses antes de comprometerse en matrimonio. Este enfoque en el matrimonio tardío es irrealista para muchos, en especial si abogamos por el celibato hasta el matrimonio. No intento sugerir que todos debieran caminar hacia el altar antes de cumplir los veinte, pero necesitamos pensar claramente acerca de las razones detrás de las demandas que les hacemos a los jóvenes.

Basándonos en nuestra investigación, también me preocupa que las enseñanzas de algunas de las comunidades cristianas acerca de la abstinencia se enfoquen demasiado en los beneficios individualistas y personales de esperar a tener sexo hasta el matrimonio. De ninguna manera estoy cuestionando las razones de aquellos que están motivando a la siguiente generación hacia la pureza sexual, pero me pregunto si algunos de lo métodos reflejan una mentalidad influenciada por el individualismo. «Guárdate hasta el matrimonio y ten una vida sexual fantástica con una pareja, de la manera en que fue diseñado. El sexo como Dios lo quiere te hará perder la cabeza. Mantente puro, evita los riesgos de las enfermedades de transmisión sexual y los embarazos no deseados. Piensa en tu futuro». Mucho del contenido de estos mensajes de abstinencia, aunque sean bien intencionados, sucumbe al individualismo cultivado culturalmente: *El sexo es acerca de mí.*

En la tensión entre el tradicionalismo y el individualismo, ¿no será que estamos perdiendo una historia más rica, una narrativa verdadera acerca del sexo? Lauren Winner, en su influyente libro *Real Sex* [Sexo Real], señala el vacío en su propia experiencia luego de llegar a la fe en Cristo siendo una joven:

> No escribí este libro porque quisiera retar o renovar las enseñanzas tradicionales cristianas acerca del sexo, sino porque quería retar la manera en que la iglesia típicamente ayuda a las personas a practicar esas enseñanzas. Hasta el momento, he leído un sinnúmero de libros y escuchado incontables charlas acerca de la soltería, la castidad y la abstinencia del sexo prematrimonial. Muchas de estas charlas y libros parecieran fuera de contacto con la realidad. Parecieran ingenuos. Parecieran designados para personas que se casan justo al graduarse de la universidad. Parecieran carecer de teología. Y sobre todo, parecieran ser deshonestos. Parecen deshonestos porque hacen que la

castidad suene como algo fácil. Hacen que suene como si tuviera una recompensa instantánea. La hacen sonar dulce y obvia [...] De alguna manera, las herramientas que les damos a las personas para vivir en castidad prematrimonial no están funcionando como esperaríamos.

Al parecer, la manera en que estamos comunicando y viviendo la verdad de la sexualidad ha producido una generación de almas divididas.

DE LO REPRESIVO A LO RELACIONAL

Mi meta en esta sección final no es delinear una completa ética sexual o responder todas las preguntas (ni siquiera la mayoría). En lugar de eso, mi objetivo es enfatizarle nuestro pensamiento acerca de la narrativa bíblica de la sexualidad a una generación que piensa relacionalmente. En verdad, Dios me ha cambiado a través del proceso de escribir este capítulo, y mi postura en estos párrafos (¡de hecho, espero que en todo el libro!) no es la de un investigador sabelotodo, sino la de un compañero con el alma quebrantada.

Necesitamos una nueva mentalidad para cultivar una ética del sexo más profunda, más integral, más llena de Cristo. Ni el tradicionalismo ni el individualismo están funcionando o son bíblicos. Muchos de nosotros sentimos esto; sin embargo, ¿qué podemos hacer? Necesitamos redescubrir la narrativa *relacional* de la sexualidad.

El sexo es acerca del desapego a uno mismo, no acerca de uno mismo. Se relaciona con servir, no solo con el placer personal. Se trata de la creatividad de Dios en conexión con la acción humana, no de nuestra identidad personal y autoexpresión. En lugar de decir que el *sexo es tabú* (tradicionalista) o que *el sexo es acerca de mi* (individualista), el enfoque relacional a la sexualidad afirma que *el sexo es bueno, y es acerca de nosotros*.

Necesitamos acercarnos al tema de la sexualidad con mucha humildad. Por causa del pecado, nuestras relaciones con Dios, los demás y nuestra comunidad están rotas. Jesús nos salvó del pecado a través de su muerte en la cruz, envió a su Espíritu y nos dio su Palabra escrita para que esas relaciones pudieran ser restauradas por completo. Aun así, cuando leemos la Biblia, encontramos toda clase de distorsión y problemas con la sexualidad, incluso entre el pueblo de Dios. Al reconocer humildemente nuestro estado quebrantado, podemos lidiar con los problemas cuando aparecen, en lugar de barrerlos debajo de la alfombra.

Una manera de aceptar nuestro quebrantamiento común es mantener altas nuestras defensas con respecto a la tentación sexual. No obstante, ¿cómo podemos ayudarnos unos a otros a evitar la tentación sin convertirnos en hacedores de reglas legalistas? Lo podemos lograr al entender el impacto de las acciones y creencias sexuales en nuestra comunidad.

Recuerda que los mosaicos personifican una identidad relacional. Aunque a menudo son narcisistas y están inmersos por completo en una cultura de individualismo, los jóvenes cristianos muestran una enorme capacidad para, y aspiraciones de, establecer conexiones relacionales y «ser reales» con su familia y compañeros. Así que tengo grandes esperanzas de que esta generación esté lista para un enfoque diferente y más bíblico en cuanto a la sexualidad. En otras palabras, tenemos una gran oportunidad de ayudar a la siguiente generación a vivir una nueva narrativa de la vida sexual, la narrativa *relacional*. Podemos empezar haciendo dos cosas: que el sexo sea un tema de todos, y que el sexo sea un tema de Dios.

Haciendo que el sexo sea un tema de todos

El pecado sexual no es peor que otros pecados, pero sí tiene profundas consecuencias para las relaciones. Recuerdo haber hablado un día con mi brillante amigo Eric Twisselmann acerca de que todos los pecados eran iguales ante los ojos de Dios. Él dijo: «Eso es cierto; Jesús dijo que las fantasías sexuales no eran menos pecaminosas que una aventura real. Sin embargo, las consecuencias sociales *son* diferentes. ¿No me crees? Solo pregúntale a tu esposa».

El sexo les importa a todos. Es integral para la salud y la entereza de las familias, iglesias y comunidades. ¿No crees que eso sea verdad? Solo pregúntale a alguien que ha tenido un aborto acerca de cómo afectó la relación con su pareja, sus padres y su iglesia. Pregúntale a un joven que está luchando con una adicción a la pornografía sobre cómo sus relaciones con su madre y otras mujeres han cambiado. Mientras la mayoría de los estadounidenses creen que sus apetitos sexuales son cuestión de una preferencia personal, la verdad es que nuestras prácticas y creencias sexuales tienen un impacto mucho mayor en aquellos que nos rodean. La historia relacional del sexo se contrapone poderosamente a la perspectiva individualista con respecto a esto. «El sexo no es acerca de mí», dice. «El sexo es acerca de nosotros».

Ya que el sexo es acerca de nosotros, tenemos que hablar de él. Un efecto desafortunado del tradicionalismo fue la hostilidad de la iglesia a hablar abiertamente acerca del sexo y la sexualidad. Hay claros mandamientos en la Escritura en contra de las palabras vulgares, pero solo un tradicionalista argumentaría que todas las conversaciones sobre sexo son vulgares. Creo que debemos cultivar un ambiente en la comunidad de fe que invite a una conversación franca sobre el poder, la belleza, la oscuridad y la realidad completa del sexo. Los mosaicos *van* a saber lo que quieran saber y *van* a conectarse con otros que están haciéndose las mismas preguntas. ¡Ellos tienen el mundo en la punta de sus dedos! Cuando la comunidad cristiana duda acerca de dialogar sobre el sexo, perdemos la oportunidad de enseñarle a la siguiente generación acerca de relaciones transparentes, confiables y centradas en Cristo. Debemos iniciar conversaciones respetuosas, sinceras (no vulgares o autoafirmantes) que ayuden a los jóvenes a desarrollar una ética sexual profunda, delimitada y practicable, que vaya más allá de: «El sexo es sucio; guárdate para aquel que amas».

También creo que nuestras conversaciones necesitan ser valientes y reflejar que no queremos tomarnos demasiado en serio. A veces nuestras discusiones serán sobrias y quietas. Otras veces podrán ser ligeras, autodenigrantes e incluso cómicas. El tejido conectivo debe ser el deseo sincero de que haya relaciones florecientes.

Creo que necesitamos reconsiderar el hecho de impartir «formación sexual» en una escala mayor. Nuestra investigación me lleva a ser escéptico acerca del poder transformacional a largo plazo de los eventos y las grandes reuniones. No estoy diciendo que no debamos tener reuniones de adoración a gran escala, o que proclamar el evangelio en lugares públicos no tiene sentido. No es así, y hacerlo es claramente un patrón bíblico. No obstante, si medimos nuestro impacto solo por el número de estudiantes levantando sus manos o llenando un formulario, creo que tenemos que considerar si en realidad estamos comprometidos a hacer discípulos.

Finalmente, necesitamos una disposición a hablar y «adueñarnos» de nuestras luchas con el sexo, así como a tener cuidado de albergar pretensiones o juicios en nuestros corazones. La hipocresía puede ser definida como *indulgencia hacia uno mismo y estándares estrictos hacia todos los demás*. Los comentarios hechos por el caballero mayor, Max, acerca de «los jóvenes de hoy en día» muestran una disposición a aplicar este doble estándar. Oro que en nuestras relaciones con los adultos jóvenes seamos gobernados por la honestidad y la gracia, y que nos rehusemos a acaparar el amor, el respeto o la misericordia de aquellos que no obedecen la narrativa bíblica y relacional del sexo. Los líderes pueden tener que ejercer la disciplina de la iglesia en ocasiones, pero deben hacerlo con la misericordia en mente… ¡porque Dios también nos ha mostrado su gracia! Recuerda que aquellos que no se conforman a los estándares tradicionalistas son marginados, y que aquellos que no se conforman a las ideologías individualistas son mojigatos. Nosotros, que vivimos de una nueva manera, rechazamos el rechazo a favor de la gracia.

Algunos temas sobre los cuales debemos empezar a hablar (y escuchar) incluyen:

- *Matrimonio.* La Biblia usa el matrimonio como una metáfora poderosa para el amor sacrificial que Dios tiene por la humanidad, demostrado finalmente en la cruz de Cristo. En contraste, muchas de nuestras conversaciones sobre el matrimonio hoy en día, tanto dentro como fuera de la iglesia, están enfocadas en uno mismo. ¿Cómo podemos redescubrir con la nueva generación la naturaleza profunda, sagrada y sacrificial del matrimonio y el sexo? ¿Cómo podemos reclamar el matrimonio como un pacto comunal, no personal?
- *Género.* En la narrativa relacional de la sexualidad, a las mujeres se les da una responsabilidad completa y total de ser lo mejor que Dios les permita ser. No son vientres que caminan (tradicionalismo) ni vaginas que caminan (individualismo). ¿Cómo podemos asesorar a las mujeres jóvenes para que tengan la certeza de que son unas seguidoras de Cristo honradas y respetadas en sus iglesias? ¿Cómo podemos moldear a los jóvenes varones a ser siervos de Dios fuertes y compasivos con sus familias y amigos?
- *Orientación sexual.* Cristianos o no, los jóvenes tienden a aceptar más a los homosexuales, lesbianas, bisexuales y transexuales que a los adultos mayores. A pesar de que personalmente no veo esto como una tendencia positiva, cualquier discusión sobre ética sexual con la siguiente generación no puede ignorar esta esfera crítica de la experiencia sexual humana. (El capítulo sobre homosexualismo en el libro *Casi cristiano* cubre nuestra investigación y mi punto de vista sobre este tema). ¿Cómo podemos conectarnos en un diálogo significativo, que refleje nuestras prioridades relacionales aun cuando estamos en desacuerdo con otros?
- *Control de natalidad y reproducción.* En el capítulo 7 (Anticientífica) nos encontramos con Coleen, que estaba tratando

de decidir si debía donar sus óvulos a fin de ganar dinero para pagar la universidad. Al considerar la naturaleza relacional de nuestra ética sexual, la reproducción y el control de la natalidad son dos temas que tienen que ver con «mi persona contra la comunidad». ¿Cómo podemos ayudar a la siguiente generación a pensar sobre las decisiones reproductivas desde una perspectiva relacional y comunal?

Ciertamente, esta lista no es exhaustiva, pero representa los temas clave que debemos abordar juntos en nuestras comunidades de fe.

Haciendo que el sexo sea un tema de Dios

Tanto el tradicionalismo como el individualismo usan el lenguaje de Dios para manejar el comportamiento, en lugar de responder y fortalecer una relación con el Señor. Los tradicionalistas usan la amenaza del castigo divino, mientras que los individualistas emplean la promesa de la bendición divina. La narrativa relacional acerca del sexo dice que el manejo de la conducta es un sustituto pobre para una vida restaurada, completa e integrada a Dios. Busca reclamar el sexo como sagrado y verdaderamente bueno. En otras palabras, hace que el sexo sea «un asunto de Dios», porque la *vida* es un asunto de Dios.

La mayoría de los cristianos te dirán que su fe es una relación con Cristo, no una lista de obligaciones o cosas por hacer. Eso es «religión». Nuestro enfoque en cuanto a la sexualidad debiera tener esa misma perspectiva. El propósito es una relación entre unos y otros, y con Dios. Cualquier regla que establecemos —en lugar de mantener a las personas «dentro» o «fuera», como las reglas de los tradicionalistas— es para ayudar a las relaciones a prosperar; y permanecemos en guardia contra las reglas que toman vida por sí mismas, multiplicándose y expandiéndose por su propio gusto. Las reglas bíblicas —tal como no cometerás adulterio— son absolutamente necesarias, por supuesto. No obstante, el propósito de ellas es desarrollar relaciones prósperas, no ejercer una represión sexual.

Un estudio de investigación que condujimos para el ministerio de Chip Ingram, Living on the Edge [Viviendo en el límite], provee una amplia evidencia de que los jóvenes cristianos aceptan menos una espiritualidad orientada por reglas, mucho menos que los cristianos mayores. Es posible que las personas se vuelvan más enfocadas en una espiritualidad guiada por normas en la medida en que crecen, pero la brecha generacional es tan extrema, que creo que la diferencia radica en el cambio fundamental en la orientación de la siguiente generación con respecto a las reglas. Tal vez con algún nivel de optimismo podamos describir a los jóvenes cristianos como un terreno fértil para la gracia. Estas son buenas noticias cuando tratamos de hacer que el sexo sea un tema de Dios, porque la verdad es que todos estamos devastados y con una desesperante necesidad de restauración.

¿Generación de gracia?

Pregunta de la encuesta: ¿Estás de acuerdo o en desacuerdo con la siguiente declaración?: La madurez espiritual significa tratar fuertemente de seguir las reglas que encontramos en la Biblia.

Porcentaje que se identificó a sí mismo como cristiano que afirmó categóricamente esta declaración:

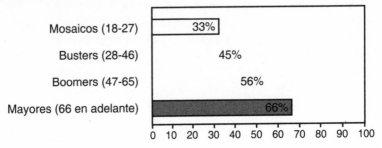

Fuente: Viviendo en el límite, conducida por el Grupo Barna, 2008, N=1.005

Los jóvenes cristianos que están viviendo divididos en dos, fragmentados a nivel del alma, entre sus deseos pélvicos y sus aspiraciones de santidad, necesitan volver a estar enteros. Eugene Peterson lo plantea magistralmente en *El Mensaje*: «Si alguno cae en pecado, restáuralo con perdón, guardando tus comentarios críticos para ti mismo. Puede que tú vayas a necesitar de perdón antes de que acabe el día» (Gálatas 6:1). Cuando hacemos que el sexo sea un tema de Dios, él nos dará la gracia que necesitamos para restaurar vidas, familias y comunidades.

Él nos ayudará a nutrir nuestras vidas, familias y comunidades en la narrativa relacional, resolviendo los problemas aun antes de que empiecen. La investigación muestra el gran impacto de los padres en la formación sexual de sus hijos, en particular de sus hijas. ¿Estamos proveyendo herramientas y ánimo para los padres, de manera que puedan criar a hijos con una sexualidad integral? ¿Estamos conectando a los adolescentes y adultos jóvenes con un solo padre, o a las familias compuestas, con otras parejas y familias de manera que puedan aprender (o reaprender) patrones de relaciones saludables?

Hacer que el sexo sea un tema de Dios también significa que nuestra ética sexual está basada en la verdad revelada de Dios a través de la Biblia. Sin embargo, eso no es tan fácil como suena. Cuando uno de mis amigos cristianos en la secundaria empezó a ser sexualmente activo, corrí a casa a buscar versículos en las Escrituras que desaprobaran claramente sus acciones. Fue más difícil de lo que creí, mucho más difícil de lo que mis experiencias en la Escuela Dominical me habían hecho creer. Encontré que la ética sexual de la Biblia es mucho más compleja y sutil de lo que pensaba.

Esta generación necesita que seamos honestos acerca del hecho de que la Biblia no es un cristal transparente sobre *todos* los temas de la sexualidad. Juntos, necesitamos investigar, examinar y probar su significado esencial en su contexto histórico, cultural y literario.

Esta generación también necesita que vivamos como si la Biblia hiciera un reclamo en nuestras vidas. Cuando descubrimos la clara enseñanza de la Palabra de Dios, necesitamos estar dispuestos a seguir su rol en cada faceta de nuestra existencia.

GENTE DE SEGUNDAS OPORTUNIDADES

En un viaje a Chicago, conocí a una jovencita (la llamaremos Amanda) de alrededor de veinte años. Ella había tenido varios abortos durante sus años de adolescencia. Me dijo cuánto le habían dañado esas decisiones, a ella y a su madre, porque «mi mamá siempre permitió que adolescentes embarazadas llegaran a nuestra casa. Si hay alguien en el planeta que hubiera entendido, era mi mamá».

Ahora, a sus veintitantos años, Amanda está tratando de usar sus experiencias para bien. Ella ha convencido a cuatro adolescentes embarazadas de no abortar y está determinada a ayudar a otras jovencitas a evitar las mismas decisiones que aun hoy en día la llenan de arrepentimiento.

Al mismo tiempo, Amanda cree firmemente en las segundas oportunidades. «Tengo otra amiga que decidió abortar. A pesar de que traté de ayudarla a considerar el dar a su bebé en adopción, no escogió ese camino. ¿Sabes? Eso dolió. No obstante, a pesar de que muchos de mis amigos cristianos me dijeron que cortara el contacto con mi amiga luego de que ella tuviera el aborto, no pude hacerlo. Aún la quiero. Aún la acepto. Aún creo en ella. Aún creo en lo que Dios quiere hacer en su vida».

Son historias como estas las que fortalecen mi aprecio por la siguiente generación… imperfecta, pero dispuesta a extender gracia. Esta generación tan relacional está buscando el significado de una de las expresiones fundamentales de las relaciones humanas: el sexo. Ellos quieren compartir sus historias, y son tajantes, irreverentes y a veces crudos al hacerlo. Y en un mundo sin privacidad y lleno de redes sociales, este impulso de descubrirse por completo los tienta a compartir cualquier cosa y todas las cosas con cualquiera que haga clic.

Sin embargo, hay un lado positivo también, tal como mi amigo Mike Foster señala. Él es el fundador de People of the Second Chance [Gente de segundas oportunidades], llamado así porque son, como dice, «un montón de jóvenes de esta generación que están lidiando con expectativas incumplidas. La vida no consiste en trabajar para cumplir el sueño americano que conocemos». Mike pone a la generación de gracia bajo una nueva luz: «Resulta increíble lo que Dios puede hacer cuando las personas llegan a un punto en el que en realidad no les importa lo que piensas de ellas». Puede que incluso empiecen una nueva forma de revolución sexual.

9

EXCLUSIVA

Desconexión: «Sentí que me habían dado un golpe en el estómago [...] Fue una noche muy sola y triste. Recuerdo que pensaba camino a casa: *Mis amigos no cristianos jamás me harían algo así*».

—Sarah

Reconexión: «Cuando tengo empatía, empiezo a entender el amor que Cristo siente por los que sufren y a ver la situación desde su punto de vista. Es una forma de humillarme y poner las necesidades y emociones de los demás antes de las mías».

—Taylor

Después de graduarse de la secundaria, Sarah se mudó a Winnipeg y comenzó a trabajar en un restaurante de moda, donde fue acogida muy cálidamente por un círculo maravillosos de amigos, algunos de los cuales, como es el caso, eran cristianos. Incluso comenzó a salir con Steve, quien había crecido en un hogar católico, pero ya no practicaba esa fe. El verano siguiente, Sarah fue contratada para trabajar en un campamento cristiano donde había asistido cuando era estudiante de secundaria. Estaba muy emocionada. Los veranos que había pasado allí habían representado tiempos muy significativos en su vida, incluyendo su experiencia de conocer y caminar con Dios, así que la emoción era mucha.

Sarah y Steve se sentían lo suficiente firmes el uno con el otro, de modo que decidieron mantener su relación y permanecer juntos a larga distancia, mientras ella estaba fuera en el campamento. Se mantuvieron escribiéndose y hablando a diario, y su relación continuó profundizándose. Tiempo después, la esposa del director del campamento se enteró de que Sarah estaba saliendo con un chico que no era cristiano, así que se convirtió en su «proyecto personal». Sarah dijo: «Teníamos sesiones por la mañana, en el almuerzo e incluso me envió a hablar con otra mujer que provenía de una "relación mixta". Todo esto con el único propósito de tratar de convencerme de que terminara mi relación con Steve. Este trabajo tuvo su efecto, así que después de unas semanas, ella y Steve decidieron pasar un tiempo separados. Sarah recuerda: «Él no quería que yo cambiara mis creencias, pero también sabía que él mismo no iba a cambiar. Los dos estábamos muy dolidos, pero sentíamos que era lo correcto. La esposa del director se mostró encantada. Era literalmente una respuesta a sus oraciones. Más tarde me enteré de que el equipo directivo tenía reuniones enfocadas solo en mí.

»Fue una semana muy difícil en el campamento. Por más que traté de decirme que era lo mejor, simplemente no me sentía bien».

Cuando Sarah y Steve se volvieron a ver al siguiente fin de semana, decidieron que a pesar de sus diferencias religiosas y la presión que Sarah había experimentado, iban a tratar de hacer funcionar su relación. (Por cierto, ya llevan siete años juntos).

Sarah regresó al campamento y ese día sería el último para ella. La joven recuerda: «Esa noche, después que los chicos del campamento estaban en la cama, me llamaron a la oficina del director. Él me dijo que, debido a que había elegido continuar mi relación con Steve, me había convertido en una mala influencia espiritual en el campamento. Me informaron que tenía que empacar mis cosas y salir a primera hora en la mañana. No se me permitió decirle nada a ninguno de mis amigos. El director y su esposa les explicarían todo a los demás en la reunión de la mañana, a la cual no podía asistir. Después de la reunión podía decirles adiós e irme.

»Sentí que me habían dado un golpe en el estómago. Me permitieron usar la oficina para hacer las llamadas respectivas para mi traslado a mi casa, y eso fue todo. Fue una noche muy sola y triste. Recuerdo que pensaba camino a casa: *Mis amigos no cristianos jamás me harían algo así*».

INTOLERABLE

La historia de Sarah ilustra una de las percepciones más generalizadas entre los adultos jóvenes: la iglesia es exclusiva. Muchos de la próxima generación creen que los cristianos tienen una mentalidad estrecha y que siempre están listos para cerrarles la puerta a aquellos que no cumplen con sus estándares. Esto va muy en contra de los valores actuales. La tolerancia ha sido uno de los baluartes en la cultura de hoy. Ha sido un fundamento dentro de su educación. El ser inclusivo, la diversidad y la corrección política son los ideales que han formado a esta generación. Y estos valores son más que solo aspiraciones, son cosas que definen la amistad y las experiencias de muchos adultos jóvenes. Ya sea que nos guste o no este hecho, debemos lidiar con estas realidades generacionales y darles sentido si vamos a establecer buenas relaciones por el bien del evangelio.

Tomemos por ejemplo el origen étnico. En los Estados Unidos, en 1960, de los jóvenes mayores de edad nacidos en 1945, cuatro de cada cinco, eran blancos. Ahora, solo un poco más de la mitad de los jóvenes son blancos. Consideremos *la fe*. En 1960, más del 90% de los adultos jóvenes eran identificados como cristianos. Esta proporción es ahora del 62% (en los Estados Unidos). En 1960, solo uno de cada veinte nacimientos (5%) correspondió a madres solteras. Ahora ese porcentaje es del 42%. Los jóvenes modernos están creciendo junto a compañeros con mayor diversidad étnica, religiosa y relacional que aquellos con los que sus padres crecieron.

Por otra parte, la igualdad de género, la libertad sexual y la sensibilización de la comunidad de gays y lesbianas resultaban nuevas para la conciencia cultural de la década de 1960. Ahora, el igualitarismo, la hipersexualidad y la orientación sexual son parte del paisaje actual. La mayoría de los veinteañeros suponen que las voces de las personas lesbianas, gays, bisexuales y transgénero deben ser escuchadas en las conversaciones culturales sin ninguna consecuencia.

Y eso es solo el principio. La nueva generación está globalmente más interconectada que las generaciones anteriores (tiene mayores niveles de acceso, ¿recuerdas?). Esto ha proporcionado una conciencia de la inmensa brecha entre el mundo de los ricos y los pobres. A pesar de que muchos de ellos crecen para consumir tanto como sus padres, son profundamente conscientes de las disparidades económicas y sociales.

Sentado en las gradas viendo jugar a mi hija Annika su partido de baloncesto, me di cuenta de una enorme pancarta en la pared del gimnasio de la escuela secundaria. Había sido creada por estudiantes con la idea de que se pareciera a la Declaración de Independencia. La pancarta les decía a los chicos de diez a trece años que levantaran su voz a favor de cualquier persona que estuviera siendo intimidada por su raza, religión o ingresos. Estoy en contra de la intimidación, como lo está la mayoría de las personas de cualquier edad, pero me llamó la atención el diseño de la bandera patriótica. ¿Podría ser verdad que, para las generaciones más jóvenes de los Estados Unidos, la intimidación escolar y la intolerancia tuvieran el mismo nivel de gravedad que la opresión militar de una potencia extranjera? Aun si no fuera así, la afinidad de los jóvenes por la tolerancia supone un reto importante para la iglesia en al menos cuatro aspectos relacionados:

Acuerdo versus desacuerdo

El fundador de Off the Map [Fuera del mapa], Jim Henderson, ha calificado a los jóvenes de dieciocho a veintiocho años como la edad «del gran acuerdo», porque los jóvenes prefieren encontrar puntos en común en lugar de enfatizar las diferencias que los puedan llevar al conflicto. Buscan maneras de unirse y no cuestiones sobre las que se pueden dividir. Sean cuales sean sus puntos de vista políticos, económicos, sociales, culturales o religiosos, no se pueden negar sus deseos de unidad y acciones colectivas, que continúan inspirando a las generaciones más jóvenes.

La historia de la iglesia, tanto la antigua como la más reciente, apunta a una disposición por parte de los cristianos de separarse de otros creyentes si las diferencias son muy profundas. Podríamos hablar todo el día (y probablemente nunca estar de acuerdo) sobre cómo resolver las diversas razones por las que las iglesias se han separado, incluso si estamos de acuerdo en que hay buenos motivos para separarse por cuestiones de teología cristiana y práctica. Sin embargo, la cuestión sigue siendo la misma, las nuevas generaciones no estarían dispuestas a tomar estas decisiones de dividirse.

«¡No hay compromiso!», parece ser el nuevo lema de la iglesia occidental, pero esto no tiene sentido para las nuevas generaciones, para las cuales la negociación y la cooperación son hechos de la vida. A medida que la iglesia se mueve hacia un futuro desconocido, podemos encontrar en estas nuevas generaciones una bendición enorme debido a su compulsión a la unidad.

Responsabilidad de los pares versus individualidad

Los adultos jóvenes también buscan a sus compañeros de la misma edad para que sean su brújula moral y espiritual. Ellos tienden a basar sus puntos de vista sobre la moral en lo que parece imparcial, leal y aceptable para sus amigos. Esto significa un gran desafío para otras generaciones. Uno de los desafíos que enfrentan las empresas, por ejemplo, es el hecho de que muchos jóvenes no tienen reparos morales en cuanto a regalar bienes y servicios a sus amigos. Repito, esto no es completamente nuevo. Las generaciones anteriores les han hecho favores a los demás. Sin embargo, la lealtad institucional está fallando, mientras que la lealtad tribal o entre compañeros se ha intensificado.

En la iglesia occidental tendemos a enfatizar al individuo sobre el grupo. Nos enfocamos en la responsabilidad personal por una norma fija, en lugar de en la negociación colectiva en un mundo ausente de la verdad absoluta. Esto es contrario a cómo los adultos jóvenes se relacionan con su mundo. Sí, es importante que en la iglesia ayudemos a buscar la verdad acerca de la moralidad personal, pero creo que la próxima generación nos recuerda nuestra responsabilidad colectiva por los demás y el mundo. Los cristianos son los cristianos en la comunidad, y la próxima generación nos puede enseñar una cosa o dos acerca de lo que eso significa.

Justicia versus rectitud

Otra característica de la próxima generación es su énfasis en la equidad por encima de lo que es correcto. Los adolescentes y veinteañeros tienden a determinar la rectitud y la maldad por lo que parece justo, razonable y accesible. Pregúntale a los directivos actuales (y antiguos) de la industria de la música. Una de las razones principales (junto con las herramientas digitales) que cambiaron la forma convencional del negocio de la música es el hecho de que los jóvenes llegaron a creer (de forma colectiva) que el sistema de distribución de música era injusto. De acuerdo con su forma de pensar, no es justo cobrar el precio de un álbum entero cuando un cliente quiere una sola canción. Por desgracia para los ejecutivos de la música, los clientes más jóvenes no estaban dispuestos a seguir con el modelo establecido. Una vez que la tecnología hizo posible las compras de canciones individuales, los amantes de la música comenzaron a compartir temas particulares, a pesar de que hacerlo era (y es) ilegal.

La piratería digital no es correcta, pero el intercambio de música parece justo. Muchos jóvenes están redefiniendo sus decisiones éticas por lo que parece justo, en lugar de por una norma derivada de lo correcto e incorrecto. ¿Cómo enfrenta la iglesia esta nueva cosmovisión, si predicamos que lo que define todo son las normas morales de Dios?

Participación versus exclusión

Con todo este énfasis en la aceptación de los pares y el acuerdo mutuo, no debe sorprendernos que la mayoría de los jóvenes no quiera quedarse fuera del protagonismo. Ellos temen ser excluidos. Desean participar. Esta expectativa es impulsada en cierta medida por la interactividad (en lugar de la transmisión pasiva) de información, y por una inundación de programas televisivos (reality shows) que les prometen a todos sus quince minutos de fama (bueno, tal vez menos). Sin embargo, la motivación principal para esa mentalidad participativa es la creencia fundamental de que *toda persona tiene derecho a pertenecer*. Nadie debe ser excluido por ninguna razón.

En la iglesia tenemos la tendencia a crear un prerrequisito para pertenecer: no eres «uno de nosotros» hasta que hayas firmado nuestra declaración de fe. No obstante, los jóvenes modernos comienzan con la premisa básica de que todo el mundo pertenece y en medio de esa pertenencia empiezan a aclarar dudas para entender a la comunidad espiritual.

LA EXCLUSIVIDAD Y TODOS SUS AMIGOS

Recientemente le envié un correo electrónico a Sarah, a quien conocimos al comienzo de este capítulo, para preguntarle acerca de su relación con la iglesia y el cristianismo, aprovechando que ya habían pasado algunos años desde su mala experiencia en aquel campamento. Ella me escribió: «Con el tiempo dejé de ir a la iglesia. No tenía sentido separarme de mi maravilloso grupo de amigos cada domingo para tratar de construir nuevas relaciones con gente que no conocía o con la que no estaba realmente conectada. Ya tenía una comunidad que me amaba, me apoyaba y me motivaba a superarme, ¿qué más necesitaba? Decidí que nunca más iba a tratar de hacer amigos sobre el fundamento de las creencias religiosas. Si por casualidad eran cristianos, muy bien, pero mirando al futuro, iba a invertir en esas relaciones que realmente crecieran y en las que el compartir juntos fuera un verdadero disfrute. Hasta el momento, eso me ha funcionado mucho mejor. No creo que mi fe en Dios vaya a cambiar. Han existido experiencias profundas en mi vida en las que he sentido la presencia de Dios. Cada vez que comienzo a tener dudas, miro hacia mi experiencia con el Señor para recordar que él es real. Dios siempre será una parte de mi vida. Simplemente no creo que la iglesia lo sea». Al hablar de la historia de Sarah, no quiero provocar una polémica en cuanto a la decisión del director del campamento. En cambio, deseo sugerir que la exclusividad, la aplicación legalista y sin una base relacional, deja un sabor amargo. Ser excluido es difícil de digerir para cualquier generación, pero es en especial difícil para la generación actual del «acceso total» y la baja autoridad directiva, donde la lealtad es un valor fundamental y la división no se contempla como una opción.

Como hemos observado antes en este capítulo, los jóvenes cristianos actuales tienen una mayor exposición a una amplia gama de puntos de vista teológicos y religiosos que las generaciones anteriores. Mantienen más amistades con los no cristianos que cualquier otra generación anterior. Tienen más relación con personas de diferente orientación sexual que la que tuvieron sus padres.

Uno de los sentimientos que hemos descubierto en nuestra investigación fue que muchos jóvenes cristianos, en particular los cristianos exiliados, se sienten obligados a elegir entre su fe y sus amigos. En otras palabras, a muchos jóvenes cristianos y antiguos cristianos les parece como si la iglesia los hiciera elegir entre la fidelidad a los amigos y la fidelidad a la fe.

Exclusiva | En sus propias palabras

Porcentaje de jóvenes de 18 a 29 años de edad que tienen un trasfondo cristiano

	Completamente cierto sobre mí	Completamente o en su mayor parte cierto sobre mí
Las iglesias no están aceptando a los homosexuales.	19%	38%
Los cristianos sienten miedo por las creencias de otras religiones.	13%	29%
Me siento obligado a escoger entre mi fe y mis amigos.	12%	29%
La iglesia ignora los problemas del mundo real.	9%	22%
La iglesia es un club privado, solo para miembros.	8%	22%
Nunca he sido aceptado genuinamente por la gente de la iglesia.	6%	14%

Grupo Barna 2011, N=1.296

Los comentarios específicos que hemos descubierto en nuestra investigación incluyen la creencia generalizada de que las iglesias no están aceptando a los gays y las lesbianas. Otra percepción común es que los cristianos sienten miedo de las creencias de otros grupos religiosos.

Hay una razón por la cual el cristianismo es percibido como exclusivo. Una de las demandas centrales de nuestra fe es que la venida de Dios en Jesús fue incomparable, única e irrepetible. El mismo Jesús les dijo a sus discípulos: «Yo soy el camino, la verdad y la vida. Nadie viene al Padre sino por mí» (Juan 14:6).

Sin embargo, ¿qué hace que la próxima generación crea en la afirmación de que Cristo es el único camino al Padre? ¿Qué los hace creer en la necesidad de la salvación? ¿Y se traducen sus creencias en compartir su fe personal con los demás? Si nos fijamos en el panorama general, los jóvenes de dieciocho a veintinueve años de edad tienen más probabilidades que la generación anterior (de estadounidenses) de creer en el pluralismo religioso, el cual sostiene que hay muchos caminos diferentes hacia Dios. Más específicamente, son propensos a creer que la mayoría o todas las religiones enseñan en esencia las mismas verdades espirituales.

Hemos encontrado que los jóvenes nómadas y los pródigos se centran en particular en la exclusión como un aspecto desagradable de la cristiandad. Vemos un ejemplo de esto en John Sullivan, un escritor de *GQ* que afirma que las «cosas del infierno» en realidad lo llevaron a replantearse su fe en Cristo (lee la historia de John en el capítulo 10). Sin embargo, los hallazgos entre los exiliados y otros adultos jóvenes fieles sugieren que son tan propensos a creer en la exclusividad de Cristo como lo fueron sus padres y abuelos. Por ejemplo, no hay diferencias entre los cristianos más jóvenes y los mayores cuando se trata de rechazar las siguientes creencias: que la gente pueda llevar una vida plena, sin aceptar a Jesús como su Salvador; que los cristianos y los musulmanes adoran al mismo Dios; que la Biblia, el Corán y el Libro del Mormón son diferentes expresiones de las mismas verdades espirituales; y que no importa qué fe religiosa uno practica, porque todas enseñan las mismas lecciones.

La gran mayoría de los cristianos jóvenes y comprometidos tienen una gran coherencia teológica con los puntos de vista de sus padres sobre estos temas. Sin embargo, aparte de los exiliados y otros creyentes comprometidos —es decir, la población más amplia de jóvenes cristianos y antiguos cristianos— nos encontramos con que la aceptación del pluralismo religioso es mucho mayor que entre las generaciones anteriores.

Entonces, ¿cuál es la diferencia entre los cristianos jóvenes y los creyentes más viejos? ¡Su contexto! La comunidad cristiana joven está haciendo teología en un entorno diferente al de sus padres. No todo el mundo dentro de la comunidad se conecta con las afirmaciones de la verdad de la fe histórica. Este hecho está causando que más jóvenes cristianos, en especial los exiliados, repiensen la teología y la práctica en al menos tres áreas: evangelismo, denominaciones y el «otro».

Evangelismo

Los jóvenes cristianos son menos propensos que los cristianos de hace una década a compartir su fe con otros. Ellos son reacios a tratar de convencer a un amigo para que se convierta en cristiano. Esta es una respuesta desafortunada a la brecha entre sus creencias y las de la cultura en general, la cual afirma que es ofensivo o insultante argumentar a favor de una religión específica o declaración de la verdad. Si hay una cosa que la iglesia puede aprender es la siguiente: los jóvenes cristianos que están dispuestos a compartir su fe constantemente explicaron que ellos no creen que el evangelismo pueda ser separado de la acción. Como ya hemos mencionado, esta generación no quiere ser meramente oidora de la fe, sino también hacedora. Este deseo explica el enfoque de la siguiente generación en la justicia social. Para bien o para mal, muchos jóvenes cristianos creen que la evangelización debe estar conectada a las acciones a favor de otros. Kate, una joven cristiana que entrevistamos, tenía este sentimiento cuando dijo: «No quiero asistir a una iglesia que todo el tiempo arremete contra el pecado y los pecadores. Deseo ser parte de una iglesia que también ayuda a las personas que se ven afectadas por los resultados del pecado. Esto parece ser lo que Jesús hizo».

Francamente, mi preocupación como investigador y observador de esta generación es que los jóvenes se centran tanto en «hacer», que el mensaje y la motivación —la obra de Cristo en la cruz— se pueden perder. Me preocupa que sus preocupaciones por las «causas» se agote sin que la fuerza del verdadero evangelio los afecte. Y me pregunto lo que podríamos hacer los seguidores de Cristo más antiguos para representar tanto las palabras como los hechos de Jesús de forma que la próxima generación tenga un modelo saludable que seguir.

Denominaciones

En su mayor parte, las denominaciones son muy poco importantes para las generaciones más jóvenes de lo que lo fueron para los adultos mayores. No me malinterpreten, las denominaciones son y seguirán siendo importantes formadores de la religión, y millones de jóvenes continúan mostrándose muy leales a su «marca» particular del cristianismo. Como ya he dicho, creo que las instituciones importan porque son los mediadores de nuestra cultura colectiva, por lo tanto, la reinvención adecuada de estas instituciones resulta importante para nuestro futuro. Debemos ayudar a las próximas generaciones a entender por qué es importante la conversación respetuosa y honesta sobre estas diferencias.

Sin embargo, no debemos perder de vista el panorama más grande aquí. Hay una creciente sensibilidad entre muchos jóvenes cristianos en cuanto a que las denominaciones enfatizan las diferencias de los creyentes, mientras que ellos prefieren celebrar lo que los cristianos comparten en común. No desean ser definidos exclusivamente por categorías denominacionales. Muchos evangélicos protestantes quieren entender los puntos de vista de los católicos, por ejemplo. Los jóvenes cristianos de todos los colores quieren ir más allá del «feudalismo teológico» en favor de una visión compartida de su papel en el reino de Cristo. Sí, el impulso anti-institucional de la próxima generación es un controlador de esta perspectiva, pero es más que eso. Los exiliados en particular están planteando preguntas acerca de por qué Cristo habló tanto de la unidad, y cómo podemos reconciliar sus instrucciones con el inconveniente de las denominaciones. Un estudio que hicimos entre los pastores de una denominación específica es un ejemplo de ello. Los clérigos jóvenes evangélicos de esta denominación estaban mucho menos dispuestos que los mayores a firmar una declaración exclusiva sobre la posición teológica de su denominación. Pocas veces he visto una brecha tan grande entre jóvenes y adultos como se descubrió en ese estudio.

Mientras que las denominaciones seguirán siendo una parte importante a la hora de organizar y movilizar a la iglesia y los feligreses, nos encontramos con que los jóvenes (incluidos los pastores más jóvenes) no quieren que las diferencias denominacionales se interpongan en el camino de la historia del cristianismo que ellos construyen. No desean descuidar la misión de la iglesia solo para que puedan vivir o morir en una colina denominacional.

El «otro»

Cuando unes la diversidad —altamente valorada— a la creencia teológica de la necesidad de Cristo, se obtiene un amor por «el otro»: el forastero, el marginado. Los exiliados, apasionados y enfocados en la misión, parecen compartir la convicción de que la iglesia de alguna manera ha perdido su sentir por los mismos tipos de personas que buscaban a Jesús durante su ministerio terrenal: los oprimidos, los pobres, y las personas lisiadas física, emocional y socialmente. Uno de los puntos más críticos entre la generación más joven es que la iglesia es buena para alcanzar a los cristianos «reciclados» (creyentes que no están comprometidos con otra iglesia), pero no en alcanzar a aquellos que están de verdad en el exterior.

Una iglesia joven aquí en Ventura, California, donde Chris Hall, mi amigo y compañero de treinta y tantos años es el pastor, ha centrado su visión en alcanzar a aquellos que están «lejos de Dios». Chris ha sido criticado por otros líderes cristianos en nuestra comunidad por sus expresiones y acciones de solidaridad hacia las personas sin hogar, los borrachos y los drogadictos (¿no se les parecen a los críticos de Jesús?). Sin embargo, Chris y su iglesia saben que hay un mundo de diferencia entre afirmar que Jesús es exclusivamente el Cristo y excluir a las personas de la comunión con la iglesia.

DE LA EXCLUSIÓN A LA INTEGRACIÓN

Mi joven amigo Lucas trabaja en uno de mis cafés favoritos en Ventura. Hace unos meses, Lucas —que es medio nómada y medio exiliado de la iglesia— me describió un encuentro que tuvo con uno de sus clientes. Me dijo: «Hay un chico que viene con mucha regularidad. Él siempre compra lo más barato en el menú, por lo general un café pequeño, y luego pide una taza extra grande. Entonces se acerca a la mesa donde tenemos el azúcar y la crema y pone un poco de leche en el café pequeño. Después llena completamente la taza extra con leche. Y luego se va.

»Hace poco me ascendieron de puesto y a la verdad estaba muy cansado de verlo robarse la leche con todo descaro. Quiero decir, lo que él hace es básicamente un robo, ¿verdad? Así que cuando me pidió la taza extra, le dije: "Si esto es para la leche, en realidad tengo que cobrarte por ello". Él se molestó mucho. Así que pidió hablar con mi jefe para quejarse. Mónica, mi supervisora, me escribió un correo electrónico y me amonestó, ya que el cliente no se había llevado una experiencia positiva, como es nuestro eslogan».

Me quedé pasmado con lo que me contó. «¿Estás hablando en serio?», le dije.

«Definitivamente. ¿No es la cosa más loca que has escuchado? Mónica me dijo que no me preocupara por eso, pero que había quedado anotado en mi expediente de empleado. No entiendo cómo una empresa permite que sea aceptable que una persona les robe y que cuando alguien trata de defenderlos, lo castiguen. Me parece que algo malo ocurre en esta compañía».

La experiencia de Lucas con el ladrón de leche personifica el lado oscuro de la inclusión: una cultura tan enamorada de la tolerancia, que un empleado que no podía tolerar el robo fue castigado. Un rechazo entendible a esta ética distorsionada se halla en la raíz de la renuncia de la iglesia a lidiar con las preocupaciones de la próxima generación acerca de nuestra exclusividad. Después de todo, servimos a un Dios que es totalmente confiable en su carácter moral y ha revelado en la Biblia el estándar por el cual se miden el bien y el mal. Con razón nos cuestionamos la obsesión de nuestra cultura con la corrección política y «la paz a toda costa». Sin embargo, también creo que el impulso de la próxima generación de incluir a todo el mundo es una invitación que Dios le está extendiendo a la iglesia a repensar nuestra postura hacia el mundo.

Quiero sugerir que cuando aceptamos los términos del debate —exclusión versus tolerancia— vamos a perder. Cuando elegimos la exclusión, la iglesia se convierte en una fortaleza, solo para los miembros de la organización. Les cerramos la puerta a todos los que nos asustan con sus ideas o cuyas preguntas nos incomodan.

Por el contrario, cuando elegimos la tolerancia hacia cada persona y sus ideologías, perdemos la posibilidad de compartir la muy buena noticia del amor de Dios, demostrado en Cristo como nunca antes ni después, y de confrontar el pecado y el sufrimiento que este genera. La exclusión carece de amor, y la mala tolerancia carece de valor.

No obstante, en el corazón de la historia cristiana encontramos el rechazo del Dios Trino tanto para la exclusión como para la tolerancia. El Creador no se contentó con excluir a aquellos que lo habían rechazado, pero tampoco estaba dispuesto a tolerar nuestro odio y el pecado. ¿Qué hizo entonces? Se convirtió en uno de nosotros, uno de los «otros», identificándose con los seres humanos para abrazarnos con solidaridad, empatía y un desinteresado amor ágape, todo el camino hasta la cruz.

¿Cómo sería si la comunidad cristiana hiciera lo mismo? ¿Qué tan distinta sería la iglesia si describiéramos a la exclusión como inaceptable y a la tolerancia como insuficiente? ¿Qué haríamos diferente para poder discipular a los adultos jóvenes y ayudarlos a cultivar esa empatía que Cristo tuvo, por medio de la que se identificó con los más humildes, los últimos y los perdidos?

Abrazando las Escrituras

Podríamos empezar por la búsqueda de una visión plenamente bíblica del mensaje y la misión de Cristo. Un buen lugar para comenzar esta tarea es con las historias que Jesús contó acerca de «el otro» (prójimo). Empecemos con la historia del hombre rico que invitó a la escoria de la sociedad a su suntuoso banquete después que la élite del momento había rechazado su invitación (véase Lucas 14:15-24). Meditemos sobre la historia del pastor que deja noventa y nueve ovejas para buscar la que se ha perdido (Lucas 15:1-7).

Descubrámonos a nosotros mismos en la parábola del padre amoroso que no quiere nada más que reconciliarse con su hijo pródigo (Lucas 15:11-32). En cada una de estas historias, y por sus propias acciones, Jesús nos invita a darle un vistazo al sentir de Dios por «el otro», el de afuera.

Los escritos del apóstol Pablo a las iglesias primitivas muestran una compasión similar para los que miran desde afuera a la iglesia. «Dios demuestra su amor por nosotros en esto: en que cuando todavía éramos pecadores, Cristo murió por nosotros» (Romanos 5:8). No te olvides de que alguna vez fuimos «los de afuera», le dice a la iglesia en Roma. A la iglesia en la ciudad de Corinto le escribe:

> Por carta ya les he dicho que no se relacionen con personas inmorales. Por supuesto, no me refería a la gente inmoral de este mundo, ni a los avaros, estafadores o idólatras. En tal caso, tendrían ustedes que salirse de este mundo. Pero en esta carta quiero aclararles que no deben relacionarse con nadie que, llamándose hermano, sea inmoral o avaro, idólatra, calumniador, borracho o estafador. Con tal persona ni siquiera deben juntarse para comer. ¿Acaso me toca a mí juzgar a los de afuera? ¿No son ustedes los que deben juzgar a los de adentro? Dios juzgará a los de afuera.
>
> 1 Corintios 5:9-13

Las instrucciones de Pablo son muy claras, pero resultan difíciles de aplicar, incluso para los cristianos más devotos y antiguos. La mayoría de nosotros estaríamos más que felices de juzgar a aquellos que no son «de los nuestros» ¿Qué aspecto tendría la iglesia si tomáramos la amonestación de Pablo en serio y les enseñáramos a nuestros jóvenes a hacer lo mismo?

«Compórtense sabiamente con los que no creen en Cristo, aprovechando al máximo cada momento oportuno», le escribe Pablo a la joven iglesia en Colosas. «Que su conversación sea siempre amena y de buen gusto. Así sabrán cómo responder a cada uno» (Colosenses 4:5-6). ¡Qué maravilloso cuadro nos pinta el apóstol con respecto a nuestras responsabilidades como cristianos! Este es un consejo muy bueno sobre cómo vivir nuestra vida. ¿Estamos cultivando tal amable postura hacia los no creyentes y enseñándoles a los discípulos jóvenes a vivir de esa forma con sabiduría?

Hace un tiempo oí hablar a un grupo de líderes que planeaban una conferencia a fin de enseñarles a los adolescentes qué decir cuando se enfrentaran a un ateo (frases prefabricadas que los ayudaran a lidiar con una persona que no creyera en Dios). Recuerdo que en ese momento pensé: ¿«Vete al infierno» estará en esa lista? Si bien este es un ejemplo extremo, el hecho de que esta idea fuera seriamente considerada evidencia la preferencia de nuestro corazón a aprender lemas hechos por otros, en lugar de vivir con sabiduría y hablando amablemente.

La Escritura también debe ser nuestra guía mientras nos enfrentamos con la singularidad de Cristo y lo que esto significa para la misión de la iglesia. Conozco a un pastor de jóvenes que dirige un estudio de un mes basado en el Evangelio de Juan con su grupo cada año. Él comenta: «Es muy difícil que la gente lea el libro de Juan y no vea lo que Jesús decía de sí mismo. Él estaba haciendo una afirmación sobre la realidad de su naturaleza. Incluso mi mejor predicación se queda corta cuando trato de imitar esto. La mejor manera de que los jóvenes aprendan de Cristo es a través de las Escrituras. Esa es la única manera que he encontrado para que cualquiera de nosotros comprenda en verdad la exclusividad del mensaje de Cristo».

Abrazando la práctica

¿Qué métodos utilizamos para ayudar a los adultos jóvenes a entender y experimentar el mensaje de Cristo? ¿Qué prácticas pueden ayudarlos a desarrollar su empatía por la misión, llevando a cabo actos de amor hacia los que sufren y no tienen esperanza debido a su propio amor por Cristo? ¿Estamos haciendo del servicio a los que no pertenecen a la iglesia un componente central del discipulado?

Nuestras tradiciones —ricas y variadas— nos pueden ayudar en este sentido. Todos los diferentes trasfondos —ya sean wesleyanos, reformados, ortodoxos, anabaptistas o anglocatólicos— han formulado prácticas misionales que pueden ayudar a la iglesia más amplia a formar a una nueva generación de seguidores de Cristo enfocados en la misión y apasionados por el evangelio. Al compartir prácticas y mostrar compañerismo a través de las divisiones denominacionales, rechazamos tanto la exclusión como la tolerancia y podemos aceptarnos como hermanos y hermanas en Cristo.

Abrazando la empatía

La próxima generación necesita formas viables, bíblicas y llenas de gracia por medio de las cuales se puedan relacionar con personas que no son creyentes. Por el bien de Cristo y la misión de la iglesia, tenemos que darles mejores herramientas y una teología reflexiva, profunda y practicable. Me gustaría tener sugerencias más fáciles, pero la verdad es que las relaciones son difíciles y complejas. No hay dos iguales. Sin embargo, aprender a amar a los demás con el coraje de nuestras convicciones dadas por Dios es parte del arte de seguir a Cristo. Enseñarles esto a los cristianos jóvenes constituye el arte del discipulado.

Una buena noticia es que la próxima generación tiene más para ofrecer de lo que podríamos imaginar. Creo que muchos de ellos están trabajando en desarrollar una teología práctica y profunda. (Como le pasaba a Taylor, nuestra amiga, que es una joven de diecinueve años y actualmente estudia en la universidad del pacífico de Seattle). Me encontré con Taylor recientemente en una tienda en nuestra ciudad de Ventura. A medida que hablaba con un amigo, no pude dejar de notar que tenía bordado en su bolso la palabra «empatía». Francamente, sentía curiosidad por la palabra que ella había escogido.

Cuando le pregunté al respecto, Taylor dijo: «La empatía es la capacidad de ver una situación, una emoción, una acción, a través de los ojos de Cristo y del corazón de la otra persona. Cuando tengo empatía, empiezo a entender el amor que Cristo siente por los que sufren y a ver la situación desde su punto de vista. Es una forma de humillarme y poner las necesidades y emociones de los demás antes de la mías».

«¿Pero no te preocupa que algunos cristianos puedan pensar que tu empatía solo significa la aceptación de todas las personas, sin importar lo que hagan?», pregunté.

«Sí, algunas personas me han mirado un poco extraño. Sin embargo, la empatía es parte de la naturaleza de Cristo. Es la capacidad de comprender y llevar las cargas de otros. Por ejemplo, tengo una carga fuerte por quienes se ven atrapados en el tráfico sexual. Es un mal que destruye la inocencia de los niños y trata a las mujeres como si fueran menos que polvo. A pesar de que no me puedo identificar ciento por ciento con su situación, es a través de la empatía que soy capaz de darme cuenta del daño interno y la desesperación creada por esta esclavitud. En nuestro anhelo de ser más como Cristo, tenemos la oportunidad de imitarlo».

Más allá de la falsa elección entre la exclusión y la tolerancia, ayudemos a la próxima generación a ver las cosas de la forma en que Jesús lo hace.

10

SIN POSIBILIDAD PARA LA DUDA

Desconexión: «En cuanto a lo referente al infierno, nunca he hecho las paces con eso. Los seres humanos somos capaces de perdonar a aquellos que nos han hecho cosas terribles, y todos estamos de acuerdo en que somos gusanos comparados con Dios, ¿cuál sigue siendo su problema entonces?».

—John

Reconexión: «Estar aquí, con personas que me agradan, haciendo algo a pesar de mi incredulidad, es mejor que no hacer nada».

—Helen

L a fe y la duda pueden arrastrarse hasta los lugares más extraños… incluso las páginas de *GQ*.

El proyecto de investigación que presento en este libro ha tomado años para elaborarse, empezando con el estudio del Grupo Barna en el 2003, el cual identificó un cambio generacional con implicaciones reales para el futuro de la iglesia. Sin embargo, este trabajo tomó una nueva fuerza luego de leer un artículo de *GQ*.

Este artículo, emitido en febrero del 2004, describe a los admiradores del rock cristiano y a su cultura, satirizando además la fusión entre lo espiritual y el *rock and roll*. El subtítulo le da inicio a la fiesta: «La música rock era un puerto seguro para degenerados y rebeldes. Hasta que encontró a Jesús…». Una ilustración de Jesús como una estrella de rock completa el montaje. Él muestra una sonrisa maliciosa y, por supuesto, el cabello le llega hasta los hombros. Su cuerpo es musculoso y su ropa —unos jeans y una camiseta blanca— está rasgada, y en su brazo derecho tiene un tatuaje de un corazón y una cruz.

Así es como los editores de *GQ* perciben la versión del rock cristiano del salvador del mundo. No obstante, lo que más atrajo mi atención es la historia de trasfondo del autor del artículo, John Jeremiah Sullivan. Sullivan está en una buena posición para proveer el punto de vista de alguien de adentro que se convirtió en uno de los de afuera, porque él vivió este proceso. El cristianismo fue un aspecto clave en su viaje personal de fe. Mientras el artículo se desenvuelve, él describe sus años de juventud como un período en el cual se consideraba a sí mismo un cristiano nacido de nuevo y comprometido. Recuerda su participación activa en el estudio de la Biblia, así como en el discipulado y la tutoría a través de lo que llama su «fase de Jesús» durante sus años de adolescencia.

He aquí lo más emocionante: la crisis de fe de Sullivan, como él la determina, tuvo lugar unos años atrás en *un concierto de rock cristiano*, al cual había asistido reclutado por su iglesia para proveer consejería espiritual a los asistentes del concierto. Todo aquel que hacía un nuevo compromiso con Cristo iba a recibir una consejería personal a fin de entender mejor las ramificaciones de la decisión que había tomado. Mientras trataba de ayudar a un grupo de creyentes neófitos a comprender lo que significaba convertirse al cristianismo, Sullivan empezó a escuchar sus propias respuestas huecas. Tal vez se trata meramente de una frase inspirada por su estilo de periodista, pero Sullivan indica que esa noche salió del concierto *menos cristiano*. Él era una persona distinta y, evidentemente, se hallaba en un camino que lo alejaba de la fe.

Debido a sus dudas, la iglesia lo perdió.

TONOS DE DUDA

Parecería redundante decir que la duda causa en las personas una lucha con la fe, pero es importante recordar que la duda y la fe no siempre están opuestas. Frederick Buechner, el teólogo y novelista nominado al premio Pulitzer, una vez dijo: «La duda son las hormigas en el camino de la fe». A menudo la duda actúa como un motivador poderoso hacia una vida espiritual más completa y genuina, y nuestro estudio confirma que no todo el que duda camina lejos de la fe. Sin embargo, nuestro estudio también muestra que la duda es una razón significativa para que los adultos jóvenes se alejen de la iglesia.

Además, hemos aprendido que la duda viene en más de un tono. Este es un buen momento para volver a enfatizar uno de los temas más importantes de nuestros descubrimientos: cada viaje espiritual es único. Debemos poner atención no solo a las tendencias generales, sino también a las historias individuales. Si queremos ver la imagen en su totalidad de las siguientes generaciones y sus relaciones con la iglesia y el cristianismo, un rodillo solo servirá para preparar el lienzo. Lo que necesitamos es un pincel de punta fina a fin de interpretar los detalles.

Toda historia importa.

En nuestra cultura moderna basada en la evidencia y orientada a la lógica, tenemos una cierta imagen en nuestra cabeza de lo que significa ser una persona incrédula. Muchos cristianos creen que la gente que experimenta dudas simplemente carece de la evidencia apropiada o una convicción profunda. No obstante, la duda tiene más matices y es también una experiencia algo resbaladiza que involucra personalidad, falta de realización, ideas sobre la convicción, alienación en las relaciones, y hasta en la salud mental.

¿Es la comunidad cristiana capaz de sostener la tensión entre la duda y la fe, aceptando cuestionamientos difíciles, y hasta de hacer juntos presión para alcanzar las respuestas? ¿O será que la iglesia continúa siendo vista como el lugar al que los incrédulos no pertenecen, porque la certeza se iguala a la fe? ¿Estaremos empujando a los incrédulos hacia los márgenes para que sean personas sin dudas?

Veamos algunas corrientes comunes de la duda y luego exploremos cómo podemos responder de mejor manera cuando el viaje espiritual de alguna persona la lleva hacia esos caminos.

Duda intelectual

Empecemos con los incrédulos que damos por garantizados: aquellos que luchan con formas evidentes de la duda, que no están satisfechos con las pruebas racionales de que Dios existe o Jesús resucitó. La mayoría de los adolescentes y adultos jóvenes cristianos no están exprimiendo sus cerebros (o sus almas) en un esfuerzo por darle una coherencia lógica a su afirmación de la fe. Sin embargo, este tipo de preocupaciones afecta a millones de jóvenes (y adultos) estadounidenses, de modo que no debería ser minimizado. Hemos aprendido en nuestras entrevistas con personas de dieciocho a veintinueve años que tienen antecedentes cristianos que un cuarto (23%) posee «dudas intelectuales importantes sobre su fe». Esto no representa a la mayoría, pero recuerda que las historias individuales importan. Uno de cada nueve jóvenes cristianos (11%) afirma que las experiencias universitarias han causado en ellos dudas sobre su fe. Este no es un gran porcentaje, pero representa a decenas de miles de personas.

¿Cuáles son las implicaciones? La apologética tradicional todavía tiene un papel importante que jugar a la hora de lidiar con las preguntas intelectuales que se levantan en el camino hacia una fe comprometida… aunque la *forma* de la apologética debe ser adaptada a la nueva generación. Debemos considerar salirnos del enfoque de los «expertos» hacia un enfoque más personal. Una comunidad de fe en Oregón se reúne semanalmente en un servicio de adoración que invita a cualquiera a hacer preguntas sobre la fe. Para estar a la altura de este mundo superconectado de los jóvenes, la iglesia acepta preguntas enviadas por mensajes de texto y Twitter. Mi suposición es que esto debe ser una locura para el cuerpo pastoral, que voluntariamente se exponen a fin de luchar con las preguntas más apremiantes hechas por la gente; pero me imagino que vale la pena, y no solo para los que obtienen las respuestas. La comunidad entera está siendo testigo cada semana de lo que es luchar contra la duda y confesar nuestras preguntas sin abandonar la fe.

Para aquellos de nosotros que tenemos fuertes convicciones puede resultar difícil imaginar cómo la gente lucha con la incredulidad. Una de las entrevistas cualitativas que le hicimos a un hombre joven llamado Matt me ayudó a entender la potencia de las preguntas intelectuales. Él dijo: «A veces desearía poder presionar el botón de creer. De verdad deseo decirle que sí al cristianismo. Sin embargo, no funciona de esa forma. No puedo dejar pasar algunas de estas preguntas sobre la fe, Dios y el cristianismo».

John Sullivan, el escritor de *GQ* del que hablamos antes, explica en su artículo, entre otras preguntas intelectuales y teológicas, que él no puede entender la maldición de Dios hacia los pecadores. Sus palabras resumen los sentimientos de miles:

> En cuanto a lo referente al infierno, nunca he hecho las paces con eso. Los seres humanos somos capaces de perdonar a aquellos que nos han hecho cosas terribles, y todos estamos de acuerdo en que somos gusanos comparados con Dios, ¿cuál sigue siendo su problema entonces? Miro a mí alrededor y veo personas que nunca han tenido la oportunidad de acercarse a Jesús, que han sido dañadas severamente. ¿No se merecen —más que el resto de nosotros, al menos— encontrar socorro después de esta vida?

Algunas de las dudas con las que nos hemos topado en nuestra investigación se hacen eco de problemas similares, lo cual no es sorpresa; estas son preguntas con las cuales las personas han luchado desde los albores de la fe. Encontramos que aquellos que experimentan dudas intelectuales son comúnmente pródigos: los que decidieron no ser cristianos. Entre los desertores, los pródigos son los que tienen más probabilidades de hacer una o más «preguntas grandes», las cuales no pueden descifrar. Por ejemplo:

- ¿Por qué Dios permite el sufrimiento? ¿O el mal?
- ¿No es el hecho de que haya nacido en una familia cristiana un accidente social o geográfico? Pude haber nacido hindú o de cualquier otra fe.
- ¿Qué debo creer de la Biblia? ¿Por qué?
- ¿No dicen básicamente lo mismo todas las religiones? ¿Por qué el cristianismo es tan exclusivo?

Por supuesto, la mayoría de las personas —no solo los pródigos— se preguntan esto en algún punto a lo largo de su camino de fe. No obstante, simplemente preguntarse hace muy poco para detener a la mayoría de las personas en sus jornadas espirituales. La investigación muestra que, mientras los estudiantes entran en sus últimos años de escuela secundaria y luego van a la universidad, este tipo de dudas crece de una manera significativa e impactante. No obstante, incluso en su punto más alto, no son normalmente las preguntas intelectuales las que provocan una ruptura entre los jóvenes cristianos y sus creencias. Los nómadas o exiliados, por ejemplo, están dispuestos a considerar las preguntas intelectuales, pero a menudo encuentran que otro tipo de dudas debilita más su compromiso de fe.

Duda institucional

Un tipo particular de duda experimentada por la siguiente generación es una forma de escepticismo institucional dirigido al cristianismo de hoy. El cantautor David Bazan, del que hablamos en el capítulo 3, ejemplifica esta perspectiva. Estos adultos jóvenes pueden estar frustrados por las preguntas filosóficas clásicas tanto como los incrédulos intelectuales, pero también están entrando en un conflicto profundo con las expresiones del cristianismo moderno de hoy en día, las cuales muchos catalogarán como distorsiones o abusos de las enseñanzas de Cristo. En otras palabras, algunos adultos jóvenes dudan de Dios, pero para otros, «la duda» puede describirse mejor como un profundo y visceral sentido de que la iglesia de hoy no es lo que podría o debería ser.

Pienso que esto ayuda a explicar uno de los descubrimientos sorpresivos acerca de los cuales escribí en *Casi cristiano*. Muchos jóvenes cristianos, así como muchos que no son cristianos, tienen una percepción negativa de la iglesia, en particular del evangelismo en los Estados Unidos. Durante ese proyecto de estudio, me sentí impactado al encontrar a muchos creyentes jóvenes que tienen opiniones negativas de la iglesia. Las encuestas que hicimos para este proyecto ayudaron a aclarar y definir esos primeros hallazgos.

Sin posibilidad para la duda / En sus propias palabras

Porcentaje de jóvenes de 18 a 29 años de edad que tienen un trasfondo cristiano

	Completamente cierto sobre mí	Completamente o en su mayor parte cierto sobre mí
No siento que pueda hacer las preguntas más apremiantes de mi vida en la iglesia.	14%	36%
Tengo dudas intelectuales significativas sobre la fe.	12%	23%
Mi fe no me ayuda con la depresión u otros problemas emocionales.	10%	20%
Tengo o he tenido una crisis en mi vida que ha hecho que dude de mi fe.	9%	18%
La muerte de un ser querido ha causado duda en mí.	5%	12%
Las experiencias universitarias han hecho que cuestione mi fe.	5%	11%
No tengo permitido hablar sobre mis dudas en la iglesia.	5%	10%

Grupo Barna | 2011 |, N=1.296

Como describimos en los capítulos sobre los nómadas, pródigos y exiliados, uno de cada cinco jóvenes (21%) con antecedentes cristianos han dicho: «Soy cristiano, pero la iglesia como institución es un lugar difícil para vivir abiertamente mi fe». Exponer algunas de las partes más oscuras de la vida religiosa también puede sembrar semillas de duda. Entre los adultos jóvenes con antecedentes católicos, un quinto reportó: «Los escándalos de abusos hechos por los sacerdotes han hecho que cuestione mi fe». Otra duda es la que rompe mi corazón, y esta tiene terribles implicaciones para el liderazgo de la iglesia del mañana. Cerca de uno entre ocho jóvenes cristianos (13%) afirma que «trabajaba en la iglesia, pero terminó desilusionado». Nuestra investigación no sondeó si eran parte del personal o voluntarios de la iglesia, pero de igual manera, hay decenas de miles de jóvenes de veintitantos años desconectados por experiencias negativas de primera mano al servir a su congregación. ¿Cómo podemos hacer un mejor trabajo monitoreando las experiencias que los jóvenes tienen en el liderazgo?

El entorno de la duda institucional es uno de los lugares donde podemos ver el aumento de los exiliados, jóvenes cristianos que buscan formas de seguir a Jesús fuera de los senderos típicos. Recordemos que en el capítulo 4 dijimos que más de un tercio de los jóvenes cristianos (38%) «quiere encontrar una manera de seguir a Jesús y conectarse al mundo en que vive». Un quinto (22%) desea «hacer algo más que reunirse una vez por semana para adorar».

A veces los exiliados hacen un esfuerzo para mantenerse conectados a la iglesia institucional y así hablar proféticamente a la amplia comunidad cristiana, retándonos a reformar y renovar. Shane Claiborne y sus amigos en The Simple Way [La forma simple], una comunidad monástica en Filadelfia, son un notable ejemplo de esta postura. Ellos están comprometidos a vivir según una visión decidida y contracultural del cristianismo, no obstante, Shane comparte su visión en las conferencias y eventos de las iglesias principales, exhortando a los creyentes de mucha tradición a examinar y reevaluar su forma de ser seguidores de Cristo.

No todos estamos de acuerdo con todo lo que estos jóvenes exiliados dicen y hacen. Sin embargo, creo que estamos cavando nuestra propia tumba al ignorar las dudas institucionales de la próxima generación. Dios parece siempre trabajar al margen y hablar por medio de voces proféticas. Con frecuencia los líderes jóvenes son audaces y catalíticos, y Dios va a utilizar a mujeres y hombres jóvenes para empezar nuevas organizaciones al servicio de la iglesia. Billy Graham era joven cuando su ministerio evangelístico despegó.

La madre Teresa llegó a la India cuando solo tenía diecinueve años. Muchos líderes jóvenes pueden visualizar el futuro de maneras no perceptibles para los líderes ya establecidos.

Algunos serán muy rápidos al actuar con relación a sus dudas institucionales y se definirán a sí mismos por su salida. Con todo, algunas de sus críticas darán en el blanco y nos ayudarán a identificar lo superficial de nuestra adoración y prácticas. Mientras que estoy convencido de que todo cristiano necesita ser parte de una comunidad de miembros creyentes —y de que muchos jóvenes desertores necesitan más de esa verdadera comunión en sus vidas— debemos estar dispuestos a escuchar y responder a las más sinceras dudas institucionales de la siguiente generación.

Dudas inexpresables

Hace unos meses atrás me encontraba desayunando en uno de mis lugares favoritos con Kevin. Hablábamos sobre las decisiones que lo habían llevado fuera de la iglesia. Él creció siendo católico, y había sido la separación de sus padres la que empezó a afectar su confianza en la fe. «Al principio fue difícil para mí aceptar que mis padres fueran echados de la iglesia por su divorcio», contó Kevin mientras tomaba su café. «Pero probablemente igual de importante fue cómo la iglesia manejó mis dudas... o no lo hizo». Vaciló antes de admitir: «Guardé mis dudas para mí mismo, porque pensaba que mis líderes no querrían saber que en verdad ya no creía. Tal vez pudieron ayudarme más, pero nunca creía que fueran capaces de hacerlo».

Sospecho que si Kevin hubiera hablado sobre sus dudas, hubiera encontrado más ayuda de la que esperaba. Tristemente, nunca lo sabremos.

Creo que la duda inexpresable es uno de los destructores más poderosos de la fe. Nuestra investigación revela que muchos jóvenes sienten que la iglesia es un contenedor demasiado pequeño para poder cargar con sus dudas. Un tercio de jóvenes cristianos (36%) está de acuerdo con la declaración: «No siento que pueda hacer las preguntas más apremiantes de mi vida en la iglesia». Uno de cada diez (10%) lo expresa de forma más franca: «No tengo permitido hablar de mis dudas en la iglesia».

Está estadística señala uno de los retos que la nueva generación de cristianos le hace a la iglesia. Ellos están acostumbrados a «dar su opinión» en todo lo que se relaciona con sus vidas. Como notamos antes, la comunicación, alimentada por la tecnología, está cambiando de pasiva a interactiva. No obstante, la estructura de desarrollo del joven adulto en muchas de las iglesias y parroquias sigue el estilo de la instrucción en un salón de clase. Resulta una comunicación pasiva y en un solo sentido... o por lo menos esa es la percepción que la mayoría de los jóvenes tienen de su educación religiosa. Encuentran muy poco apetito en sus comunidades de fe por el diálogo y la interacción.

Además, en la duda inexpresable se presenta un elemento aislado. Cuando una persona siente que la iglesia no es un lugar seguro para ser honesto, se ve obligada a pretender, a montar un espectáculo, lo cual con frecuencia resulta en una fe que no cala profundo. Cuando los jóvenes cristianos se retraen, manteniendo sus incertidumbres, preocupaciones y desilusiones en privado, se van alejando de los líderes y colegas que tal vez puedan ayudarlos a lidiar con sus dudas de una forma positiva y de este modo a ir edificando su fe.

Las personas permanecen en silencio en cuanto a sus dudas por muchos motivos. Y seamos honestos, no siempre es culpa de la iglesia. Muchos líderes juveniles y pastores están listos, deseosos y capacitados para escuchar a los jóvenes, motivándolos en la búsqueda de respuestas a sus grandes preguntas y caminando junto a ellos con honestidad y autenticidad.

Sin embargo, en muchas ocasiones las comunidades de fe construyen un ambiente tóxico donde las dudas pueden agravarse. O nunca crean un espacio para formular preguntas o donde se pueda discutir abiertamente sobre las situaciones difíciles de la vida. En estos lugares los adultos jóvenes no se sienten aceptados, por el contrario, son espacio donde el «experto» hace sentir a aquellos que tienen dudas como estúpidos o personas totalmente fuera de tono con una «verdadera» creencia o fe. Algunos perciben que pueden ser juzgados por ser honestos, mientras que otros quieren creer más profundamente y al articular sus dudas se sienten como traidores.

No podemos resolver la duda como un rompecabezas, pero es posible crear comunidades que mantengan la fe y la duda en un balance apropiado. Dios no le tiene miedo a las dudas de los seres humanos. «Tomás el incrédulo» es recordado por no creer, pero en su misericordia, Cristo le permitió renovar su fe cuando Dios resucitado le mostró sus marcas de crucifixión y resurrección. Al rey David se le consideraba un hombre de acuerdo al corazón de Dios, aunque muchos de sus salmos cuestionan las intenciones divinas hacia él y su provisión... muchas veces crudamente, con palabras violentas que expresan hasta la más mínima emoción. Job también expresó sus dudas y desilusiones en términos muy fuertes.

Necesitamos comunidades donde sea seguro para las personas hablar de sus más profundas y oscuras preocupaciones, donde expresar la incertidumbre no sea visto como algo anormal o apóstata. La transparencia radical, para bien o para mal, es la norma en la cultura de los adultos jóvenes; solo hay que mirar las revistas y los sitios web de chismes que son tan populares entre la generación de jóvenes. Mejor aún, hay que darse cuenta de que la mayoría de la gente joven está deseosa de vivir «públicamente» en Facebook y otras redes sociales. Como el pastor y experto en tecnología Shane Hipps describe, esta es «una generación de exhibicionistas». Muchos de ellos no se apenan al hacer preguntas honestas (al menos en su círculo de amigos), aunque a veces no tienen la paciencia o la determinación para conseguir buenas respuestas.

Aun así, después de estudiar el rol de las comunidades de fe y las familias en formación espiritual, creo que el problema *no es solo* el período corto de atención de la siguiente generación, o la falta de rigor intelectual. Al contrario, opino que las comunidades de fe no han hecho un buen trabajo construyendo ambientes o experiencias donde los estudiantes puedan procesar sus dudas. Nuestra posición hacia los estudiantes y adultos jóvenes debería ser más socrática, más orientada al proceso, más deseosa de vivir con sus preguntas y buscar juntos las respuestas. Necesitamos guías que sepan cómo encontrar un mejor balance entre hablar y escuchar.

Lidiar con la duda es una tarea completamente relacional. El pastor y teólogo alemán Dietrich Bonhoeffer estaba preocupado por el desarrollo espiritual de la juventud, en especial de los jóvenes varones, de modo que se convirtió en socio y mentor de muchos de ellos. Uno de sus estudiantes, Ferenc Lehel, recuerda la respuesta de Bonhoeffer a sus dudas:

> En mis dificultades intelectuales él estuvo junto a mí, como pastor, hermano y amigo. Cuando me recomendó *Glaube und Denken*, de Karl Heim, mencionó cómo Heim pudo sentir empatía con el incrédulo; cómo no recurrió a apologéticas baratas que desde su base arrogante disparaban hacia los pilares de la ciencia natural. Debemos pensar con el incrédulo, dijo, hasta dudar con él.

Así como vamos formando comunidades donde la gente joven pueda expresarse y procesar sus dudas en relaciones seguras y afirmadoras, también debemos evitar hacer de la duda un estilo de vida. En nuestra firma investigativa y en mi interacción con los pastores jóvenes, he encontrado comunidades de «fe» donde la duda está consolidada tanto, que se ha apoderado de todo, ahogando la esperanza cristiana con cinismo y pasión hacia la misión de la iglesia con gran apatía. Formular grandes preguntas puede convertirse en una excusa para no hacer nada. En *The Myth of Certainty* [El mito de la certeza], Daniel Taylor, profesor de la Universidad Betel, escribe sobre cómo él rechaza y no permite a la duda paralizarlo cuando esta se levanta: «He aprendido a vivir con el nacimiento y la caída de pensamientos y sentimientos de fe, a coexistir honestamente con dudas, a aceptar la tensión y la paradoja sin tomarlas como una excusa para la inactividad».

La idea de que la acción —*crear* fe— puede desarmar los efectos más agobiantes de la duda es un tema que retomaremos en este capítulo.

Duda temporal

Dos de cada cinco jóvenes (38%) afirman que alguna vez «dudaron significativamente de su fe». En nuestra encuesta les ofrecemos una serie de opciones de por qué la duda se levanta, y un número sustancial de respuestas indica que las dudas se arraigan en razones personales en lugar de intelectuales.

- Doce por ciento afirmó: «La muerte de un ser querido ha causado que dude».
- Dieciocho por ciento dijo: «Tengo o he tenido una crisis en mi vida que ha hecho que dude de mi fe».
- Veinte por ciento indicó: «La iglesia no me ayuda con la depresión u otros problemas emocionales», lo cual afecta negativamente sus jornadas de fe.

Podemos clasificar este tipo de dudas como temporales, surgiendo de una experiencia personal que afectó profundamente a la persona. Muchos creyentes experimentan la duda temporal en algún punto de sus vidas, pero no todos reciben el tipo de apoyo y la motivación de los colegas creyentes que les permitan llegar a desarrollar una fe sustanciosa. Déjenme darles un ejemplo que los va a sorprender.

Conocí a Helen en una conferencia cristiana. Luego del primer día de presentaciones, estaba hablando con el organizador de la conferencia, Jim Henderson.

—¿Ya conociste a Helen, la atea? —preguntó Jim.

—¿Quieres decir Helen, la bajita?

Recordé haber tenido una conversación breve a la hora del almuerzo con una mujer verticalmente desafiante.

—Sí, esa Helen. Ella no es creyente. Deberías hablar mañana un poco más con ella.

Al siguiente día, cuando el evento cristiano continuó, lo hice. Helen confesó haber sido una cristiana nacida de nuevo y comprometida por muchos años. Sin embargo, había entrado en una temporada de serios problemas mentales. «Tenía una vida de oración activa, pero empecé a escuchar voces, lo cual no era normal ni saludable. A veces pensaba que se trataba de la voz de Dios, pero otras veces eran otras personalidades que yo estaba creando. Al final, llegué a un punto donde literalmente me estaba volviendo loca y al borde del colapso».

Helen hizo una pausa y luego añadió: «Tuve que reaccionar con mi duda y convertirme en atea para proteger mi salud mental».

Uno de cada cuatro adultos en los Estados Unidos sufre de un desorden mental diagnosticado. La depresión clínica se está esparciendo, hasta en líderes cristianos. Mi propio padre, un pastor de toda la vida en Phoenix, Arizona, ha lidiado con la depresión casi toda su vida adulta. Él ha hablado de lo difícil que es ser ministro mientras lucha con un desorden de este tipo, y hasta ha escrito un libro aclamado por los críticos sobre este tema: *Understanding Depression and Finding Hope* [Comprendiendo la depresión y encontrando esperanza].

De esos estadounidenses con enfermedades mentales diagnosticadas, seis por ciento son, como Helen, seriamente maltratados. No solo se puede mencionar que la pobre salud mental puede causar un debilitamiento en la familia, el trabajo y los problemas personales; sino también planta la semilla de la duda quebrantadora del alma. A pesar de lo comunes que son estos problemas, la comunidad cristiana no siempre sabe cómo responder. Helen lo experimentó: «Cuando fui a hablar de todo esto con mi pastor —un hombre muy bueno y con buenas intenciones, y que además era muy importante para mi fe— me dijo que era tonta por querer convertirme al ateísmo. Él entendió que yo estaba luchando, pero me indicó que no debía abandonar mi fe en Dios. Su capacidad de comprender verdaderamente y relacionarse con el conflicto que había dentro de mí fue muy superficial».

Con todo lo que ella había pasado, no pude contenerme y dejar de preguntarle: «¿Qué haces *aquí*, en una conferencia cristiana?».

Su respuesta destaca la importancia de la fe en acción mientras corrige la incredulidad: «Yo estoy aquí para ayudar. Respeto a los cristianos. Amo a Jim y su conferencia. No sé adónde me llevará mi vida, pero definitivamente soy atea. No puedo permitirme creer que hay un Dios que habla, porque entonces siempre me siento con los nervios de punta. Y tengo un esposo y niños que cuidar. Estar aquí, con personas que me agradan, haciendo algo a pesar de mi incredulidad, es mejor que no hacer nada».

DE LA DUDA A LA ACCIÓN

Crear comunidades de fe donde las dudas de todo tipo puedan ser exploradas de forma honesta, abierta y relacional es una manera de producir un cambio en la siguiente generación. Otra es darles a los adultos jóvenes la oportunidad de convertir las palabras en hechos. Muchas de las verdades más profundas del cristianismo se aclaran cuando ponemos nuestra fe en acción; en el *hacer*, creer tiene sentido. A veces el mejor modo de lidiar con nuestra incredulidad es evitar la fijación en ella y empezar a ocuparse en algo por el bien de los demás. Debemos ayudar a los adultos jóvenes a hacer algo con su fe y de esta manera contextualizar sus dudas dentro de la misión de la iglesia.

Recientemente mi padre, quien dirigió una gran iglesia por muchos años, me recordó que su congregación motivaba a cualquiera a participar en los viajes misioneros y las actividades de servicio, sin importar dónde estuviera la persona espiritualmente. Hasta los que no eran cristianos podían participar. Claro, tenían cristianos comprometidos que los guiaban y enseñaban en estos viajes y actividades, pero no requerían que una persona fuera cristiana para servir.

«Esto causó muchos retos», me dijo, «porque algunos miembros de la iglesia pensaban que la gente debía saber en qué creía antes de ser asociada con la iglesia. Nadie supo cómo manejar la situación cuando una mujer joven se acercó a uno de nuestros líderes en una actividad de ayuda en Guatemala y declaró: "Yo realmente no creía en Dios antes de este viaje. No obstante, ahora veo lo que ustedes están haciendo, lo que *estamos* haciendo por estas personas. Ahora quiero seguir a Cristo"».

Hay un lugar para apologéticas fascinantes, pero para capturar el corazón de la siguiente generación, también necesitamos ayudarlos a ser hacedores de la fe, una frase que proviene de las propias Escrituras. Santiago motivó a sus colegas seguidores de Cristo a ser no meramente oidores de la palabra, sino hacedores (véase Santiago 1:22). ¿Cómo podemos ayudar a los jóvenes a convertir sus dudas intelectuales, institucionales, inexpresables y temporales en algo más que preguntas?

No podemos batallar con alguien —joven o viejo— y que este no dude más. Solo el Espíritu Santo puede hacer eso. Sin embargo, podemos tratar de apreciar cómo las dudas afectan a los individuos reales y caminan con ellos mientras enfrentan cuestionamientos desconcertantes sobre la vida, Dios, y sí mismos; individuos reales como John Sullivan. Su confesión —expuesta en el medio de *GQ*— todavía llama mi atención: «Una vez que lo conoces [a Jesús] como Dios, es difícil encontrar complacencia en el hombre. La plena sensación de vida que viene con una total y real noción de ser […] cuya atracción no disminuye. Y uno tiene dudas sobre sus propias dudas».

Como Sullivan, hay millones de adultos jóvenes replanteando la iglesia y la fe… y tienen dudas sobre sus dudas. ¿Cómo podemos ayudarlos, permitiéndoles a sus dudas ser «hormigas en el camino» en su búsqueda de Dios?

Parte 3

RECONEXIONES

11

LO NUEVO Y LO VIEJO

(O tres cosas que aprendí estudiando a la nueva generación)

La iglesia en el occidente está luchando para conectarse con la próxima generación. Estamos lidiando con los inmensos cambios tecnológicos (la naturaleza versátil del acceso), espirituales (los cuestionamientos a la autoridad) y sociales (el incremento en la alienación) que definen estos tiempos. Estamos aprendiendo cómo enseñar una fe muy valiosa en un nuevo contexto. ¿Cómo podemos preparar a la próxima generación para vivir plenamente y seguir a Jesús de todo corazón en estos tiempos de cambio? ¿Y cómo puede la próxima generación asumir el reto de revitalizar a la comunidad cristiana para cumplir nuestra misión en medio de la cultura?

Ahora que hemos conocido a los nómadas, los pródigos y los exiliados, y hemos explorado sus percepciones con respecto a la iglesia y al cristianismo, me permito compartir tres cosas que he aprendido del estudio de la siguiente generación: (1) la iglesia debe reconsiderar cómo hacemos discípulos; (2) tenemos que redescubrir el llamado cristiano y la vocación; y (3) tenemos que cambiar la prioridad de la sabiduría sobre la información mientras buscamos conocer a Dios.

Como he estado discutiendo a los largo de este libro, la comunidad cristiana necesita una nueva mentalidad: *una nueva forma de pensar, una nueva forma de relacionarnos, una nueva visión de nuestro papel en el mundo para transmitir la fe a las generaciones presentes y futuras.*

La verdad es que esta «nueva» forma de pensar no es tan nueva. Después de un sinnúmero de entrevistas y conversaciones, estoy convencido de que las prácticas históricas y tradicionales, y las formas de pensar ortodoxas cargadas de sabiduría, es lo que la próxima generación en realidad necesita. Esto puede sonar como una gran noticia, y la verdad es que lo es, pero no significa que podamos tomar un atajo.

Caminar juntos por las sendas antiguas de la fe en este nuevo entorno no será tarea fácil. Sin embargo, también creo que a medida que profundicemos en la fe cristiana histórica para nutrir a las generaciones jóvenes, toda la iglesia occidental se renovará.

Los jóvenes que quieren seguir a Jesús necesitan cristianos mayores que los enseñen a compartir la fe rica y satisfactoria. Además, la iglesia establecida necesita «odres nuevos» en los que podamos «verter» el futuro de la iglesia. Nos necesitamos unos a otros.

Démosle un vistazo a las tres áreas en las que creo que Dios nos está llamando a tener un pensamiento renovado.

REPENSEMOS LAS RELACIONES

Nuestra idea moderna de las generaciones está sobrevalorada y puede incluso distorsionar nuestra visión de cómo la iglesia está diseñada para funcionar. Mientras que la demografía generacional seguirá siendo una importante forma de enfocarnos en lo que hacemos como investigadores del mercado, he llegado a creer que lo que tenemos que recapturar como iglesia es el concepto bíblico de «generación». Chris Kopka es el responsable de cambiar mi forma de pensar en esta área.

—David —me dijo un día—, me parece que estás asumiendo que la iglesia es un conjunto de diferentes generaciones bajo un mismo techo, donde las generaciones mayores tienen la responsabilidad de formar a los más jóvenes.

—Sí, así pienso. ¿No es verdad?

Para mí, esta forma de pensar era obvia.

—Esa es *parte* de la imagen, pero hay una realidad mucho más grande. Una generación es cada persona que está cumpliendo los propósitos de Dios.

Chris hizo una pausa, probablemente porque me vio muy confundido.

—En otras palabras, si bien es cierto que hay diferentes grupos de edad representados en la iglesia, la Biblia parece afirmar que todo el mundo en la iglesia en un tiempo particular representa una generación. Una que está trabajando en su tiempo para participar en la obra de Dios.

El cuadro que Chris me mostró ese día me dejo boquiabierto y muy pensativo.

Hipótesis original: La iglesia existe a fin de preparar a la próxima generación para cumplir los propósitos de Dios.

Nueva forma de pensar: La iglesia es una asociación entre generaciones que cumplen los propósitos de Dios en su tiempo.

¿Qué significa esto? La comunidad cristiana es uno de los pocos lugares en la tierra donde encontramos representantes de todo ámbito de la vida humana. Literalmente, desde la cuna hasta la tumba, las personas se unen con un singular motivo y misión. La iglesia es (o debería ser) un lugar de reconciliación racial, de género, socioeconómica y cultural; porque Jesús declaró que nuestro amor sería la señal inequívoca de nuestra devoción a él (véase Juan 13:35). Somos una comunidad donde varias edades demográficas se aman con autenticidad y trabajan en conjunto con unidad y respeto.

Las relaciones intergeneracionales deben distinguir a la iglesia de otras instituciones culturales. El concepto de dividir a la gente en varios grupos en base a la fecha de su nacimiento es una práctica muy moderna, que emerge en parte de las necesidades del mercado en los últimos cien años. Ya que los productos eran producidos en masa, los comerciantes buscaron formas nuevas y efectivas para conectar un determinado producto o servicio a un grupo específico. La edad (o generación) se convirtió en uno de esos «ganchos» útiles, una forma de lanzar publicidad o atraer a un determinado tipo de comprador a determinadas mercancías.

En nuestra equivocada búsqueda de la vocación profética, muchas iglesias han permitido estar internamente segregadas por la edad. La mayor parte de ellas empezó esta división con la valiosa meta de que su enseñanza fuera apropiada para cada edad, pero llegó a crear un método sistematizado de discipulado semejante al modelo de las escuelas públicas, el cual requiere que cada pequeño grupo empiece simultáneamente su aprendizaje por edades. Así, muchas iglesias separan por grupos de edad a su gente, y al hacerlo, sin querer, contribuyen a la creciente ola de alienación que define nuestros tiempos. Como un subproducto de este enfoque, el entusiasmo y la vitalidad de la nueva generación han sido separados de la sabiduría y la experiencia de sus mayores. Solo para aclarar, no estoy alegando que de repente debamos cerrar los programas infantiles o juveniles. Estoy diciendo que nuestros programas tienen que ser reevaluados y renovados cuando sea necesario para hacer de las relaciones intergeneracionales una prioridad.

En lugar de estar divididos por grupos de edades (por más práctico que pueda parecer), creo que estamos llamados a conectar nuestro pasado (tradiciones y ancianos) con nuestro futuro (la próxima generación). Los cristianos somos miembros de un organismo vivo que se llama la iglesia. Las Escrituras describen con detalles impresionantes la infinita variedad y la unidad eterna de este organismo:

> Por el contrario, ustedes se han acercado al monte Sión, a la Jerusalén celestial, la ciudad del Dios viviente. Se han acercado a millares y millares de ángeles, a una asamblea gozosa, a la iglesia de los primogénitos inscritos en el cielo. Se han acercado a Dios, el juez de todos; a los espíritus de los justos que han llegado a la perfección; a Jesús, el mediador de un nuevo pacto; y a la sangre rociada, que habla con más fuerza que la de Abel.
>
> Hebreos 12:22-24

Las relaciones intergeneracionales son importantes en nuestro mundo, ya que constituyen una imagen de Sión, una imagen pequeña, pero real, de la majestuosidad y la diversidad del pueblo de Dios a través del tiempo, integrado por ciudadanos de la nueva realidad que Dios inauguró en Jesucristo. ¿Cómo podemos recuperar ese sentido de continuidad histórica, de un cuerpo de Jesús vivo y vibrante, una asamblea formada por los santos vivos de hoy y a lo largo de los siglos?

Si eres un cristiano joven, ya sea un nómada o exiliado, busca sabiduría de los viejos creyentes. Quiero hacer hincapié en la idea de buscar la sabiduría. Uno de los temas primordiales de Proverbios es que la sabiduría resulta difícil de alcanzar. Es como el amor. Parece obvio y fácil al principio, pero luego requiere paciencia y compromiso a largo plazo. Del mismo modo, la búsqueda de un mentor sabio y digno de confianza no ocurre por accidente.

Si las generaciones más jóvenes deben evitar los errores del pasado, entonces los líderes más jóvenes necesitan desesperadamente tener un sentido amplio de lo que ha sucedido antes, y eso solo se puede conseguir en una relación estrecha con los cristianos viejos. A menudo me sorprende la forma en que los adolescentes y adultos jóvenes creen que son los primeros en pensar sobre una idea, una causa, o una manera de hacer algo. (Lo sé porque yo mismo lo he hecho). A la larga, la mayoría de ellos se da cuenta de que su idea no era tan revolucionaria, solo les «pareció» nueva en el momento. Mantener relaciones significativas con adultos mayores que están siguiendo a Cristo ayudará a asegurar que esas nuevas ideas se basen en el increíble trabajo de las generaciones anteriores; y que la pasión por seguir a Jesús de esta generación y en este momento cultural tenga el apoyo y esté confirmada por el resto de los creyentes.

Ya seas un joven cristiano o un adulto con más trascendencia, te animo a luchar contra el momento cultural actual. Los jóvenes cristianos están viviendo un período de cambio social y tecnológico sin precedentes, sumidos en una presión asombrosa, y mientras más tardemos en reconocer y responder a estos cambios, más permitiremos que la desconexión entre las generaciones avance. Pregúntate qué tanto has estado a la disposición de los jóvenes cristianos. La brecha generacional es cada vez mayor, alimentada en parte por la tecnología, de modo que se necesita un esfuerzo extra para estar al tanto de todo. Francamente, las relaciones profundas se dan solo cuando les dedicamos mucho tiempo, compartiendo experiencias significativas. Te animo a estar preparado para un mover nuevo de Dios, impulsado por los adultos jóvenes. ¿Te muestras dispuesto a poner en práctica la «mentoría inversa», a permitir que los líderes más jóvenes te desafíen en cuanto a tu fe y la renovación de la iglesia?

Si eres líder de un grupo cristiano, debes darle prioridad a las relaciones intergeneracionales. En su mayor parte, estas conexiones no ocurrirán por accidente. Tendrás que ser un catalizador en ese grupo y modelar esto en tu propia vida. Tal cosa significa que puede que tengas que desafiar a los que buscan un ministerio «moderno» y trabajar con los cristianos viejos que prefieren un ministerio tradicional.

Tal vez te habrás dado cuenta de que los «cambios» en cada uno de los capítulos de la segunda parte de este libro tienen un aspecto relacional.

De la sobreprotección al discernimiento
Echamos fuera el temor cuando entendemos nuestros tiempos y corremos los riesgos del compromiso cultural.

De la superficialidad al aprendizaje
Dejamos atrás la fe superficial al enseñarles a los jóvenes el arte de seguir a Cristo.

De la anticiencia a la buena administración
Respondemos a la cultura científica de hoy al «administrar» y desarrollar los dones y talentos de los jóvenes.

De lo represivo a lo relacional
Vivimos con una ética sexual relacional, que rechaza el tradicionalismo y la narrativa sexual individualista.

De la exclusión a la integración
Demostramos la naturaleza exclusiva de Cristo y reavivamos nuestra empatía por «los demás».

De la duda a la acción
Trabajamos con fidelidad en nuestras dudas y realizamos actos de servicio con y para otras personas.

El elemento de la relación es tan fuerte porque las relaciones son fundamentales en la formación de discípulos, y como hemos dicho, el problema de la deserción es, en esencia, un problema de mal discipulado. A medida que redescubrimos la centralidad de las relaciones, creo que debemos estar dispuestos a reinventar nuestras estructuras de discipulado. No todos los programas que hemos puesto en marcha deben ser abandonados, pero a medida que identifiquemos sistemas que no son eficaces, tendremos que estar dispuestos a renunciar a ellos.

Las relaciones centradas en Dios crean discípulos fieles y maduros. En el último capítulo, encontrarás ideas para la formación de estas relaciones significativas entre los líderes cristianos mayores y los nómadas, pródigos y exiliados. Es mi oración que estas ideas prácticas inicien conversaciones en tu comunidad y lleven a la reconciliación entre las generaciones y los discípulos valientes de todas las edades.

REDESCUBRIENDO LA VOCACIÓN

La segunda cosa que he aprendido a través del proceso de nuestra investigación es que la comunidad cristiana tiene la necesidad de redescubrir la teología de la vocación. Hay mucha confusión sobre este término. El uso común que se le da tiene que ver con la «educación vocacional». Sin embargo, en la tradición cristiana, la vocación constituye un sentido directriz y sólido del llamado de Dios, tanto en lo individual como en lo colectivo. La vocación es una clara imagen mental de nuestro papel como seguidores de Cristo en este mundo, explicando nuestra función como individuos y comunidad. Se trata de un concepto milenario que en su mayor parte se ha perdido en medio de nuestras expresiones modernas del cristianismo.

Para mí, francamente, el aspecto más doloroso de nuestros descubrimientos es la absoluta falta de claridad que muchos jóvenes tienen con respecto a lo que Dios les está pidiendo que hagan con sus vidas. Esta es una tragedia moderna. A pesar de los años de experiencia en la iglesia y las incontables horas de una enseñanza centrada en la Biblia, millones de jóvenes de la próxima generación de cristianos no tienen idea de cómo su fe se conecta al trabajo «normal» de su vida. Ellos tienen acceso a toda la información que deseen, miles de ideas y amigos en todo el mundo, pero sin una visión clara de una vida integral de trabajo y espiritualidad.

Creo que Dios está llamando a la iglesia a cultivar un sentido de propósito más grande e histórico como cuerpo e individuos. Permíteme ilustrar esto con el béisbol.

Tuve el privilegio de conocer al arquitecto principal del estadio de béisbol de los Piratas de Pittsburgh. Hablando de su diseño, David Greusel dijo: «El viejo estadio Tres Ríos había sido construido de la misma forma básica (estilo rosquilla) de todos los estadios de Filadelfia y Cincinnati. Este era un diseño muy monocorde. A pesar de que requería enormes cantidades de ingeniería y planificación arquitectónica, había un sentimiento de que hacerlo igual a los otros podría ahorrar dinero y lograr una uniformidad con las otras instalaciones deportivas. Sin embargo, ninguno de estos estadios fue construido para que pareciera ser parte de la ciudad donde radicaba. Se asemejaban a platillos voladores que acababan de desembarcar desde el espacio exterior.

»Al diseñar el nuevo estadio de béisbol, pasé semanas y semanas en el campo, caminando en medio de la ciudad de Pittsburgh, pensando en cómo el nuevo estadio podría "pertenecer" al resto de la localidad. Deseaba que el estadio se ajustara a la ética de trabajo y la belleza de esta ciudad».

David logró su objetivo. Cualquiera que ha estado allí puede dar fe de esto. Más adelante, él me contó:

«Queríamos que los aficionados pudieran ver la ciudad, el puente, el río. Para eso tuvimos que eliminar una gran parte de las graderías con el objeto de abrir un espacio para poder captar esta vista. La ironía es que el viejo estadio Tres Ríos había sido diseñado originalmente para tener un espacio abierto en los jardines, con un panorama similar de la ciudad. Sin embargo, los propietarios de ese momento le dijeron al arquitecto que cambiara el diseño. ¿Sabes por qué?».

«¿Más asientos?», supuse.

«Exactamente. Todo se trataba de conseguir vender más entradas para el estadio. Estoy convencido de que si el antiguo Tres Ríos se hubiera construido con la idea original, todavía estaría aquí hoy. Claro, habría sido necesario renovarlo. Y sí, los propietarios hubieran tenido que conformarse con menos asientos que vender», indicó. «Sin embargo, habría perdurado. Su visión de lo que debería ser un estadio fue miope, y le costó a largo plazo al pueblo de Pittsburgh construir, demoler y reconstruir. El nuevo estadio es uno que va a perdurar, no solo por su belleza, sino porque tiene en cuenta a la ciudad de Pittsburgh, su singular geografía y espíritu, y a la gente que lo construyó».

¿Por qué les cuento esta historia? Porque creo que tenemos una visión miope de nuestros ministerios dirigidos a la juventud. Creo que estamos en una constante construcción, demolición y reconstrucción de nuestros adolescentes y adultos jóvenes. Estamos en un régimen que dice que más es mejor. Mientras más «discípulos» tengamos, mejor. Mientras más asientos llenemos, el ministerio será más exitoso. ¿No es así?

Necesitamos nuevas formas de medir el éxito. Si estás en el ministerio eclesial, una medida del éxito podría ser ayudar a la juventud a establecer una o dos conexiones relacionales, entre los jóvenes y los mayores, que conduzcan a importantes lazos de consejería que puedan durar varios años. Estas relaciones no estarían exclusivamente centradas en el crecimiento espiritual, sino deben integrar la búsqueda de la fe con la totalidad de la vida. ¿Cómo sería si empezáramos a medir las cosas según el conocimiento y el amor por las Escrituras que tengan nuestros jóvenes, el uso de sus talentos y dones, su vocación, su disponibilidad para escuchar la voz de Dios y seguir sus instrucciones, los frutos del espíritu en sus vidas, y la profundidad y calidad de su servicio hacia otros?

Casi puedo oírte decir: *Kinnaman, ¿estás bromeando? ¿Cómo podríamos medir esas cosas?* Creo que es posible medir nuestros logros, pero no de forma mecánica, sino desde el punto de vista de la relación y el aprendizaje. Un mentor conoce detalles íntimos acerca de los progresos de su protegido. Un padre con un discernimiento efectivo tiene un sentido bastante cercano de lo que funciona y no funciona en la vida de un niño. Jesús mantenía un contacto lo suficiente estrecho con sus discípulos como para ser capaz de influenciar su fe y su ministerio. Jesús conoció a sus seguidores. Si nuestras iglesias son demasiado grandes para cultivar este tipo de conocimiento, entonces nuestros ministerios son probablemente demasiado extensos para discipular como lo hizo Jesús.

Si eres un líder de iglesia, o diriges una institución basada en la fe, debes pensar cómo la historia del estadio de Pittsburgh también muestra la importancia del discernimiento en las personas que toman decisiones institucionales. Nuestro trabajo en el Grupo Barna me ha permitido observar de forma muy cercana y personal el poder que tiene un gran liderazgo para transformar las empresas rezagadas, las iglesias y otras organizaciones. Y a pesar de que uno de los factores en el problema que le da título a este libro es que hemos tratado de hacer discípulos de manera masiva, esto no significa que las instituciones no son importantes o deberían desaparecer. Nada podría estar más lejos de la verdad. La realidad es que la reforma de nuestros colegios, escuelas, ministerios e iglesias locales jugará un papel importante en ayudar a la iglesia en la tarea de desarrollar una «nueva mentalidad». Ya sea que influyas en una organización cívica, ministerio, iglesia o empresa sin fines de lucro, las decisiones sabias e intencionales pueden producir resultados diferentes y mejores para la próxima generación. Necesitamos nuevos arquitectos para la formación de la fe dentro de nuestras instituciones establecidas.

Si eres un creyente de años, te motivo a convertirte en un mentor comprometido a alimentar la fe y la vida de un joven cristiano. Cuando pases tiempo con el adolescente o adulto joven que asesoras, no solo hablen de la Biblia (aunque eso es fundamental), sino reúnanse para disfrutar de la compañía mutua y la amistad. Mantente atento a lo que es importante para tu aconsejado. Ayúdalo a ingresar a la universidad correcta. Prepárate para guiarlo a tomar las decisiones importantes, incluyendo las emocionales. Comparte con humildad tus luchas y tu sabiduría. Evita la impaciencia y la intención de controlarlo. Ayuda al joven a encontrar la visión única y el poder que Dios le da a su vida.

Si eres un padre de familia, cultiva tu propio sentido de la vocación y el llamado divino. Tu vida debe resonar con los ritmos de una vida que busca la presencia de Dios y su misión. Lamentablemente, muchos jóvenes no tienen ese sentido de vocación porque millones de padres cristianos tienen una visión de seguir a Jesús que implica solo ir a la iglesia cada semana. Nuestros chicos no pueden «imitar» lo que no tenemos o modelamos. Oro que Dios nos dé una visión para nuestra vida y la de ellos.

Si eres una persona joven, asume la responsabilidad por tu vida y tu futuro. Sin importar que seas un nómada, pródigo o exiliado (o estés en cualquier otra situación), Dios no ha terminado de trabajar con tu vida. Te insto a que abras tu espíritu imaginativo a una visión de la iglesia más grande, la que describió el escritor de Hebreos: una asamblea de los santos, pasados y presentes, los ángeles, Dios y Jesucristo. Estás llamado a ser parte de esa asamblea, fortalecido por el poder del Espíritu Santo para trabajar hombro a hombro junto a tus hermanos y hermanas, a fin de servir y restaurar el mundo de Dios.

Seguir a Jesús significa encontrar una vocación. En el último capítulo hallarás nuevas ideas de jóvenes nómadas, pródigos y exiliados, y de los líderes cristianos más antiguos, para redescubrir un sentido profundo de la vocación en el cuerpo de Cristo. Espero que estas ideas prácticas conduzcan a tu comunidad, jóvenes y viejos, a tener visiones y sueños en cuanto a la obra que pueden hacer juntos.

PRIORIZANDO LA SABIDURÍA

Por último, he aprendido que la comunidad cristiana tiene que volver a priorizar el tema de la sabiduría para vivir fielmente en una cultura diferente y discontinua. Estamos sumergidos en una sociedad que valora la equidad sobre la justicia, que consume más de lo que crea, que prefiere la fama sobre la realización, el glamour sobre el carácter, la imagen sobre la santidad, y el entretenimiento más que el discernimiento. En este mundo necesitamos un plan para vivir de acuerdo a lo que estamos destinados a ser. ¿Cómo podemos vivir en el mundo que nos rodea, pero no de acuerdo a sus normas? En una cultura escéptica de todo tipo de autoridad terrenal, donde la información es muy barata y las instituciones y los líderes a menudo fallan, *necesitamos la sabiduría dada por Dios.*

La sabiduría es la capacidad espiritual, mental y emocional de relacionarse de forma adecuada con Dios, los demás y nuestra cultura. Nos hacemos sabios cuando buscamos a Cristo en las Escrituras, en la labor que realiza el Espíritu Santo, en las prácticas y tradiciones de la iglesia, y en nuestro servicio a los demás. Como hemos llegado a conocer y adorar a Dios (lo cual de acuerdo con Proverbios 9:10 es el principio de la sabiduría), él nos hará sabios. Sin embargo, esto es a menudo un proceso muy doloroso.

A través de este proyecto de investigación he entrevistado a muchos adultos jóvenes que todavía no están dispuestos a someter sus vidas a Jesús ni a comprometerse plenamente con la iglesia. Como una joven nómada, Hanna, escribió: «No fue sino hasta cinco años después de salir de casa que al final encontré mi camino de regreso a Dios. Esos cinco años implicaron un cambio de vida devastador. Le dije a la iglesia que me habían perdido, que de alguna manera era su culpa. No obstante, en realidad, yo misma me perdí. Había perdido el sentido de identidad en Cristo. Tuve que detenerme y darme cuenta de que esto importaba. Si ni siquiera podía encontrarme a mí misma, ¿cómo podrían los líderes de la iglesia hacer eso por mí? Podía culpar a los demás por los errores pasados, las decisiones que tomé, los amigos que hice; pero al final, todo se trataba de mí. Esto era entre Dios y yo».

Esta chica puede dar la impresión de estar perdida en su camino de fe, pero ella estaba en el camino hacia la sabiduría, hacia una relación correcta con Dios, los demás y el mundo. Todos podemos aprender de ella, incluso aquellos que hemos sido fieles. Cuando el Espíritu Santo nos habla al leer la parábola de Jesús del hijo pródigo, por ejemplo, nos podemos ver en el hermano más joven rebelde o el hermano mayor hipócrita.

Si te identificas con el hermano menor, pregúntale a Dios si es el momento de «volver en sí», como el hijo pródigo lo hizo (véase Lucas 15:17). Si eres un nómada o un hijo pródigo, te insto a buscar en tu corazón con la ayuda del Espíritu Santo. Tal vez sea hora de volver a casa. Si has experimentado el lado feo de la comunidad cristiana, espero que le pidas a Dios que te ayude a perdonar a aquellos que te han hecho daño, y que las heridas del pasado ya no te impidan volver a conectarte con los que están siguiendo con dificultad a Jesús. Estos cristianos, como yo, estamos haciendo todo lo posible por seguirlo (aunque a veces las cosas no nos salen bien).

Tal vez, después de un examen de conciencia, descubras que también te identificas con la experiencia del hermano mayor. He entrevistado a antiguos feligreses que se lamentan de la falta de respeto de los adolescentes y veinteañeros en su congregación, pero nunca se han tomado la molestia de aprenderse los nombres de estos jóvenes. Al igual que el «hermano mayor», podemos encontrar consuelo en las normas y regulaciones de la religión, mientras que tenemos problemas con aquellos que son aceptados por el Padre, incluso cuando no siguen las reglas. Seamos honestos con nosotros mismos y librémonos de los resentimientos que nos han impedido celebrar con los hijos de Dios de la próxima generación. Si te identificas con el hermano mayor, tu fidelidad es digna de elogio, pero solo en la medida en que no sea un obstáculo para la reconciliación. ¿Vas a dejar a un lado la ansiedad, el miedo, el control y la impaciencia, y entrarás con alegría a la fiesta que Dios ha preparado para darles la bienvenida a sus hijos perdidos?

En esta parábola tan icónica, Jesús nos ofrece una pequeña muestra del corazón del Padre. A través de su vida, ministerio, muerte y resurrección, Jesús abre la cortina del cielo que nos separaba del padre y nos muestra el mismo rostro de Dios. A medida que sigamos a Cristo, enseñemos y estudiemos la Palabra de Dios, vivamos en el Espíritu y en medio de la comunidad de los santos, llegaremos a ser el tipo de discípulos que hacen discípulos.

La sabiduría nos da poder para vivir fielmente en una cultura cambiante. En el último capítulo, encontrarás nuevas ideas de jóvenes nómadas, pródigos y exiliados, y de los líderes cristianos más antiguos, acerca de cómo darle prioridad a la sabiduría. Oro que estas ideas prácticas generen en ti y tu comunidad una sed por Jesús que se apague solo cuando lo busquen juntos.

12

CINCUENTA IDEAS PARA ENCONTRAR A UNA GENERACIÓN

uando escribimos *Casi cristiano*, mi coautor, Gabe Lyons, tuvo que convencerme de que las contribuciones de los cristianos de pensamiento y los practicantes podrían aportar al proyecto. Me alegra que lo hiciera, porque el punto de ese libro era llevar a la gente a pensar y hablar de la percepción pública del cristianismo. En retrospectiva, es fácil para mí ver que las ideas ofrecidas por nuestros colaboradores están comprendidas entre las formas significativas en que Dios ha inspirado a los lectores a pasar de pensar y hablar (ambas cosas importantes) a hacer y cambiar (donde sea necesario).

Ahora que hemos llegado al fin de este libro, mi esperanza es que sin importar que seas joven o mayor, pródigo o nómada, exiliado o un dedicado miembro de la iglesia, te sientas inspirado a realizar un viaje similar. Con el objetivo de motivarte a pensar y hablar un poco, y con el tiempo a hacer y cambiar, les he pedido a algunas personas que me donen sus mejores ideas de cómo la comunidad cristiana podría cultivar una «nueva mentalidad» para la comprensión y el discipulado de la próxima generación. Algunos de estos contribuyentes son bien conocidos, pero otros no lo son. Algunos han visto la mayoría de sus años pasar, mientras otros apenas están llegando a la adultez.

Algunos ofrecen ideas para que los creyentes más viejos y los líderes institucionales las consideren, mientras que otros les hablan directamente a los cristianos jóvenes y los que se han retirado.

No todas las ideas se relacionarán con tu situación particular (¡cada historia importa!), pero es probable que encuentres por lo menos una que se relacione contigo, tus padres, tus hijos, tu grupo de jóvenes o estudiantes universitarios, tu organización o tu comunidad de la iglesia. Cuando sea así, espero que las conversaciones que inicies lleven a una disciplina más profunda y para toda la vida, que moldee tus relaciones, tu vocación y tu búsqueda de Dios.

Dos aclaraciones antes de iniciar. Primero, aportar una idea no es una aprobación de todo lo que contiene este libro. De igual modo, no apruebo todas las ideas que encontrarás aquí, y eso es intencional. Una de las grandes lecciones que he aprendido con este proyecto es que no tenemos que estar de acuerdo con todo para permanecer en la comunidad de creyentes en Cristo. Segundo, estas cincuenta ideas son solo el principio. En el sitio web de este libro (www.YouLostMeBook.org, en inglés) hallarás más ideas de otros contribuyentes como Mark Batterson, Margaret Feinberg, Adam Hamilton, Reggie Joiner, Dan Kimball, Mac Pier, Greg Stier y muchos más. También puedes compartir tu propia idea para el establecimiento de una «nueva mentalidad»: la de ser y hacer discípulos como Jesús nos mandó.

He aquí cincuenta para empezar.

IDEAS PARA TODOS

1. PRIMERO, SÉ HONESTO

En este libro has recibido una invitación a tener una conversación honesta. Cuando eres honesto con tu historia, cuando compartes la verdad acerca de quién eres y lo que te inquieta, le das a otros un tremendo regalo: el regalo de ir de segundo.

Es mucho más difícil ir primero. Ninguna de las reglas ha sido establecida. Los límites no han sido determinados. Los bordes del terreno no han sido marcados con claridad, en especial cuando se trata de los círculos cristianos. Sin embargo, eso es lo que hemos sido llamados a hacer, lanzarnos a la batalla de la honestidad. Compartir y vivir la verdad. Cuando lo hacemos, les damos a todos el regalo de ir de segundos. Es mucho más fácil ir de segundo. No tienes que actuar o mostrar tus errores para verte como un «cristiano verdadero» o un «buen cristiano». El monstruo de pretender ser perfecto ya ha sido puesto a dormir.

Si quieres alcanzar a esta generación y a cada generación por venir, cuenta primero tu historia y dale a todos a tu alrededor el regalo de ir de segundo.

Jon Acuff
Orador, lanzador y autor de *Quitter: Closing the Gap Between Your Day Job and Your Dream Job* y *Stuff Christians Like.*

2. CONFIESA

La mayoría de las organizaciones cristianas crean una cultura que disuade la confesión. Creamos códigos de conducta para la juventud según los cuales nosotros no vivimos o con los que luchamos a fin de cumplirlos sin confesar nuestras fallas. Todo lo que esto hace es crear una disonancia que a la larga se degrada en una iglesia hipócrita. En vez de reglas que ayuden a los pecadores a arrepentirse, creamos comunidades que aíslan a los pecadores, ya sea de la comunidad por medio de la expulsión o dentro de ellos mismos, pues deben mantener el pecado oculto (lo que conduce a una doble vida). Los códigos de honor esencialmente se convierten en documentos de «no preguntes y no lo cuentes». ¡No es de extrañar que muchos adultos jóvenes abandonen la iglesia!

La Biblia dice que nosotros creamos una comunidad de sanidad y gozo confesándoles nuestros pecados a Dios y a nuestros hermanos y hermanas (véase Santiago 5:16). Llevemos nuestros errores como una insignia roja de valor, porque la sangre que moja nuestros vendajes no es nuestra, sino de aquel que nos sanó.

Así que, adelante. Confiesa y sé expulsado. Confiesa y pierde el respeto. Confiesa y pierde el trabajo. Confiesa y duerme en el sofá. Confiesa y sé salvo de tu pecado. Confiesa y sé parte de una comunidad cristiana. Confiesa y nunca te apartes del único que en verdad ama y en verdad perdona.

Michael DiMarco
Director general de Hungry Planet y autor de *God Guy: Becoming the Man You're Meant to Be* [Un buen sujeto: Convirtiéndote en el hombre que estás supuesto a ser].

3. INCREMENTA TUS EXPECTATIVAS

Hemos hecho todo lo humanamente posible para hacer a la iglesia «fácil». Mantuvimos los servicios cortos y entretenidos, con discipulado y evangelismo opcionales y bajos estándares morales. Nuestros motivos no eran malos. Nos dimos cuenta de que podíamos atraer más gente ofreciendo a Jesús con un mínimo compromiso. Sin embargo, terminamos produciendo cristianos nominales cuyas vidas sin cambio han disuadido a otros a interesarse.

Hay una nueva generación levantándose. Los adultos jóvenes están estudiando la Biblia sin perderse lo que resulta obvio. Ellos ven cómo la metodología superficial es incongruente con el Jesús de la Escritura, que pidió todo de sus seguidores. Ellos están aburridos de las producciones del domingo por la mañana y lejos de experimentar al Espíritu Santo. Necesitan ser retados con la sorprendente responsabilidad de orar, bautizarse y convertir a sus conocidos en discípulos. Necesitan que se les recuerde al Espíritu que los fortalece a realizar su tarea.

Los días de meramente traer a nuestros amigos a una actividad para que el pastor pueda salvarlos y discipularlos necesitan terminar. Debería haber nuevas iglesias donde la expectativa sea que *todos* los creyentes hagan el trabajo de evangelizar y discipular. Esta generación ve el potencial de una iglesia donde los predicadores equipen y pastoreen a formadores de discípulos, en vez de llenar un espacio el domingo.

Francis Chan
Autor de *Crazy Love* y *Forgotten God*, y anfitrión de BASIC.series

4. PREDICA UN EVANGELIO MEJOR

El evangelio del consumidor que promete una vida de felicidad desde ahora hasta la eternidad se está quedando corto para los adultos jóvenes que conocen las calles. Este evangelio de satisfacción personal se introduce en las ocupadas vidas de los jóvenes de veinte y treinta años como un estilo de vida, o se rechaza como un lugar de mercadeo barato. De cualquier manera, este evangelio no tiene poder para ayudar a la nueva generación a resistir las aguas revueltas del consumismo, el individualismo y el materialismo, que constituyen el lado oscuro de nuestra cultura moderna. Necesitamos redescubrir la gran narrativa de la Biblia y enseñar un evangelio multidimensional y que lo abarque todo. Mostrando cómo la vida y muerte de Cristo nos permite la reconciliación con Dios, el vecino, la creación y nosotros mismos, los adultos jóvenes oirán el llamado a vivir como una señal profética del venidero reino de Dios.

Krish Kandiah
Director ejecutivo de Iglesias en Misión, Inglaterra, Director de la Alianza Evangélica del Reino Unido y autor de *Destiny: What Is Life All About?* [Destino: ¿De qué trata la vida?].

5. DISCÍPULOS ARTESANALES

Si realmente queremos ayudar a alguien a crecer, tenemos que ayudarlo de una manera que se corresponda con su diseño. Nuestro gran modelo para esto es Dios mismo, porque él siempre ha sabido justo lo que cada persona necesita.

Él hizo que Abraham diera una caminata, que Elías tomara una siesta, que Josué diera vueltas y que Adam cargara con la culpa. Le dio a Moisés unas vacaciones de cuarenta años, a David un arpa y una danza, y a Pablo un rollo y una pluma. Peleó contra Jacob, discutió con Job, le susurró a Elías, le advirtió a Caín y confortó a Agar. Le dio a Aaron un altar, a Miriam una canción, a Gedeón un vellón, a Pedro le puso nombre y a Eliseo le regaló un manto. Jesús fue severo con el joven gobernador rico, tierno con la mujer sorprendida en adulterio, paciente con sus discípulos, mordaz con los escribas, generoso con los niños, y lleno de gracia con los ladrones en la cruz.

Dios nunca hace crecer a dos personas de la misma manera. Dios es un artesano, no un productor en serie. Y ahora es tu turno.

Dios existe desde la eternidad, pero quiere hacer algo nuevo contigo. El problema que mucha gente enfrenta cuando se trata del crecimiento espiritual es que escucha a alguien a quien considera un experto (tal vez el pastor de su iglesia), afirma que lo que esta persona hace y piensa es lo que se debe hacer. Entonces, cuando esto no funciona para ellos —¡porque son personas diferentes!— se sienten culpables y fuera de lugar. A menudo se rinden. No obstante, el crecimiento espiritual es algo artesanal, no masivo. Dios no hace «una talla única».

John Ortberg
Pastor principal de la Iglesia Presbiteriana de Menlo Park, en Menlo Park, California, y autor de *The Me I Want To Be* [El yo que quiero ser] y *The Life You've Ever Wanted* [La vida que siempre has querido].

6. RECUPERA LA IMAGINACIÓN

Hay una razón de por qué la Biblia comienza con creatividad, antropología y vocación, porque estas son cualidades inherentes al ser humano. Si se te escapa esto, se te escapará mucho de lo que significa ser un seguidor de Jesús aquí y ahora y en la vida por venir. El motivo por el que los cristianos fallan en hacer énfasis en la imaginación y la creatividad cuando el Libro de Dios acerca de ser humanos claramente lo hace es un gran misterio para mí.

El más grande regalo que podemos darles a los futuros seguidores es recuperar la vida imaginativa y creativa que nace a través de la gracia salvadora de Dios y aferrarnos a ella como una invitación a seguir. Qué tal si una invitación a seguir a Jesús fuera algo como esto: Ven, conoce a Jesús. Él tiene el poder de perdonar pecados y renovar todo en la vida. Él te está invitando a venir a su lado como una persona imaginativa y amorosa, a compartir la vida creativa de velar por la tierra y la gente. Él está renovando todo lo que ama. Es el hacedor cuya palabra para nosotros empieza y termina con creatividad. Él ha hecho todas las cosas y está haciéndolas todas nuevas.

Esta es la gran historia a la que Dios nos invita.

Charlie Peacock
Músico, productor y cofundador de Art House America.

7. RECONOCE LA SUPERDOTACIÓN

Un momento de asombro para mí fue encontrar en el capítulo 31 de Éxodo que los dones espirituales no están limitados a lo que llamamos «el ministerio». En un lenguaje sorprendentemente sencillo, Dios le dijo a Moisés que él había llenado a Bezalel y Aholiab «con el Espíritu de Dios» para trabajar en el diseño, la artesanía y la decoración, a fin de guiar al pueblo en su tarea de construir el tabernáculo. Mientras su labor fue crear un lugar para que la gente se encontrara con Dios, su don estaba en el diseño, no en el ministerio en sí.

Al entender este pasaje se hizo claro para mí que mi llamado como arquitecto no es secundario al trabajo que hago en y para la iglesia local. En realidad, es posible que Dios quiera que sea el mejor arquitecto que pueda ser, aun más de lo que desea que enseñe en la Escuela Dominical. Esta idea me parecía algo herética hace algunos años, pero mientras voy analizándola más, he llegado a ver que es cierta. Dios ha dotado y ha llamado a las personas a ser carniceros, panaderos y diseñadores de páginas web. Algo de ese trabajo puede beneficiar a la iglesia, pero la vasta mayoría ha sido destinada a beneficiar al mundo entero, más allá de las puertas de la iglesia.

Resulta muy liberador darse cuenta de que Dios quiere que hagas exactamente aquello para lo que él te creó de forma única, de modo que no tienes que pasarte tres cuartos de tu vida esforzándote duro en un trabajo insignificante para que puedas costear ir a un viaje misionero. Todo trabajo legítimo es significativo, cualquier tarea resulta valiosa, ya que es parte de la gracia común de Dios para el bien común.

David Greusel
Dueño de Convergence Design y diseñador líder del Parque PNC, Pittsburgh, Pennsylvania, y del Parque Minute Maid en Houston, Texas.

8. INVITA A PARTICIPAR

Estoy convencida de que la iglesia y el arte se ven realizados de forma plena cuando son completamente participativos. Hay un arte que es creado por artistas profesionales y está ahí para ser observado y apreciado. Y también está el tipo de arte que dice: «Venga uno, vengan todos». Imagínate si no a los preescolares pintando con sus dedos y a los pacientes del cuidado de la memoria haciendo manualidades. Este tipo de arte resulta inclusivo y valioso porque es simplemente creativo. Me temo que nuestra petición de «excelencia en la adoración», que ha sido un enfoque de la iglesia por muchos años, ha establecido el escenario para que los que se congregan se sienten en nuestros servicios como Simon Cowell, el juez de *American Idol*, decidiendo luego durante el almuerzo cuál parte del servicio tuvo el «X-factor», en lugar de preguntarse a sí mismos cómo se pueden comprometer con la iglesia y contribuir con ella.

Mientras no puedo compartir el cinismo general acerca de la iglesia, puedo apreciar el deseo, en especial de la gente joven, de tener una oportunidad para participar; el rechazo a la comodidad y los servicios basados en el desempeño; y la esperanza de tener una misión real y llevar a cabo un servicio juntos. El arte en su máxima pureza no es una mercancía o un desempeño, y la iglesia está viva cuando estamos resolviendo problemas, estudiando y sirviendo juntos, comprometidos en nuestras comunidades y enfrentando los asuntos con la creatividad del evangelio del reino.

Sara Groves
Cantautora y productora musical.

9. ARRIÉSGATE

En un mundo después del ataque del 11 de septiembre, la palabra radical nos pone nerviosos. Nos recuerda a los religiosos extremistas, de modo que para evitar la confusión atenuamos nuestra pasión por Cristo. Sin embargo, acallar la naturaleza radical del amor de Dios para evitar extremismos religiosos es como apagar el radio para detener el automóvil. El extremismo opera en los bordes delgados y frágiles de la ideología, mientras que la forma radical del amor de Dios está fundada en el corazón pulsante del cristianismo: la vida, muerte y resurrección de Jesucristo. La raíz de la fe cristiana está en la cruz, las consecuencias del amor de Dios por nosotros.

Hacer cosas radicales por nuestra fe significa imitar a Cristo incluso si esto nos hace lucir tontos o perder el control de alguna parte del sueño americano. Sin embargo, estos riesgos no están perdidos para la gente joven, que sabe que el cristianismo es algo peligroso. Ellos saben, tal vez mejor que nosotros, el precio a pagar por elegir participar en la adoración del domingo en vez de asistir a un juego de fútbol, escoger un empleo mal pagado en lugar de vender drogas, buscar una vocación y no solo una profesión. ¿Qué me dices de desprenderte del veinte por ciento de tus ingresos? ¿De comprar un terreno en una comunidad necesitada en vez de en una próspera? ¿De usar el dinero de tus vacaciones para construir un orfanato o arriesgarte al ridículo practicando la abstinencia? En algunas comunidades mantenerse en la escuela hasta la graduación es una medida radical, en otras, lo es poner en riesgo un ascenso por quedarse más tiempo en casa con sus hijos.

La fe radical no es acerca de hacer cosas arriesgadas, se relaciona con encarnar el amor del que se dio a sí mismo, Jesucristo; un amor que se arriesga al sufrimiento e importa más que la vida misma. ¿El cristianismo vale la pena? La gente joven está observando y esperando a fin de averiguarlo.

Kenda Creasy Dean
Profesora de Juventud, Iglesia y Cultura en el Seminario Teológico de Princeton y autora de *Almost Christian: What the Faith of Our Teenagers Is Telling the American Church* [Casi cristiano: Lo que la fe de nuestros adolescentes le está diciendo a la iglesia estadounidense].

10. VUELVE A ENFOCARTE EN JESÚS

Hemos desvalorizado a Jesús. Describimos a Jesús puramente como un compañero, Jesús como un medio, Jesús como un escape. Rara vez presentamos a Jesús como fuente y centro de la alegría, tal como lo es. En nuestro fallido intento por hacerlo así, dejamos a los buscadores jóvenes hambrientos e insatisfechos. Los guiamos a pensar que deben saciar su deseo de gozo dado por Dios en algo más. Así que intentan lograrlo por medio de las diversiones, la familia, los negocios o los bienes culturales, la santidad o la pureza, el sexo o la aventura. Todas estas cosas son buenas, pero ninguna de ellas es definitiva. Entonces, estos buscadores jóvenes divagan. Buscando sin encontrar. Cuéntale a la próxima generación la verdad: Jesús es la única fuente y debe ser el centro del gozo para cada persona.

Britt Merrick
Fundador de la familia de iglesias Reality [Realidad] y autor de *Big God: What Happens When We Trust Him* [Gran Dios: Qué pasa cuando confiamos en él].

IDEAS PARA LA PRÓXIMA GENERACIÓN

11. NO SOBREACTÚES

Cuando desafiamos conclusiones viejas, asunciones y modelos de pensamiento, a veces resulta difícil determinar qué mantener y qué no. Debemos ser más analíticos en vez de solo reaccionar a lo que no apreciamos acerca del pasado, o sucumbir a nuestro propio conjunto de cegadores culturales aun cuando despreciamos la ceguera cultural de la generación anterior.

Dicho simplemente, el pensamiento reaccionario plaga una buena parte del evangelismo: ser conservador o liberal, percibir la negligencia moral o el legalismo, resistirse a todo cambio cultural o acomodarse a ellos a toda costa.

Decir: «¡Nosotros no lo hacemos así!» no es la solución. Necesitamos un rico entendimiento de la historia de la iglesia para basar nuestras críticas, un humilde respeto por el trabajo del Espíritu Santo en las vidas y tiempos de nuestros padres espirituales para eclipsar la confianza en nosotros mismos, y un compromiso valeroso por la autoridad bíblica para enmarcar cualquier esfuerzo de reforma.

John Stonestreet
Orador y escritor de Ministerios Summit y el Colson Center for Cristian Worldview, así como la voz del programa de radio *The Point* acerca del panorama mundial y la cultura.

12. ¡CÁSATE!

Una razón clave de por qué los que están llegando a adultos desertan de sus congregaciones es la colisión entre los impulsos sexuales y religiosos en sus vidas. Ambos parecen incompatibles. En realidad, los que están llegando a adultos se están casando en promedio cinco años más tarde que sus padres. (Esos son cinco años de libido reprimida, déjame recordarte). El impulso hacia lo sexual es muy fuerte, pero los jóvenes cristianos están empezando a rechazar las viejas narrativas de siglos acerca de que el matrimonio es bueno, terrenal y factible, y que es lo que se supone que los cristianos enamorados hagan después. Demasiados cristianos llegando a adultos están escogiendo la unión libre, convencidos de que en una cultura de divorcio ellos están siendo hábiles a fin de proceder con precaución. Sin embargo, vivir juntos tiene una forma de aplastar el impulso religioso, aquel que nos motiva a reunirnos en una adoración pública, la cual ha sido por mucho tiempo un sello de nuestra fe común. Levantarnos para la adoración colectiva del domingo en la mañana se ve extraño en ese escenario. Así que esto se hace a un lado a favor de otras formas de espiritualidad. No obstante, la unión libre no es un acto de rebelión… no cuando es la norma. No, el movimiento contracultural para los que están llegando a adultos es el matrimonio.

Mark Regnerus
Profesor asociado de sociología y asociado de la facultad de investigación en el UT Austin Population Research Center y autor de *Premarital Sex in America and Forbidden Fruit* [Sexo premarital en Estados Unidos y el fruto prohibido] .

13. TÓMATE UN AÑO SABÁTICO

Tomarse un año sabático antes de ir a la universidad crea una oportunidad remarcable para que los estudiantes piensen de manera más profunda e intencional acerca de la persona que Dios los está llamando a ser. Muchos estudiantes tienen problemas durante sus años universitarios debido a que no pueden encontrar la razón o el sentido de ir a la universidad. La universidad se ha convertido en el siguiente paso luego de la escuela secundaria y casi nunca se piensa: ¿Por qué?

Una tendencia creciente en los campos cristianos, iglesias y ministerios paraeclesiásticos es proveer la experiencia de un año sabático para los estudiantes que los aleje de la rutina de la escuela y los lleve a una profunda relación con Dios. Estos programas de residentes típicamente duran nueve meses, enfocándose en la visión del mundo, la identidad y el servicio, e incluyendo una experiencia transcultural. Aunque no son para todos, muchos estudiantes que participan en los programas de un año sabático están mucho más preparados para la transición de la universidad a la adultez.

Como seguidores de Cristo, somos retados a no amoldarnos al mundo actual (Romanos 12:2). Esto es un recordatorio de que la iglesia está moldeada por una historia diferente con una definición distinta del éxito. Demasiados estudiantes y padres dejan que «la historia del mundo» los dirija en sus decisiones en cuanto a la educación superior, y fallan en pensar de modo crítico y bíblico acerca de los mejores caminos para una vida después del colegio. Participar en un programa de año sabático es algo que ayuda a contrarrestar esta tendencia.

Derek Melleby
Director de la Iniciativa de Transición a la Universidad y autor de *Make College Count: A Faithful Guide to Life and Learning* [Haz que la universidad valga: Una guía fiel para la vida y el aprendizaje].

14. CONSIDERA LA EDUCACIÓN EN SERIO

La educación debería guiarnos a conocer, amar y servir a Dios. Conocemos a Dios por medio de la fe y la razón, y esto es lo que la educación debería esforzarse por alcanzar. Como el papa Juan Pablo II escribió: «La fe y la razón son como dos alas en las cuales el espíritu humano se levanta a contemplar la verdad; y Dios ha puesto en el corazón humano un deseo de conocer la verdad —en una palabra, conocerlo a él— de modo que conociendo y amando a Dios, hombres y mujeres también vengan a la plenitud de la verdad acerca de sí mismos» (carta encíclica, 15 de septiembre de 1998).

Escribo esto como recién graduada de la Universidad Tomás de Aquino, lista para enfrentarme al mundo. He sido bendecida con cuatro años de educación católica en arte liberal (cuatro años de teología, filosofía, matemáticas, ciencias y literatura) que me guiaron a Dios por medio de la fe y la razón. Me siento anclada en la verdad y lista para compartirla con otros. Sé que muchos no están dispuestos a escuchar acerca de esto. Solo deseo que ellos también puedan ver lo que veo y piensen lo que yo pienso, no porque quiero conquistarlos, sino porque deseo que la verdad los libere. Siento el contagio de mi propia felicidad y añoro el momento de compartirla con otros. No puedo parar de creer que si ellos tuvieran la oportunidad de ver el matrimonio entre la fe y la razón, también abrazarían el Camino y la Verdad y la Vida.

Monica Shaneyfelt
Clase del 2011, Universidad Tomás de Aquino.

15. INTERPRETA LA CULTURA

La Biblia comienza con el matrimonio de Adán y Eva, y termina con el matrimonio entre Cristo y la iglesia. Justo en el medio, encontramos una celebración desenfadada del amor erótico llamada Cantar de los Cantares. Creo que cada una de las canciones de amor escritas (¡y vaya que se han escrito!) es un intento fallido de igualar el Cantar de los Cantares. Todo lo que necesitamos es encender la radio y —si escuchamos— oiremos el llanto de un corazón por amor, lo que sería el llanto de un corazón por Cristo. Más que una cultura, las canciones proveen una ventana al alma, pienso que el auge de la música rock en las décadas de 1950 y 1960 dice mucho. Si podemos reconocer al Cantar de los Cantares como la banda sonora del cristianismo, pienso que el *rock and roll* podría describirse como la banda sonora de una revolución sexual. No estoy afirmando con esto que condeno la música rock. Estoy diciendo tal cosa para que sepamos cómo redimirla.

El Cantar de los Cantares expresa de forma apropiada el eros dirigido. La música rock por lo general expresa el eros desviado. Al «desenredar» las distorsiones de la música rock, ¿qué encuentras? Un atisbo del amor del Cantar de los Cantares, y descubrimos que hemos estado buscando a Cristo todo el tiempo.

Christopher West
Investigador y miembro de la facultad de teología del Body Institute [Instituto Corporal], y fundador de theCORproject.

16. ENCUENTRA A LA FAMILIA DE DIOS

Muchos de nosotros, incluyéndome a mí, cargamos con heridas profundas producto de las circunstancias del recorrido hacia la adultez. Aun así, la mayoría —de acuerdo a algunos estudios, nueve de cada diez— desea estar casado y hacer crecer una familia propia. ¿Cómo se pueden reconciliar estas emociones conflictivas?

Nada que excluya la fe cristiana resulta adecuado para este cometido. Nosotros, los de este milenio, debemos absorber los «¿por qué?» del diseño de Dios para las familias. Y no nos debemos cansar de buscar un entendimiento de estas verdades solo porque los que vivieron antes de nosotros las modelaron pobremente, o porque a la cultura no le sirven, o porque no nos gusta la forma de aquellos que las defienden en la arena política.

Los de este milenio hemos sido llamados «la generación de la justicia». Es tiempo de que empleemos algo de esa justicia en nosotros mismos, rehusándonos a dar por garantizadas las falsificaciones del matrimonio y la familia que hemos heredado. Debemos aprovechar la apasionada convicción que nos hace añorar vivir una historia que trascienda más allá de nosotros mismos, y luego enfocarnos en procesar y promover el guión de Dios en cuanto al matrimonio y la familia. Si nos aferramos a esta causa de la misma forma en que nos aferramos a muchas otras cosas, veremos los corazones sanar, la fe restaurarse, y a este mundo que está de cabeza enderezarse.

Esther Fleece
Asistente especial del presidente para las relaciones milenarias, Enfoque a la familia.

17. ENCUENTRA TU LLAMADO EN EL MERCADO

Como hombres y mujeres en el mercado debemos primero darnos cuenta de cuál es el propósito de Dios para nuestro negocio y después apoyarnos en los principios bíblicos y teológicos a fin de en realidad darle forma a tales negocios y desarrollarlos. Afortunadamente, tenemos algunos de esos modelos a seguir. La economía de mutualidad de Mars Inc. crea comunidades sostenibles al este de África. El liderazgo servicial de Chick-fil-A equipa a operadores y propietarios para festejar las historias de sus empleados y clientes. DEMDACO enfatiza la estética a fin de levantar el espíritu de los que toca. Servicemaster usa el principio subsidiario para darles fuerza a sus empresarios. Aunque estos esfuerzos pueden parecer «leves», reflejan un intento de encontrar una «paz en el mercado» que lleve a un florecimiento humano; son un intento por encontrar la unión entre el mercado real y el reino real.

A diferencia de muchos empresarios, no debemos esperar hasta haber tenido éxito para descubrir la importancia del llamado de Dios para nosotros. Podemos aceptar el llamado que Dios nos hizo en Génesis: ser co-creadores en este magistral campo de juegos al que él le llama reino.

Evan Baehr
Escuela de Negocios de Harvard

IDEAS PARA LOS PADRES

18. FORTALECE LOS LAZOS FAMILIARES

Cuando inicié mi travesía lejos de la fe cristiana, estaba preocupado sobre cómo mis padres tomarían la noticia. Ambos son ministros ordenados y yo crecí en la iglesia, incluso pasamos cinco años como misioneros en África. Mi hermana me alentó a ser honesto con ellos, y luego de pocos meses me llené de valentía y solté la bomba.

No creo que se decepcionaron de mí, sino que más bien se sintieron tristes y se preguntaron qué fue lo que salió mal. Sin embargo, en correspondencia con su usual bondad, me hicieron saber que me amaban y que nada podría cambiar eso. Sentí y todavía siento lo mismo con relación a ellos. No obstante, hay una desconexión inevitable que se desarrolló como resultado de mi alejamiento. Una familia como la mía está arraigada en la fundación de la Biblia y la fe en Jesús: carreras, relaciones, bodas, funerales, la mayoría de los días festivos y las actividades semanales. Siento respeto por mi familia y su fe, por cómo esta ha formado sus vidas, a la vez que ha informado la mía. Con todo, por mi propia decisión ya no comparto más esas creencias, así que me veo como el tipo raro, aunque sé que ellos no piensan así de mí.

Al final, somos una familia y el amor que compartimos es algo que ninguno de nosotros va a dejar escapar, nunca.

Tim Hawkins
Administrador voluntario, Ojai, California.

19. PIENSA COMO CRISTIANO CON RESPECTO A LOS MEDIOS DE COMUNICACIÓN

Una de mis más grandes batallas como creyente ha sido integrar mi fe a toda mi vida. Si el evangelio en verdad trasforma toda nuestra existencia, ¿cuales áreas de mi vida he mantenido dentro de los muros y no han podido ser tocadas? Esta misma batalla resulta esencial para las generaciones que están emergiendo hoy… con algunos matices únicos. Un descuido manifiesto en nuestros ministerios a los adolescentes y adultos jóvenes es nuestra falla en enseñarles cómo integrar su fe a los medios de comunicación. La más reciente investigación nos dice que en promedio los adolescentes entre los ocho y los dieciocho años de edad gastan más de siete horas al día utilizando algún medio de comunicación.

Si todo lo que podemos esgrimir son unos pocos «no» a fin de mantener a nuestros hijos lejos de la violencia, el sexo y la profanidad, continuaremos fallando. Debemos avanzar más allá de nuestras maneras de disciplinar a los chicos a fin de pensar como cristianos y bíblicamente en cuanto a su uso de los medios, enseñándoles a reconocer los elementos del panorama mundial, evaluar dichos elementos a la luz de la Palabra de Dios, y luego escoger los que le traigan honor y gloria a Dios. Dejemos de pensar en los medios *para* ellos. En cambio, dediquemos el tiempo a pensar como cristianos *con* ellos, de manera que estén preparados durante toda la vida para integrar su fe al uso de los medios y sus prácticas.

Walt Mueller
Fundador y presidente del Centro para el Entendimiento de Padres y Jóvenes y autor de *Engaging the Soul of Youth Culture* [Abrazando el alma de la cultura juvenil].

20. EVITA «LAS GUERRAS DE PODER»

Cuando el tema de la fe se pone muy contencioso, el debate a veces se desvía hacia otros campos. En lugar de hablar de Dios, terminamos enfrascados en «guerras de poder». Sí, es tentador dejar salir la irritación sobre el estilo de vida festivo de un joven dudoso, sus puntos de vista políticos o las relaciones que elige, pero eso no sería lo mejor. Evita involucrarte en debates acerca de ciertos problemas periféricos. Muy a menudo nos vemos envueltos en estas guerras de poder y sin intención aislamos a nuestros seres queridos que están luchando contra la duda. Aun si nos las ingeniamos para convencerlos de que, por ejemplo, nuestra política y moral son superiores, ¿eso de verdad los va a hacer volver a la fe?

En cambio, enfoquémonos en nutrir la relación y construir puentes de confianza. Y dediquemos nuestras más apasionadas palabras a hablar del evangelio, la vida, la muerte y la resurrección de Jesús. Su estilo de vida y opiniones tal vez sean contrarios a la verdad cristiana, pero nuestro trabajo no es rebatir todas sus opiniones, sino alumbrarles el camino hacia Cristo. En términos teológicos, no esperes que la santidad preceda a la salvación. Solo cuando ellos hayan tenido un encuentro dinámico con Cristo, él reanudará su trabajo transformador en sus vidas.

Drew Dyck
Editor general de revistas de liderazgo y autor de *Generation Ex-Christian: Why Young Adults Are Leaving the Faith... and How to Bring Them Back* [La generación de excristianos: Por qué los adultos jóvenes están abandonando la fe... y cómo traerlos de regreso].

21. NIÉGATE A TENER UNA APARIENCIA RELIGIOSA

Me perdieron cuando tenía como quince o dieciséis años. No quería ser parte de una institución llena de hipócritas que «hablaban sin haber recorrido el camino». Sin embargo, a mis veintitantos años empecé a buscar la verdad en vez de buscar una iglesia. Mi búsqueda me dirigió de regreso a Cristo. Me di cuenta de que había desechado todo lo bueno junto con lo malo. La mayoría de la gente que deja la iglesia no está rechazando en realidad a Dios o a Cristo. Está rechazando a una institución o a la gente específica que dice representarlos. Podemos hacer que las buenas noticias suenen como malas noticias cuando distorsionamos y oscurecemos al maravilloso y amoroso Dios, que desea abrazarnos a pesar de nuestros pecados, nuestras deficiencias o nuestras preguntas legítimas.

La gente joven anda buscando respuestas y autenticidad. Cuando ven a una iglesia o a cristianos al parecer más preocupados por las apariencias que por la verdad, más preocupados por las reglas que por el amor, y más preocupados por el dinero y el éxito que por la pobreza y la justicia, ¿es una sorpresa que huyan? Y padres, ¿qué ven sus propios hijos cuando los miran? ¿Ven personas profundamente dedicadas a seguir a Cristo en cada dimensión de la vida o perciben solo una apariencia religiosa con un caminar que no se corresponde con lo que hablan? La gente joven tiene un olfato muy sensible para los farsantes e hipócritas. Y cuando los huelen, huyen hacia el lado contrario.

Richard Stearns
Presidente de Visión Mundial US y autor de *The Hole in Ours Gospel* [El agujero en nuestro evangelio].

22. VIAJA EN FAMILIA

Nuestro crecimiento familiar se ha visto acelerado por los viajes internacionales. Nuestros niños han crecido expuestos constantemente a las verdades de la Escritura, pero encuentran como muchos otros que el atractivo del mundo los distrae grandemente, de modo que pueden volverse desinteresados por la verdad. Confiamos en la obra del Espíritu Santo en sus corazones con respecto a esto, aunque también buscamos complementar su trabajo brindándoles experiencias que reten su noción de cómo se ve en realidad seguir a Jesús. Algo ocurre en nuestro interior cuando conocemos a alguien que gana menos de un dólar al día, pero que al mismo tiempo se alegra de ofrendar en su iglesia local. Nuestros chicos han sido impactados de una forma profunda al ver que aunque gran parte del mundo no vive igual que ellos, como hermanos y hermanas en Cristo, todos compartimos el mismo gozo de la salvación.

Viajar no es un «arreglo rápido», pero permite la conexión con la iglesia global y un entendimiento del pequeño rol que jugamos en el cuerpo de Cristo. Nuestros chicos se han enfrentado a la brutal pobreza y las injusticias del mundo. Y por esto se regocijan en la belleza de Cristo mucho más.

Todd y Susan Peterson
Exjugador de la NFL, Atlanta, Georgia.

23. MANTENTE PRESENTE

Si puedes hacer algo para que tu fe sea preservada en la vida de tus hijos, es estar presente. La esencia del amor está en la presencia: en estar presente con alguien, en saber que están juntos sin importar lo que pase y lo que hagan, y en tener la convicción de que comparten la jornada hacia toda la bondad que Dios ha planeado.

Hay tres formas prácticas de estar presente con tu hijo. Primero, coman juntos al menos cinco cenas por semana. Segundo, mantente al tanto de lo que hace tu hijo a lo largo del día. Tercero, inclúyelo en tu vida para que pueda ver lo que te gusta, lo que no te gusta, lo que haces y adónde vas. Estas ideas posiblemente te suenen muy mundanas, pero la presencia se practica en el diario vivir.

Mientras comes con ellos y participan unos en las vidas de los otros, *guíalos a Jesús*. No me refiero a la iglesia, no me refiero a la salvación y no me refiero al cristianismo, aunque cada uno es parte del proceso. Sin embargo, tales cosas no tiene sentido en lo absoluto hasta que se conecten con Jesús. Háblales a tus hijos de Jesús, lee los Evangelios con ellos, cuéntales cómo los apóstoles predicaban de Jesús como Mesías y Señor; pero sobre todo, asegúrate de ser un seguidor de Jesús y mostrarles cómo él moldea tu vida. Si Jesús forma parte de tu vida, entonces guiar a tus hijos hacia él significa llevarlos al centro de la presencia de tu vida con Dios y sus vidas contigo.

Scot McKnight
Profesor Karl A. Olsson en estudios religiosos en la Universidad North Park y autor de *The Jesus Creed* [El credo de Jesús] y *One.Life: Jesus Calls, We Follow* [Una vida: Jesús llama, nosotros le seguimos].

IDEAS PARA PASTORES, LÍDERES DE IGLESIAS Y ORGANIZACIONES

24. SÉ INTENCIONALMENTE INTERGENERACIONAL

Por mucho tiempo hemos asumido que ejercemos un buen ministerio con nuestros adolescentes y adultos jóvenes cuando separamos a los chicos del resto de la iglesia. Por supuesto, hay momentos en los que los de seis, dieciséis y sesenta y seis años necesitan estar con sus iguales, con gente de su misma etapa en la vida, pero hemos movido el péndulo muy lejos. Hemos *segregado* (y créeme que este no es un verbo que uso a la ligera) a los estudiantes y adultos jóvenes del resto de la iglesia, y eso está dañando su fe.

Nuestras investigaciones para *Sticky Faith* [Fe pegajosa] demuestran que mientras más comprometidos estén los estudiantes de la escuela secundaria y la universidad con la vida de la iglesia en general, más fuerte es su fe. Estamos viendo iglesias experimentando con incontables conexiones intergeneracionales, que van desde un servicio a corto plazo, asesorías en distintos pasatiempos (por ejemplo: cocina, jardinería, arte), hasta grupos pequeños intencionales. También, muchas congregaciones están invitando de forma estratégica a los chicos a acompañarlos en las actividades para adultos que llevan a cabo (por ejemplo: desayunos de damas y cenas de varones).

Creo que el futuro del ministerio de los adolescentes y adultos jóvenes es intergeneracional. Es bueno para los estudiantes y los adultos jóvenes, y resulta genial para la iglesia.

Kara Powel
Directora ejecutiva del Instituto Fuller para la Juventud y coautora de *Sticky Faith*.

25. DISCIPULA COMO JESÚS

Cuando caminó sobre la tierra, Jesús ministró a multitudes, pero invirtió la mayor parte de su tiempo, energía y dones —su vida— en la próxima generación de líderes jóvenes. Él los invitó a una relación cercana y los retó a asumir su responsabilidad en la misión de Dios. Jesús se mostró accesible durante su vida y sus discípulos aprendieron por medio de él no solo acerca de la Palabra de Dios, sino también cómo una íntima relación con el Padre fluye con el poder del reino. Su vida fue transparente, y de esta forma ellos aprendieron a tratar al sexo opuesto, a lidiar con el dinero, el éxito, la presión y el dolor. Jesús estaba suficientemente seguro de invitar a este joven e inexperimentado equipo a compartir su llamado. Él les dio la oportunidad de crecer, fallar y madurar. Luego les entregó el movimiento que debían liderar y se alejó. Y el mundo fue transformado.

La «nueva mentalidad» que necesitamos para los adultos jóvenes de hoy es un camino antiguo llamado discipulado.

Jo Saxton
Director de 3DM y autor de *Real God Real Life* [Verdadero Dios, verdadera vida] e *Influencial* [Influyente].

26. HAZ CONEXIONES

No necesitamos líderes que creen una atmósfera, sino que cultiven relaciones. En el contexto de las relaciones es que ganamos un sentido de pertenencia. Y es a partir de un sentido de pertenencia en la iglesia que abrazamos nuestra identidad en el mundo.

La razón por la que la gente en edad universitaria no se está conectando a la iglesia es porque carecen de relaciones con los que están dentro, y por ende no sienten que pertenecen allí. Las iglesias que intencionalmente conectan a los jóvenes universitarios con adultos más viejos, evaluándose a sí mismas por la calidad de las relaciones en lugar de por medidas cuantitativas, y manteniendo a los mayores responsables de discipular a la gente más joven, van a proveer conexiones perdurables entre las generaciones.

Chuck Bomar
Fundador de CollegeLeader.org y autor de *Worlds Apart: Understanding the Mindset and Values of 18-25 Years Old* [Mundos apartes: Entendiendo la mente y los valores de las personas de 18 a 25 años].

27. DEJA IR A TUS SUCESORES

Qué pasaría si nosotros los que tenemos más edad, los líderes más establecidos que sustentamos la autoridad, la propiedad, el dinero y otros recursos de la iglesia, fuéramos a cazar hombres y mujeres jóvenes eclécticos y les entregáramos el poder con la instrucción: «Los escogimos precisamente porque no son como nosotros. Su responsabilidad será ir tras aquellos que andan buscando a Dios. No copien nuestras formas de hacerlo. No hagan lo que hemos hecho. Practiquen cosas nuevas. Inténtenlo. Fallen. Sean exitosos. Forjen un nuevo camino. Construyan nuevas formas de iglesias y comunidades. Muéstrennos un nuevo mundo fundamentado en el amor, no en la doctrina. Nosotros los ayudaremos y les daremos consejo solo cuando los pidan. Ahora vayan, hagan lo que tienen que hacer. ¡Estamos con ustedes!».

El resultado probablemente sería algunas pérdidas y muchas ganancias. Los mayores ganadores van a ser los adultos jóvenes, quienes de otra forma serían dejados fuera y viviendo en nuestras iglesias tradicionales, no por algún disgusto con Jesús, sino porque estamos insensibilizados.

Ken y Deborah Loyd
Autores de *They're Gentiles for Christ's Sake* [Ellos son gentiles en nombre de Cristo] y pastores de HOMEpdx, Portland, Oregón.

28. SATISFACE UNA NECESIDAD

Nunca me vi a mí mismo como un «plantador de iglesias». Después de todo, nuestro vecindario tenía un montón de «iglesias». Lo que en verdad necesitábamos no eran más de ellas, sino *una iglesia* trabajando junta como un cuerpo —de forma misionera y redentora— en nuestras calles. Nosotros somos «plantadores de comunidades». Iniciamos comunidades cristianas que se unan a las congregaciones locales y los pastores de los vecindarios que nos rodean. No somos paraeclesiásticos. Somos proiglesia.

Una de las mejores cosas que tuvimos aquí en The Simple Way surgió gracias al esfuerzo de hombres del vecindario y pastores locales que habían visto a suficientes niños crecer en una sociedad sin padres y convertirse en estadísticas. Ellos comenzaron un programa de discipulado para jóvenes varones llamado Timoteo. Ahora es una liga de fútbol americano con cerca de doscientos jóvenes y una docena o algo así de equipos, y a cada equipo lo patrocina una congregación local. Los jóvenes se sienten amados, desarrollan el carácter, descubren a Jesús y aprenden a resolver conflictos (¿dónde mejor para aprender la no violencia del evangelio que en el campo de juego?). Sin embargo, he aquí lo otro que ha sucedido: Timoteo se ha convertido en una misión de la iglesia, contando con amigos fuera de las paredes de la iglesia y en el campo de juego. Los pastores que por lo general no se reúnen, lo hacen en una misión común para aconsejar a los jóvenes varones y llevarlos con amor hacia Jesús.

Shane Claiborne
Autor de *The Irresistible Revolution: Living as an Ordinary Radical* [La revolución irresistible: Viviendo como un radical común] y fundador de The Simple Way, Filadelfia, Pensilvania.

«Si le gustaría patrocinar a un equipo o comprar algunas camisetas para nosotros, visite timoteofootball.com»

29. RECLAMA LA ESPERANZA

La fe y la esperanza están inextricablemente ligadas. La fe es la absurda realidad de que, a través de la muerte de Cristo, el Dios de la cruz se encuentra ahora en lugares muertos trayendo vida. La fe es confiar en que en tus propias miles de pequeñas muertes, el Dios de la vida va a estar presente. La fe es la voluntad de levantarse ante la realidad de la muerte y buscar a Dios.

Si la fe es confiar en «la locura de la cruz», entonces la esperanza es anticipar la venida de la nueva realidad de Dios (nueva creación, nueva humanidad, nueva vida). La fe es una vida en la pesadumbre del ahora, inclinada hacia el futuro que viene; la esperanza es la anticipación del futuro. El padre que en Marcos 9 dijo: «¡Sí, creo, pero ayúdame a superar mi incredulidad!», tenía fe —aun junto con su duda— porque estaba dispuesto a arriesgar la esperanza. *No hay fe sin esperanza.*

Nuestro problema en los ministerios para jóvenes no radica en que no tomemos la fe en serio, sino en que no consideremos la esperanza con seriedad. Para ayudar a la gente joven a tener fe en un Dios crucificado, necesitamos nutrir la esperanza en la nueva realidad de Dios irrumpiendo incluso ahora. Necesitamos imaginar con ellos el misterio del futuro de Dios y reconocer a qué lugares ir para alcanzar esa plenitud en nosotros mismos y nuestro mundo. Practicar la esperanza nos da a nosotros y a ellos ojos para ver, y valor para confiar en el Dios que nos trae vida y nos libra de la muerte.

Andrew Root
Profesor asistente del ministerio para la juventud y la familia en el Seminario Luterano y autor de *The Theological Turn in Youth Ministry* [El giro teológico en el ministerio Juvenil].

30. BUSCA LA VARIEDAD

El desarrollo de la fe necesita verse diferente a lo que la iglesia tradicional ha provisto históricamente. Los jóvenes necesitan escuchar de gente que se vea y piense diferente a ellos. Esto significa buscar activamente diversidad étnica, de género, socioeconómica y de habilidades. Nuestra demografía está cambiando y necesitamos enfrentar el hecho de que las iglesias y organizaciones paraeclesiásticas necesitan cambiar. Las historias son centrales en este desarrollo, así que las iglesias y las organizaciones paraeclesiásticas necesitan proveer un espacio seguro para que los jóvenes compartan sus experiencias. Solo entonces, creo yo, nuestra gente joven va a poder desarrollar su fe de una forma vibrante. Necesitamos informarnos y hablar sobre nuestras diferencias para entender quién es Dios.

Joel Pérez
Decano de la Universidad George Fox

31. USA EL TIEMPO SABIAMENTE

El tiempo se ha convertido en una preciosa comodidad para esta generación, y se tienen muchas opciones en cuanto a cómo usarlo. Sin importar si son ricos o pobres, populares o desconocidos, inteligentes o promedios, los jóvenes solo tienen veinticuatro horas para gastar cada día. ¿Qué estamos ofreciendo como iglesia que sea una mejor opción para emplear su tiempo que las otras oportunidades? La respuesta no está en una mejor programación, creatividad y efectos especiales. Estos adolescentes están interesados en el tipo de poder y comunión que solo vienen de Jesús.

Una vez que me di cuenta de esto, empecé a preguntarme a mí mismo mientras interactuaba con los adolescentes: «¿Dónde está el poder?». Demasiado a menudo preferí resumir la Escritura en vez de compartirla con ellos directamente. Prometí orar por ellos en un momento más tarde e indefinido en lugar de hacerlo justo en ese instante. Permití que la distracción de mi teléfono móvil me mantuviera lejos de estar completamente presente.

La gente joven se está preguntando: *¿Qué está ofreciendo la iglesia que no puedo obtener en ningún otro lugar?* ¿Cómo responderías?

Mark Matlock
Director ejecutivo de Especialidades Juveniles y autor de *Real World Parenting: Christian Parenting for Families Living in the Real Word* [La paternidad en el mundo real: Padres cristianos para las familias que viven en el mundo real].

32. SÉ IMPARCIAL, PERO NO APOLÍTICO

El alejamiento de los jóvenes cristianos de las iglesias refleja una desvinculación con las instituciones políticas formales. Atrapados entre asociaciones negativas con la «derecha religiosa» y una falta de habilidad para hacer corresponder ciertas políticas de la izquierda con sus valores, muchos jóvenes cristianos paradójicamente realizan la tarea política de promulgar la justicia mientras permanecen siendo apolíticos declarados. Muy a menudo esto resulta en la negligencia de las técnicas profesionales efectivas a favor de un activismo amateur dañino.

Los pastores y maestros deberían retar a los de este milenio a ir más despacio, de modo que no se desperdicien las oportunidades que presenta su mezcla de características única. Ellos deberían alentar a los jóvenes a informarse sobre sus pasiones, estudiar y someterse a la tutela de los que ya transitaron ese camino. Deberían recordarles a los jóvenes que los impactos que perduran raramente son producto de unos celos ardientes, sino casi siempre son resultado de un compromiso de acero y sereno para una vida entera.

De modo simultáneo, los líderes deberían reconocer las muchas características encomiables de los milenarios. Su confianza, la preferencia por los equipos, la priorización de las relaciones sobre las ideas, y el deseo de manifestar sus valores a través de la acción, los hace adecuados de una forma única a fin de refrescar y usar las instituciones políticas para bien.

Finalmente, la iglesia ha evitado muy a menudo enseñar política. Pablo afirmó el rol ordenado del gobierno; sin embargo, los cristianos deben desarrollar una teología de compromiso político. Los líderes precisan desarrollar un entendimiento de la congruencia entre la fe cristiana y las esferas de la vida civil, y del tiempo devoto para explorar estos conceptos con aquellos a quienes guían.

Eric Teetsel
Administrador del programa del Proyecto sobre Valores y Capitalismo, en el Instituto de la Empresa Estadounidense.

33. HABLA SOBRE TI

Tristemente, la iglesia a veces se destaca por ser artificial. Para la mayoría de la gente, la iglesia es como un orador público que después de cantar en público, enseña y motiva filas impecables de gente pasiva y vestida decentemente. Nadie es real por completo. Las familias pelean de camino a la iglesia, se ponen su traje de comportamiento cristiano al bajarse del carro, y después reanudan la pelea de regreso a casa. Algunas veces la familia del pastor lo hace también, pero nunca te lo dirán.

La Biblia, sin embargo, es muy real. En medio del desorden humano, Dios envió a su Hijo completamente humano. Jesús siente todo lo que sentimos: alegría, gozo, familiaridad y amistad, traición y tentación, pena y dolor. Asimismo, lee las cartas del apóstol Pablo. En el contexto de una cultura que se enfrentaba a la salvación, la propia revelación de Pablo acerca de su angustia, su enojo, su depresión y sus dudas resulta asombrosa. «Me glorío en mis debilidades», anunció. No obstante, ¿qué predicador hace esto?

¡Habla acerca de ti! Así como Pablo o los escritores de los Salmos, deja que la gente sepa lo que te causa dolor, lo que te enoja, lo que te resulta difícil de sobrellevar en la vida, y cómo Dios y las personas a tu alrededor están ayudándote a lidiar con esto.

Gary Kinnaman
Pastor, Gilbert, Arizona

IDEAS PARA LOS QUE SIRVEN DE APOYO A LA PRÓXIMA GENERACIÓN

34. SÉ COMO JESÚS

Quiero que seas alguien a quien me gustaría imitar cuando crezca. Quiero que des un paso al frente y vivas los estándares de la Biblia. Quiero que seas inexplicablemente generoso, increíblemente fiel y radicalmente comprometido. Quiero que seas una persona mucho mejor que mi profesor humanista, que mi doctor ateo, que mi vecino hindú. Quiero que vendas todo lo que tienes y se lo des a los pobres. Quiero que no te preocupes por tu salud como si tuvieras miedo de morir. Quiero que vivas como si en verdad creyeras en el Dios que predicas.

No quiero que seas como yo, quiero que seas como Jesús. Ahí es cuando empezaré a escucharte.

Emma Sleeth
Estudiante, Lexington, Kentucky

35. ABRAZA EL EVANGELIO RADICAL

Tengo problemas para conciliar la desconexión entre lo que la iglesia dice y lo que sus miembros hacen. No logro entender la aplicación cuando la iglesia me dice que viva de acuerdo a la Biblia, pero en la realidad veo a sus miembros vivir por este lema: «Si trabajo duro, tengo derecho a cualquier cosa que me haga feliz». Entiendo el concepto de proveer para mi familia, pero me decepciona cuando las conversaciones acerca del nuevo mostrador de granito de la cocina tienen más peso que aquellas sobre seguir a Cristo. Veo mucho esfuerzo para obtener ganancias financieras, tanto de parte de los miembros de la iglesia como de las iglesias mismas, y no creo que es lo que yo debería estar persiguiendo en el nombre de Cristo.

Si puedo hablar por mi generación, somos presentados con esta dicotomía: tu arduo trabajo nos ha permitido increíbles oportunidades, mientras que al mismo tiempo tus prioridades y acciones lo dicen todo. He llegado a sentirme completamente convencido de que tener más de cualquier otra cosa que no sea amor por Dios y el prójimo no me va a hacer sentir satisfecho con mis relaciones y posesiones. Me pregunto cuán radical sería la iglesia si nuestras acciones hablaran más fuerte que nuestras palabras, y si dichas acciones reflejaran el Gran Mandamiento.

Stewart Ramsey
Cofundador de Krochet Kids Internacional

36. NO SEAS CONDESCENDIENTE

Mi comunidad cristiana me malentiende porque soy joven y mujer. La gente a menudo asume que mi trabajo relacionado con el desarrollo internacional es solo una «etapa», concebida para mi propia satisfacción, como si lo hiciera por la emoción o las fotografías que traigo a casa. Quisiera que mi comunidad viera mi trabajo por lo que realmente es: lo mejor que puedo hacer para mostrar el corazón de Cristo. No se trata de una etapa, sino de una parte importante de la persona que Cristo tuvo la intención que fuera.

Nuestro trabajo no se ve como un ministerio tradicional cristiano. El nombre de Jesús no está en nuestro título y el evangelismo no es el enfoque principal de nuestras actividades diarias. Sin embargo, estamos trabajando para el reino de Dios y creemos que esta es la forma en que Dios nos permite alcanzar a la gente para cumplir su propósito. Dios ha puesto un sueño y un llamado en nosotros y pedimos que la iglesia, más que considerarnos jóvenes idealistas, pudiera vernos como guerreros de Dios que estamos actuando como los brazos de Cristo, alcanzando al mundo con amor, esperanza y poder.

Kallie Dovel
Fundadora de 31 Bits Designs

37. TEN FE EN LA PRÓXIMA GENERACIÓN

La mayoría de los estudiantes en las universidades cristianas evangélicas llegan al campus ya comprometidos profundamente con la tradición cristiana y la castidad en particular. Incluso si ya han tenido relaciones sexuales, están tratando de entender lo que significa la castidad a la luz de esta experiencia y cómo honrarla en sus relaciones románticas en el futuro. A pesar de lo desordenadas que puedan parecer sus vidas y decisiones, podemos confiar en su apasionado compromiso de fe. Sí, muchos se confunden y les cuesta tomar decisiones sexuales en una sociedad que constantemente los aleja de su compromiso religioso. Sin embargo, la mayoría hace lo mejor que puede para lograr entender cómo ser cristianos en medio de estos problemas, y necesitan que tengamos fe en ellos. Esto es especialmente importante cuando nos sentamos a la misma mesa, a un nivel intergeneracional, para discutir el enfoque de la iglesia con respecto al sexo.

Donna Freitas
Profesora asociada de religión en la Universidad de Hofstra y autora de *Sex and the Soul: Juggling Sexuality, Spirituality, Romance, and Religion on America's College Campuses* [Sexo y el alma: Batallando con la sexualidad, la espiritualidad, el romance y la religión en los recintos universitarios de América].

38. APOYA A UN ESTUDIANTE

En el mes de agosto, luego de que recién hubiera entrado a la Universidad de Houston, recibí la noticia de que mi hermano, Allen, se había suicidado. Como puedes imaginar, eso fue devastador… y doblemente, porque mi madre era esquizofrénica-paranoica y rechazó cualquier tipo de tratamiento.

Sin embargo, no estaba sola. Cuatro años antes un vecino me había invitado a la iglesia, donde encontré gozo y alivio con muchos nuevos amigos. En mi hora oscura, me volví a mi familia cristiana para sentir consuelo. Mis «madres de la iglesia» me alentaron a ir a una universidad cristiana en el otoño en vez de regresar a Houston, pero no tenía forma de hacerlo. No poseía dinero, ni auto, ni ropa. Entonces ellas se organizaron. Organizaron una campaña telefónica a fin de recaudar fondos. Muchas se reunieron para coser nueva ropa, mientras que otras me llevaron a Neiman Marcus a comprar un nuevo abrigo. Solo unos pocos días después, me encontraba en Abilene, cosechando las bendiciones que Dios y su gente habían provisto para mí luego de la muerte de mi hermano.

Después de dieciocho años en la facultad de la Universidad Cristiana Abilene, ocupé una posición en el Concejo de Universidades Cristianas, ya que creo que el potencial y la promesa para la vida de la gente joven deben ser cultivados a fin de que crezcan. Mis madres de la iglesia creían lo mismo y estuvieron dispuestas a sacrificarse para hacerlo posible.

Mimi Barnard
Vicepresidenta del Concejo para Universidades Cristianas

39. DALES LO QUE QUIEREN

Algunos en las generaciones anteriores sintieron la necesidad de separarse de la cultura para aislarse en capullos cristianos, rodeados de películas cristianas, música cristiana y escuelas cristianas. Los de este milenio rechazan este enfoque. Debido a que las estructuras sociales de nuestro mundo se mantienen amontonándonos unos sobre otros, saben que la separación resulta ineficiente e imposible. Ellos desean vivir *dentro* de la cultura de modo que puedan reparar los lugares caídos, pero necesitan ser discipulados y alentados. Necesitan compañeros transgeneracionales que posean la sabiduría para apoyar sus esfuerzos.

La confusión a veces reina entre las generaciones, forzando a una separación entre los jóvenes y los mayores, los que se levantan y los que decaen. Sin embargo, esta separación trabaja en contra de la misión del cristianismo, que nos necesita a todos a fin de aprovechar nuestro entusiasmo cooperativo para restaurar la ruptura de nuestro mundo.

Todos estamos de acuerdo en que el evangelio de Jesucristo es lo más importante (1 Corintios 15), y nos hacemos eco del deseo de hacer todas las cosas nuevas (Apocalipsis 21:5). La pregunta que debemos formularnos es si trabajaremos o no para ver esta historia progresar en los individuos, vecindarios, ciudades, industrias y naciones enteras.

Aun cuando entramos en un momento postcristiano en el occidente, tengo esperanza en el futuro de nuestra fe. Soy testigo del deseo de una nueva generación de seguidores de Jesús que ven al mundo como debe ser y quieren avanzar hacia esa realidad. Lo que ellos desean es lo que el mundo necesita y lo que Dios ha llamado a su gente a hacer. Entonces, ¿por qué no darles lo que quieren?

Gabe Lyons
Fundador de Q, coautor de *Casi cristiano* y autor de *The Next Christian: The Good News About the End of Christian America* [Los siguientes cristianos: Las buenas noticias acerca del fin de la Norteamérica cristiana].

40. SÉ EL TIPO APROPIADO DE MENTOR

La gente joven a menudo tiene la mentalidad de salvar al mundo. Y mientras somos tal vez extremadamente idealistas, también tenemos una gran habilidad para hacer que las cosas sucedan. No nos satisface dejar que las injusticias del mundo tengan lugar a través del tiempo, sino queremos hacer algo para ayudar. Ahora. No nos satisfacen las respuestas sencillas ni las verdades adornadas. Necesitamos explorar por nosotros mismos el mundo y nuestro lugar en él, a fin de retar las reglas y los sistemas que ya están establecidos y hacer que nuestros descubrimientos sean respetados y escuchados.

Esto no significa que tenemos todas las respuestas. Estamos muy lejos de eso. Nuestro idealismo puede ser ingenuo a veces y nuestras metas resultar inconstantes y durar poco. Necesitamos mentores, guías y modelos a seguir, ante quienes podamos traer nuestros éxitos y derrotas de modo que seamos animados, aplaudidos y, más importante aún, guiados a reflexionar, todo sin sentirnos juzgados o inferiores. En un mundo más diverso y conectado que nunca antes, vemos la salvación en los rostros de los otros y buscamos como mentores a aquellos que tratan bien a los demás y, como nosotros, están trabajando para lograr un impacto inmediato y permanente, fomentando un respeto mutuo entre todos. Reconocemos la habilidad de hacer que las cosas pasen y buscar a aquellos que escuchan la palabra del Señor.

Samantha Thomeczek
Pastora asociada de niños, adolescentes y adultos jóvenes en la Catedral de la Asunción, Louisville, Kentucky.

41. CATALIZA LA INNOVACIÓN

La implementación creativa de ideas innovadoras es un objetivo de todos los tiempos. El desarrollo acelerado de la tecnología y las redes humanas han abierto exponencialmente nuevos caminos para actualizar nuestras pasiones. A diferencia de en los siglos pasados, la gente no necesita pedir el permiso de las instituciones establecidas a fin de seguir un sueño. Si una persona se preocupa por algún producto o causa de manera genuina y se compromete de todo corazón a dar su vida por ello, podrá encontrar —o ser hallado— por un grupo de gente que piensa parecido.

¿Que significa esto para la iglesia hoy?

- Debemos reconocer humildemente nuestra incapacidad de «manejar» a la gente. La mayoría de las personas no están pidiendo ser manejadas, sino amadas.
- Debemos movernos de culturas como la británica (estrecha y controlada) a otras como la de Wikipedia (abierta y colaboradora), en la cual las nuevas ideas son bienvenidas, compartidas fácilmente, y dispuestas para el refinamiento y la colaboración.
- Debemos diseñar más comunidades que nos permitan la innovación sin amenazas y la inspiración sin juzgar.

La alternativa a todo esto será una creciente tendencia al desinterés, el pesimismo y el abandono.

Charles Lee
Director general de Ideation Consultancy.

42. SEPARA EL EVANGELIO DEL MERCADO

Los adultos jóvenes de hoy se han visto saturados por el mercado desde la infancia. Desde los avisos en la Internet hasta la colocación de productos en las películas, el mensaje del mercado ha aprovechado todo invento imaginable para obligar a seguir un comportamiento: compre, únase, vista, vote, obtenga. Me pregunto si los mensajes religiosos fácilmente terminan en la misma carpeta del correo basura en las mentes cansadas del mercadeo. Si vamos a alcanzar el corazón de los desilusionados, debemos renunciar a intentar igualar los mensajes de mercadeo en lo que respecta a la moda, el volumen o el entretenimiento.

Lo realmente esencial ofrece un marcado contraste con el mundo falso del mercadeo. Por eso es que la autenticidad es vista como la más alta virtud hoy, aun cuando se trate de algo feo o vicioso. En un mundo que anhela la autenticidad, cualquier mensaje cristiano que señala el impacto de la técnica, la tecnología o los métodos de un «nuevo paradigma» no hará más que atraer la atención por un corto tiempo. Debemos hacer que la verdad se pueda palpar. Las Buenas Nuevas deben ser tan tangibles como la madera de una cruz. Sin una expresión visible, palabras como *transformación*, *gracia* y *discipulado radical* serán desechadas rápidamente como solo otro anuncio de ventas hiperbólico. Sin embargo, estas palabras hechas visibles —incluso imperfectas— se abrirán paso como un huracán entre los mensajes que compiten.

Enfatizar lo visible no significa disminuir la importancia de las palabras o ideas. Fortalecer la visión bíblica y el lenguaje resulta tan vital como siempre. No obstante, cada idea que compartimos debe ir unida a una expresión tangible. Si hablamos de que Dios nos adoptó, adoptemos un huérfano. Si describimos la gracia, visitemos al prisionero. Si hablamos de la provisión de Dios, proveamos para el hambriento y el necesitado. Este es el evangelio despojado del mercadeo: encarnar la eterna verdad en madera, polvo y piel.

Jedd Medefind
Presidente de la Alianza Cristiana para Huérfanos, autor de *Revolutionary Communicator* [El comunicador revolucionario] y antiguo director de la oficina de iniciativas comunitarias y basadas en la fe de la Casa Blanca.

43. LEVANTA AL DIOS DE JUSTICIA

Somos apremiados por Cristo Jesús a demostrar con nuestras vidas que hay un reino que llama a la futura generación a dar todo lo que tiene y todo lo que es por las cosas que más importan. Esta generación sabe que algunos de los más grandes sufrimientos de nuestro mundo son causados por los grandes desastres de la injusticia violenta, y quieren hacer las cosas bien. Esta, por lo tanto, es la generación que se levantará para conocer, amar y seguir a Jesús, ya que encuentran en él al único y verdadero Dios de justicia, quien restaura un mundo quebrantado bajo el peso de la oscuridad. Cuando apreciemos las oportunidades de guiar a esta generación, demostrándole que el cuerpo de Cristo es una vasija de la justicia restauradora y libertadora de Dios, veremos sus corazones ganados para el Rey que ha obtenido la suprema victoria sobre el más grave mal.

Bethany Hoang
Directora del Instituto Internacional Misión de Justicia.

44. APRENDE DE LOS AMISH

Soy hijo de un predicador. Mientras crecía, siempre ocupaba un asiento en la banca del frente, ya que tenía pasión por la iglesia y una dosis saludable de política. La vida religiosa para mí no se detenía con la bendición; me seguía a casa con las conversaciones alrededor de la mesa acerca del bautismo y los presupuestos, la comunión y la controversia. Resultaba abrumador. Al mirar en retrospectiva, puedo ver que el diluvio de asuntos de la iglesia desplazó a Cristo.

Dejé la iglesia por completo. Pasé mis primeros años de universidad a seis estados de distancia de mis padres y a un millón de millas de mi fe. Se necesitó mucho tiempo para sacar los «asuntos» de la iglesia de mi mente; para darme cuenta de que el mensaje de Cristo no estaba en un edificio o una reunión anual, sino a los pies de la cruz.

Los amish envían a sus jóvenes lejos de casa en un rito de tránsito llamado *Rumspringa*, palabra que literalmente significa «divagar». Cuando los amish jóvenes llegan a los dieciséis años, sus padres abren las puertas de sus cerradas comunidades y les otorgan el permiso de irse. *Nosotros no te obligamos a escoger esta iglesia y esta vida,* señalan. *Debes elegir por ti mismo. Te criamos bien, pero es tiempo de que encuentres tu propia fe.*

No estoy diciendo que cada chico cristiano necesita un completo *Rumspringa*, pero algo de distancia de la fe de sus padres, a fin de decidir cómo establecer su propia fe, puede ser algo bueno. Así como los amish han descubierto, la vasta mayoría de los que fueron «criados bien» escogerán por sí mismos seguir a Cristo.

Joshua DuBios
Director ejecutivo de la oficina de la Casa Blanca basada en la fe y la asociación de vecindarios, y pastor asociado pentecostal.

45. RAZONA CON CLARIDAD

Todo comportamiento humano y estructura institucional refleja el compromiso moral hacia algo, aun si este compromiso se da tanto por garantizado que ya ni lo notamos. El hecho de que la esclavitud sea ilegal en los Estados Unidos, por ejemplo, está basado en las creencias, acerca de esta dignidad inherente, de una persona que fue en su tiempo amargamente refutada. La revolución sexual de 1960 descansaba en una creencia en la separación del cuerpo, el corazón y la mente. Sin embargo, ¿es esta creencia cierta con respecto a cómo los humanos realmente son? Si no, ¿cómo son entonces en realidad? ¿Para qué estamos? ¿Cómo lo sabemos?

Cuando enseñaba religión comparativa y ética a chicos de la escuela secundaria extremadamente brillantes, encontré que ellos no sabían cómo confrontar las horribles prácticas humanas con un argumento razonable. Recurrían a eslóganes como: «No es mi tarea decidir lo que está bien para otra gente». ¡Esto sucedía cuando discutíamos sobre la mutilación genital o incluso la esclavitud!

Una de las mejores cosas que le puedo dar a la próxima generación es un vocabulario filosofal con el cual entiendan las eternas preguntas de la experiencia humana, así como un claro entendimiento de las posibles respuestas y sus consecuencias. No estoy hablando de apologéticas cristianas ni ningún tipo de racionalismo que intente «probar» que un punto de vista es mejor que otro. Me estoy refiriendo a una habilidad calmada y bien pensada para probar los compromisos morales de lo que se ve, escucha y pregunta: «¿Suena esto a verdad basándome en lo que conozco de la naturaleza o la necesidad humanas? Si no, ¿por qué no? ¿Y qué podemos hacer al respecto?».

Ashley Rogers Berner
Directora de educación y alcance en el Instituto para Estudios Avanzados en Cultura de la Universidad de Virginia.

46. EVITA FALSOS ULTIMATUMS

He visto con pesadumbre en mi corazón cómo muchas de las personas que conozco se alejan de la fe porque pensaron que se requería una revisión de cerebro en la entrada. Estamos perdiendo algunas de las mentes jóvenes más brillantes de la cristiandad debido a una falsa dicotomía: presentar la fe y la ciencia como elecciones.

No estoy solicitando que los líderes evangélicos cambien su interpretación de las Escrituras o sus posiciones en cuanto a los orígenes. Solo estoy pidiendo que les demos a los jóvenes un poquito más de espacio para pensar, estudiar, hacer preguntas e incluso tal vez cambiar sus mentes sin tener que enfrentar un imposible ultimátum. No necesitamos una iglesia en la que todos estén de acuerdo con la edad de la Tierra. Necesitamos una iglesia en la que se le dé la bienvenida a todo el que ama a Jesús.

Rachel Held Evans
Autora de *Evolving in Monkey Town*

47. HAZ DISTINCIONES IMPORTANTES

«¡Papi, Dios hizo un arco iris!». Como profesor de ciencias de la escuela secundaria, no pude resistir responder con la pregunta: «¿*Cómo* hizo Dios el arco iris?». Mi pobre hijita de seis años se quedó desconcertada, y yo me rendí con una sonrisa. No le doy a mi pequeña clases de matemáticas sobre la ley de Snell y los principios de la dispersión y la refracción, pero mis estudiantes son otra historia. Ellos necesitan entender las elegantes ecuaciones y los principios científicos detrás de la formación del arco iris.

La diferencia entre «Dios lo hizo» y «así es como Dios lo hizo» es algo que ayuda en mi clase a atenuar la tensión que muchos estudiantes presuponen entre la ciencia y la religión. Un estudiante que concluye: «¡Dios lo hizo!» y no lo domina la curiosidad para avanzar más allá obtiene la falsa noción de que la ciencia y la religión son enemigos. ¿La gran explosión? ¿El tiempo geológico? ¿La evolución? ¿El multiuniverso? Prevengo cualquier discusión acalorada explicando que lo que vamos a estudiar son los puntos de vista científicos contemporáneos en cuanto a este asunto. Luego les digo a los estudiantes que para aquellos que creen en Dios, estas teorías pueden ser vistas como «así lo hizo Dios», mientras que aquellos que no tienen ninguna creencia pueden entender estas ideas sencillamente como «así sucedió». Algunas veces una simple distinción puede ayudar a sobrellevar la falsa elección entre el cristianismo y la ciencia.

Jeff Culver
Profesor de ciencias de secundaria, Colorado Springs, Colorado

48. OFRECE RESPUESTAS SINCERAS A PREGUNTAS SINCERAS

Habiendo pasado la mayor parte de mi vida escuchando a jóvenes que ansían encontrar su lugar en el mundo, cada uno queriendo ser tomado en serio, sé que algo que escuché cuando tenía su edad es eternamente cierto: *a una pregunta sincera, una respuesta sincera.* Los adolescentes, en su camino a ser adultos, todavía esperan, como yo lo hice, que cuando hacen una pregunta sincera se les dé una respuesta sincera. Algo que es cierto para todos es que añoramos encontrarle sentido a la vida. Queremos que lo que se nos ofrece sea verdad con respecto a lo que el mundo en realidad es.

Cada año invito a amigos de veintitantos años a venir a leer la Palabra y acerca del mundo al mismo tiempo. Leemos las *Confesiones* de Agustín, así como historias y ensayos de Wendell Berry. Hablamos un montón sobre la sexualidad, sabiendo que si no podemos encontrarle sentido a nuestros cuerpos —que conocemos íntimamente— entonces encontrarle sentido a algo más resulta difícil. No obstante, también hablamos acerca de política, arte, economía, globalización, teología imaginativa y preguntas filosofales, siempre trabajando duro con la esperanza de que la verdad esté entretejida en la misma estructura del universo.

Hago lo que hago porque las preguntas sinceras merecen respuestas sinceras, para todos y en todo lugar.

Steven Garber
Director del Instituto Washington y autor de *The Fabric of Faithfulness* [La estructura de la fidelidad].

49. NO LE TEMAS A LA DUDA

Tengo el privilegio de pasar tiempo con muchos ateos y agnósticos. Cuando les pido que compartan sus historias, muchas veces dicen algo como: «Crecí en la iglesia, pero nunca tuvo sentido para mí. Mis preguntas se ignoraban y eran consideradas pecaminosas. Con el tiempo no pude creer más».

Esto rompe mi corazón, porque no solo es cierto, sino que tenemos una buena razón para creerlo. De alguna manera, en la iglesia nos dan miedo las preguntas y las dudas. Preferimos las cuestiones sencillas que validen nuestras creencias. Esto ha sido tal vez menos problemático en el pasado, cuando la cultura era mucho más dócil con respecto al punto de vista cristiano, pero constituye una razón significativa de por qué perdemos a la gente joven hoy. La Internet ha nivelado todo. Los jóvenes tienen igual acceso a las apologéticas cristianas, el Islam, la Wicca y todo posible punto de vista. Las dudas son naturales para esta generación, y nosotros deberíamos darle la bienvenida a las preguntas difíciles de la gente joven. La clave no es darles una palmadita con la respuesta, sino enseñarles cómo pensar (y solo podemos hacer esto si hemos hecho lo que tenemos que hacer despejando nuestras propias dudas). En mi experiencia, esto se logra mejor en las relaciones al formular preguntas en vez de dar respuestas sencillas.

Saber que el cristianismo es verdad debería permitirnos darles a los estudiantes la posibilidad de la duda. Aun así, también podemos confiar en que el Espíritu Santo está obrando en sus corazones. Si los guiamos con amor, encontrarán la verdad.

Sean McDowell
Educador, orador y autor de *Apologetics for a New Generation* [Apologética para una nueva generación].

50. COMPARTE EL PODER

Para construir un puente a los milenarios, los mayores como yo tenemos que empezar a pensar más como entrenadores y menos como jugadores (o jefes). La próxima generación *asume* un poder compartido. Ellos saben que van a tenerlo tarde o temprano. Y preferirían obtenerlo con gracia antes que tener que luchar para conseguirlo.

La electricidad es el resultado de una conexión entre un polo negativo y uno positivo. He aquí mi punto: La innovación descansa en la intersección de la diferencia. Desde mi perspectiva, los mayores tienen rasgos activistas y los del nuevo milenio optimistas. En el momento en que estas diferencias se intersecan, se crea un campo de poder único que puede facilitar la construcción de un puente. Cuando los activistas intergeneracionales y los optimistas colaboran, se innovan prácticas y surgen actos impredecibles de amor.

Jim Henderson
Cofundador y director ejecutivo de Off the Map y autor de *Jim and Caspar Go to Church* [Jim y Caspar van a la iglesia].

Encontrará más contribuciones (en inglés) y oportunidades para compartir sus ideas en www.youlostmebook.org, o sígueme en twitter@davidkinnaman.

RECONOCIMIENTOS

Les debo muchísimo a las siguientes personas:

El equipo del Grupo Barna: Brad Abare, Grant England, Esther Fedorkevich, Katie Hahn, Lynn Hanacek, Pam Jacob, Jill Kinnaman, Elaina Pérez y Brandon Schulz. Es un privilegio servir a Dios juntos.

Bill y Lorraine Frey: Este proyecto no hubiera podido realizarse sin su apoyo generoso y sus oraciones.

George y Nancy Barna: ¡Lo hacen ver tan fácil! (Y no es simple, ¿eh?). Gracias por ser tan buenos socios a pesar de mi curva de aprendizaje tan lenta.

Aly Hawkins: Me acuerdo del día que me ofrecieron su ayuda para este proyecto. Fue un acto de mucha gracia que bendijo este libro y mi ministerio. ¡Tomaron un montón de ideas y las hicieron funcionar! Gracias.

Baker Books: En especial a Jack Kuhatschek. Pero sin pasar por alto la ayuda tan significativa de Dwight Baker, Twila Bennett, Deonne Beron, Michael Cook, Trinity Graeser, Amanda Halash, Janet Kraima, David Lewis, Mary Suggs, Mary Wenger y Mike Williams.

Contribuyentes: Gracias por participar y compartir sus ideas. Disfruto mucho de su compañerismo.

Agradecimientos especiales: Por revisar las copias del manuscrito, las encuestas y ayudar con miles de cosas que surgieron en el camino: Jamaica Abare, Todd Barlow, George Barna, Kate Bayless, Tom Beagan, Savannah Berry, Bob Buford, Scott Calgaro, Ed Carlson, Doug Colby, Eric y Jen Corbett, Jeff y Shari Culver, Bill Denzel, Kevin DeYoung, Lucas Dorward, the Drivel Crew, Rob Flanegin, Richard Flory, Mike Foster, Donna Freitas, Val y Terry Gorka, Carolyn Gorka, Bill Greig, Clint Jenkin, Stan John, Reggie Joiner, Katie Kuhatschek, Matt y Kate Kinnaman, Anna y Chris Kopka, Dale Kuehne, Michael Lindsay, Jason Locy, Gabe Lyons, Derek Melleby, Britt Merrick, Mike Metzger, Tasha Mitchell, Kara Powell, Rebecca Pratt, Mark Regnerus, Larry Reichardt, Mark Rodgers, John Seel, Eric Twisselmann, Gabe Watkins y Glenn Williams. Gracias a cada uno de ustedes. Ninguno de ustedes es responsable por mis malas ideas o mi dificultad para hacerme entender.

Mark Matlock: Gracias por toda tu ayuda, en particular por la parte de *Acceso, alienación y autoridad.*

Michael DiMarco: Agradezco muchísimo el título del libro: *Me perdieron.*

Steve McBeth, Roger Thompson, Pete Richardson y Kevin Small: Ustedes son increíbles consejeros en cada detalle, tanto en este libro como en el trabajo del Grupo Barna. Gracias.

Mis amigos de Peet's Coffee & Tea: Muy agradecido por el «combustible» que me dieron.

Gary y Marilyn Kinnaman: Gracias, papá, por leer el libro una y otra vez. Y gracias, mamá, por tus oraciones. Los amo a ambos.

Emily, Annika y Zack Kinnaman: Gracias por renunciar a tantos momentos en mi compañía para que este libro fuera escrito. Los amo más de lo que pueden imaginar. Tal vez algún día encuentren este libro útil en medio de sus jornadas de fe. O incluso en las jornadas de sus propios hijos.

Jill Kinnaman: Solo tú sabes lo mucho que costó escribir este libro. Gracias por tu sacrificio. Estoy maravillado de la persona que Dios me dio, tan humilde y fuerte. ¡Sigamos amando a Jesús y sirviendo en su iglesia juntos!

LA INVESTIGACIÓN

TÉRMINOS USADOS PARA LAS JORNADAS DE FE

Nómadas: Un tipo de jornada de fe donde la persona se hace muchas preguntas y se separa de su comunidad de fe. Los nómadas se refieren a sí mismos como cristianos, pero se involucran en diferentes prácticas o experiencias, o permiten que su fe se desconecte de las prioridades espirituales. Véase el capítulo tres, «Los nómadas y los pródigos», para más información.

Pródigos: Una jornada de fe donde la persona renuncia a la fe que le fue enseñada cuando era niño. Estos individuos se describen a sí mismos como antiguos cristianos. El término usado, *pródigo*, no significa que este tipo de gente regresará con el tiempo a su antigua fe. Simplemente se trata de personas que no se consideran cristianas después de haber sido parte del cristianismo. Véase el capítulo tres, «Los nómadas y los pródigos», para más información.

Exiliados: Son personas que se sienten atrapadas entre el mundo cómodo de la iglesia y el «mundo real» que fueron llamados a influenciar. A menudo hay una desconexión entre su llamado o sus intereses profesionales y su entendimiento de la fe cristiana. Mientras que los nómadas y pródigos tienen sus «jornadas» en cualquier momento cultural; los exiliados «viajan» más a menudo durante los cambios culturales, espirituales y tecnológicos profundos. Véase el capítulo cuatro, «Los exiliados», para más información.

TÉRMINOS USADOS PARA DESCRIBIR A LAS GENERACIONES

Una generación es una herramienta analítica para entender a la cultura y las personas dentro de la misma. Simplemente refleja la idea de que las personas nacidas en cierto tiempo son influenciadas por un conjunto único de circunstancias y sucesos globales, valores morales y sociales, tecnologías y normas de conducta y culturales. El Grupo Barna considera las siguientes generaciones:

Mosaicos: Son los nacidos entre los años 1984 y 2000. Están constituidos por la mayoría de los veinteañeros de hoy en día. Se les llama también milenarios o generación Y. El Grupo Barna los denomina mosaicos, ya que este calificativo refleja sus relaciones eclécticas, estilos de pensamiento y formatos de aprendizaje; entre otras cosas.

Busters: Son los nacidos entre 1965 y 1983. También se les llama la generación X.

Boomers: Son los nacidos después de la Segunda Guerra Mundial (de 1946 a 1964).

Personas mayores: Nacidos antes del 1946. Algunas veces llamados «la gran generación» o «los edificadores».

METODOLOGÍA

A lo largo de este libro vas a leer sobre investigaciones que no están directamente mencionadas al pie de página. Estas declaraciones están basadas en estadísticas y datos derivados de una serie de encuestas nacionales de opinión pública realizada por el Grupo Barna con relación al proyecto de este libro entre el año 2007 y el 2011. Estos estudios se basan en los resultados de dos décadas de investigaciones nacionales llevadas a cabo antes de ese tiempo.

Además de las muchas entrevistas con los adultos y líderes religiosos de todo el país, la principal fuente de investigación para este libro se llevó a cabo entre los jóvenes de dieciocho a veintinueve años de edad. Este fue un proyecto que comenzó con varias entrevistas profundas, realizadas tanto por teléfono como en persona. El estudio cuantitativo a gran escala entre los de dieciocho a veintinueve años se llevó a cabo a través de la Internet. El mismo incluyó también las pruebas preliminares de la encuesta instrumental, así como las pruebas en paralelo sobre las medidas clave usando encuestas telefónicas, incluidas las muestras de teléfonos celulares. Esto proporcionó una validación adicional del panel en línea y ayudó a completar nuestra comprensión de las jornadas de fe de los adultos jóvenes.

Todos los estudios se basaban en llamadas telefónicas a los hogares o las iglesias. En muchos casos la encuesta no se realizó la primera vez que llamamos. Así que lo intentamos hasta un máximo de seis veces, en distintos momentos del día y diferentes días de la semana. La duración promedio de las encuestas realizadas en estos estudios osciló entre quince y veintidós minutos.

Los estudios a través de la Internet (con la excepción de la YouthLeaderPoll) utilizaron un panel de investigación en línea llamado KnowledgePanel, creado por KnowledgeNetworks. Los entrevistadores no fueron voluntarios, sino escogidos por la empresa. Ellos son reclutados utilizando un método de muestreo estadísticamente válido y representativo del noventa y siete por ciento de los hogares estadounidenses. KnowledgePanel se compone de cerca de cincuenta mil miembros adultos (mayores de dieciocho años) e incluye a personas que viven en hogares con teléfonos celulares únicamente.

Encuesta	Recolección de la información	Fechas en las que fueron llevadas a cabo	Tamaño de la muestra	Porcentaje de error †
Jóvenes de 18 a 29 años				
Jornadas de fe	Internet	Enero 2011	1.296*	± 2,7
Jornadas de fe — estudios paralelos	Teléfono	Enero 2011	520	± 4,3
Jornadas de fe	Internet – revisados previamente	Agosto 2010	150*	± 8,0
Jornadas de fe	Teléfono – encuesta a profundidad	Agosto a diciembre 2009	76**	Cualitativo
Adultos en los Estados Unidos				
OmniPoll^{SM} 1-11	Teléfono	Enero 2011	600	± 4,1
OmniPoll^{SM} 1-11A	Internet	Febrero 2011	1.021	± 3,2
OmniPoll^{SM} 2-09	Teléfono	Julio 2009	1.003	± 3,2
OmniPoll^{SM} 3-08	Teléfono	Agosto 2008	1.004	± 3,2
OmniPoll^{SM} 2-08	Teléfono	Julio a agosto 2008	1.003	± 3,2
Base de datos de mercados y estados	Teléfono	1997-2010	47.733	± 0,4
Pastores en los Estados Unidos				
PastorPoll^{SM} W-07	Teléfono	Diciembre 2007	605	± 4,1
PastorPoll^{SM} S-08	Teléfono	Julio a agosto 2008	613	± 4,1
PastorPoll^{SM} F-08	Teléfono	Noviembre a diciembre 2008	600	± 4,1
PastorPoll^{SM} 1-09	Teléfono	Julio a agosto 2009	603	± 4,1
Adolescentes y preadolescentes, edades de 8 a 17				
YouthPoll^{SM} 2009	Internet	Diciembre 2009	602	± 4,1
Base de datos del Grupo Barna	Internet y teléfono	1997-2006	4.161	± 1,5
Líderes juveniles				
YouthLeaderPoll^{SM}	Internet	Octubre 2009	507	± 4,5
Líderes juveniles	Teléfono — encuesta a profundidad	Agosto 2009	25	Cualitativo

* Las encuestas se realizaron con jóvenes de 18 a 29 años que se identificaron como cristianos o ex-cristianos, personas que al menos iban a la iglesia cuando eran más jóvenes.
** Las encuestas a profundidad con adultos jóvenes incluyen 20 entrevistas con personas entre 18 y 35 años.
† El porcentaje de error refleja un nivel de confianza de más del 95%.

Cuando los investigadores describen la exactitud de los resultados de la encuesta, el porcentaje de error del muestreo a menudo se provee. Esto se refiere al grado de inexactitud que pudiera atribuírsele a la entrevista de un grupo de personas que no son totalmente representativas de la población de la que se extrajeron. El mayor porcentaje de precisión del muestreo se refleja en la tabla anterior. Esta estimación depende de dos factores: (1) el tamaño de la muestra y (2) el grado en que el resultado que se examine sea cercano al 50% o los extremos: 0% y 100%.

Ten en cuenta que hay una serie de otros factores de errores que pueden influir en los resultados de la encuesta (por ejemplo, redacción de preguntas tendenciosas, el orden de las preguntas, la grabación errónea de las respuestas recibidas, la tabulación de datos inexactos, etc.), errores que no pueden ser estimados estadísticamente hablando.

EL INVESTIGADOR

David Kinnaman es presidente y dueño mayoritario de Barna Group, una firma líder en investigación enfocada en la interacción de la fe y la cultura, ubicada en Ventura, California. David se unió al equipo de investigación de George Barna en 1995 como interino. Desde entonces, ha diseñado y analizado cientos de proyectos de investigación de mercado para una variedad de clientes, incluyendo la Sociedad Bíblica Estadounidense, la Asociación Evangelística Billy Graham, CARE, Columbia House, el Grupo COMPASSION, Easter Seals, Enfoque a la Familia, Hábitat para la Humanidad, la Sociedad Protectora de Animales, NBC-Universal, la campaña ONE, el Ejército de Salvación, SONY, Walden Media, Visión Mundial, Zondervan (HarperCollins) y muchos otros.

Además de los estudios para esos clientes, ha supervisado más de ochenta y seis proyectos de investigación a nivel nacional, que representan a adultos, adolescentes, preadolescentes y la iglesia en asuntos relacionados con la fe, la espiritualidad, la opinión pública, las actitudes políticas y las dinámicas culturales. Este grupo de investigación de la opinión pública se cita con frecuencia en los principales medios de comunicación (por ejemplo, *USA Today*, *The Wall Street Journal*, *Fox News*, *Chicago Tribune*, *The New York Times* y *Los Angeles Times*). En total, durante los dieciséis años que Kinnaman tiene en la empresa, ha supervisado o dirigido entrevistas a más de trescientas cincuenta mil personas y líderes. Kinnaman es coautor del libro, *Casi cristiano*, un éxito de ventas que explora las actitudes de los jóvenes de dieciséis a veintinueve años de edad en cuanto a la fe. Con frecuencia habla en público sobre temas relacionados con las tendencias, los adolescentes, la vocación, el liderazgo y las generaciones. Usted puede contactarlo en dk@barna.org.

ÍNDICE DE COLABORADORES

Acuff, Jonh 220-221
Baehr, Evan 230-231
Barnard, Mimi 242
Berner, Ashley Rogers 246-247
Bomar, Chuck 236
Chan, Francis 221-222
Claiborne, Shane 237
Culver, Jeff 247-248
Dean, Kenda Creasy 225-226
DiMarco, Michael 219
Dovel, Kallie 241
DuBois, Joshua 246
Dyck, Drew 232
Evans, Rachel Held 247
Fleece, Esther 230
Freitas, Donna 242
Garber, Steven 248
Greusel, David 224
Groves, Sara 224-225
Hawkins, Tim 231
Henderson, Jim 249
Hoang, Bethany 245
Kandiah, Krish 222
Kinnaman, Gary 240
Lee, Charles 244
Loyd, Ken y Deborah 236

Lyons, Gabe 243
Matlock, Mark 238-239
McDowell, Sean 248-249
McKnight, Scot 234
Medefind, Jedd 244-245
Melleby, Derek 228
Merrick, Britt 226
Mueller, Walt 231-232
Ortberg, John 222-223
Peacock, Charlie 223-224
Pérez, Joel 238
Peterson, Todd and Susan 233-234
Powell, Kara 234-235
Ramsey, Stewart 241
Regnerus, Mark 227-228
Root, Andrew 237-238
Saxton, Jo 235
Shaneyfelt, Monica 228-229
Sleeth, Emma 238
Stearns, Richard 233
Stonestreet, John 226-227
Teetsel, Eric 239
Thomeczek, Samantha 243-244
West, Christopher 229